PASSEPARTOUT

6

SOFIA ROSSI
3S1

Collana a cura di: Paolo Fabrizio Iacuzzi
Progetto grafico e impaginazione: Enrico Albisetti

...ale: Ἀπολογία Σωκράτους – Συμπόσιον

...ote: Angela Cerinotti
... traduzione e delle note: Luca Civitavecchia

...artino Menghi

...ditore S.p.A.
...165 – 50139 Firenze – Italia
...4 – 20123 Milano – Italia
...e: gennaio 2016
...pa: maggio 2016

MISTO
Carta da fonti gestite in maniera responsabile
FSC® C023419

...mpato presso Lego SpA, stabilimento di Lavis

Platone

APOLOGIA DI SOCRATE

SIMPOSIO

Introduzione di
Martino Menghi

Testo greco a fronte

GIUNTI DEMETRA

Martino Menghi
presenta in 10 parole chiave
Apologia di Socrate
e *Simposio*

1
ARMONIA
2
SAPIENZA
3
CORRUZIONE
4
GIUSTIZIA
5
MORTE
6
AMORE
7
NEGAZIONE
8
TEMPERANZA
9
INTERO
10
BENE

1
ARMONIA

I dialoghi di Platone non raggiungono mai conclusioni definitive: costruiscono ipotesi che vengono dimostrate, per essere poi superate da altre ipotesi in vista di nuove acquisizioni. Un lavoro di avvicinamento a verità provvisorie, rivedibili. Diverse opere platoniche si collocano cronologicamente in uno stesso arco temporale, e anche questo fatto spiega la presenza di temi comuni, che vengono di volta in volta affrontati, ripresi, sviluppati, approfonditi, in un sottile gioco di intersezioni che collega un dialogo all'altro.

L'*Apologia di Socrate*, ovvero il lungo discorso difensivo di Socrate condannato alla pena capitale, fu scritta tra il 396 e il 388 a.C., gli stessi anni del *Critone*, dedicato alle ultime ore del filosofo che in nome della giustizia e del rispetto delle leggi della sua città si rifiuta di fuggire dal carcere. Il *Simposio*, il grande dialogo sull'amore, è degli anni 388-367 a.C., gli stessi della *Repubblica*, del *Fedro* (anch'esso in buona parte dedicato al tema amoroso) e del *Fedone*, dove Socrate aspettando di bere la cicuta discute della morte con alcuni discepoli e amici, e proclama l'immortalità dell'anima.

Consideriamo il tema etico-politico di quello che generalmente è considerato il capolavoro di Platone: la *Repubblica*.

Nel libro IV viene concepita la doppia *armonia* dell'anima e della città temperante: un soggetto in grado di governare le pulsioni più pericolose dell'anima desiderante (amore, potere, ricchezza), grazie all'alleanza dell'anima razionale e di quella collerica, potrà vivere felice nella «città bella» (*kallipolis*) retta dai filosofi e dai guardiani, personificazione gerarchica sul piano collettivo della ragione e della dimensione collerica di ogni singolo. Ma si tratta di un equilibrio precario. Quand'anche la *kallipolis* trovasse la sua realizzazione nella Storia, sarebbe destinata a degenerare, come si legge nei libri VIII e IX, dove si assiste a un progressivo sovvertimento dei ruoli di comando sia all'interno dell'individuo che della collettività, ed al conseguente instaurarsi di costituzioni sempre più inique. In esse tornano a prevalere, come una sorta di *basic instinct,* i desideri di gloria, ricchezza, libertà anarchica e, per finire, il più deleterio di tutti: l'*Eros tyrannos,* ovvero il desiderio erotico da cui si genera appunto la tirannide, la peggiore costituzione che una città possa darsi. Due prospettive opposte coesistono quindi nello stesso dialogo, lasciando irrisolto il problema se il processo degenerativo appena descritto non possa interrompersi con il tiranno per invertirsi e dare luogo a sua volta a costituzioni via via migliori.

Il riferimento alla *Repubblica* non è stato scelto a caso, perché i temi della giustizia (*dike*) e dell'amore (*eros*) sono al centro, rispettivamente, dell'*Apologia di Socrate* e del *Simposio*.

2
SAPIENZA

L'*Apologia* è la versione idealizzata della difesa di Socrate davanti ai giudici del «consiglio» (*eliea*) nel corso del processo che si risolse con la sua condanna a morte nel 399 a.C. Due i capi d'accusa.

Il primo, il più antico, è quello secondo cui Socrate sarebbe «colpevole di perdersi nell'investigazione dei fenomeni sotterranei e di quelli celesti; di rendere più forti gli argomenti più deboli e di insegnare queste cose agli altri» (III, 19b-c). La prima parte di quest'accusa implicherebbe il disprezzo dell'imputato verso gli dèi della tradizione; la seconda – rendere più forti gli argomenti più deboli – il fatto di essere un sofista, responsabile questa volta di mettere in discussione i valori etico-politici della *polis*, e per di più dietro lauti compensi da parte dei suoi discepoli.

La replica di Socrate si articola in un lungo discorso intorno alla «natura» della sua ricerca, e quindi della «sua» *sapienza*, che nulla ha a che vedere né con l'indagine dei fenomeni sotterranei o del cielo, né con il sapere dei sofisti. Consapevole di «non esser sapiente né tanto né poco» (VI, 21b), eppure definito come il più sapiente degli uomini dall'oracolo di Delfi, Socrate racconta come abbia voluto verificare la bontà di questo responso a prima vista paradossale. Si era recato infatti presso varie categorie di personaggi, concittadini o stranieri, che avevano fama di sapienti: uomini di Stato, poeti, artisti, tutti esperti nei loro rispettivi ambiti, ma tutti (o quasi) che pretendevano di essere sapienti «anche» nelle cose in cui non lo erano.

Il responso della sacerdotessa di Delfi allora si chiarisce in questo senso: esiste una *sapienza* umana – quella di coloro

che Socrate ha interpellato e di quanti, in generale, si occupano delle cose pubbliche o private: una *sapienza*, in verità, che «conta poco o nulla» (IX, 23a), e della quale Socrate si dichiara carente. Ma ne esiste anche un'altra, non ancora definita ma comunque superiore, che il filosofo non ha riscontrato nei personaggi di cui sopra. E il fatto di aver loro dimostrato che erano ignoranti gli ha procurato odio, inimicizie e tutte le calunnie che ne sono seguite; quello poi di essersi sempre impegnato nella ricerca di questa *sapienza* più alta, trascurando gli affari pubblici e privati, ha determinato lo stato di povertà in cui si trova a vivere.

3
CORRUZIONE

Il secondo capo d'accusa, messo in piedi dal giovane Meleto, è che Socrate corromperebbe i giovani con i suoi insegnamenti, tra cui spicca nuovamente l'introduzione di divinità nuove, diverse rispetto a quelle cittadine. Il filosofo comincia con l'affrontare il suo accusatore sul metodo mettendo in campo le sue grandi risorse dialettiche. Innanzitutto un'abile *reductio ad absurdum* che passa attraverso il paragone con l'allevamento dei cavalli. Se, come sostiene Meleto, tutti ad Atene, dai giudici al pubblico presente al processo fino all'intera assemblea del popolo, sarebbero dei buoni educatori dei giovani, capaci di renderli migliori, e Socrate invece l'unico responsabile della loro *corruzione*, com'è che per i cavalli le cose vanno all'opposto? Tutti sono forse in grado di renderli migliori, mentre uno solo li guasta, o al contrario uno solo, o pochi esperti di ippica sanno trattarli nel modo dovuto, mentre

«i più» (*hoi polloi*) quando hanno a che fare con questi animali li rovinano? (XII, 25b).

Segue un altro argomento per assurdo. Com'è possibile che Socrate, se davvero *corrompe* i giovani e fa loro del male, lo possa fare «volontariamente», ben sapendo che rendendoli malvagi corre il rischio di riceverne del male a sua volta? Pertanto, o non li corrompe o se lo fa ciò avviene «involontariamente», e in questo caso non merita un processo ma semplicemente di essere persuaso del suo errore e invitato a comportarsi diversamente.

Quanto poi al fatto di insegnare a non riconoscere gli dèi della città, il filosofo porta di proposito il suo accusatore su un terreno scivoloso proponendogli un'alternativa: è di insegnare a credere in qualche divinità, anche se diversa, che lo accusa, oppure di essere un ateo? E Meleto cade puntualmente in contraddizione affermando che Socrate è un ateo (XIV, 26c). Ma com'è possibile essere accusato allo stesso tempo di credere e di non credere in una stessa cosa?

4
GIUSTIZIA

Dimostrata l'inconsistenza dell'accusa, Socrate ha modo di metterci a parte di quel sapere superiore che ha perseguito per tutta la vita, la vera ragione dell'odio e del risentimento che si è tirato addosso, e della sua imminente condanna a morte. Di fronte alla domanda che molti potrebbero fargli, perché mai si sia dato a una pratica che mette a rischio la sua stessa vita, così risponde: «Tu non parli bene, uomo, se pensi che la persona dalla quale possa derivare una benché minima utilità debba tener

conto del rischio di vivere o di morire invece che valutare, quando agisce, soltanto se compie atti giusti o ingiusti e azioni proprie di un onesto o di un malvagio» (XVI, 28b). Come Achille non si è curato della morte cui era destinato se avesse ucciso Ettore per vendicare Patroclo, allo stesso modo lui è sempre stato coerente con se stesso, senza ragionare sul pericolo di morire o su nient'altro che non fosse la vergogna. Il richiamo di questo valore negativo per eccellenza nella "società omerica", come antidoto contro ogni tentazione di comportamenti pusillanimi e nella fattispecie ingiusti, ha lo scopo di assimilare il coraggio e la coerenza di cui Socrate ha sempre dato prova a quelli degli eroi dell'epica: una strategia di sicuro effetto persuasivo sul suo pubblico. Non è un caso del resto che l'aneddoto che segue faccia riferimento ai suoi trascorsi bellici. Si apprende infatti che nel corso della guerra del Peloponneso non ha mai abbandonato anche se a rischio della vita il posto che gli era stato assegnato: pertanto, come potrebbe ora per paura della morte rinunciare a vivere nel modo in cui ha disposto il suo dio o demone che sia, quella voce della "coscienza" che lo ha spinto a filosofare, ossia a sondare se stesso e gli altri sulla sua e sulla loro coerenza rispetto a ciò che è "giusto"?

Il tema della *giustizia* percorre la seconda parte dell'*Apologia* e si intreccia ora con quello della morte, ora con quello della politica per distinguersi da entrambi e definirsi come idea trascendente. Il timore della morte, si legge, non ha senso perché non se ne conosce la natura: essa potrebbe essere il più grande dei beni, ma la si teme credendola il peggiore dei mali, ignorandone appunto la natura (XVII, 29b).

Quanto al tema politico, il servizio che Socrate rende alla sua città va in senso opposto rispetto alle attese di chi l'am-

ministra e ai valori che l'attraversano: insegna infatti a curarsi del corpo e delle ricchezze prima e di più dell'anima, perché «la virtù non deriva dalle ricchezze, ma... per tutti gli uomini a livello personale o comunitario le ricchezze e tutti gli altri beni derivano dalla virtù» (XVII, 30b). Ricorrendo nuovamente alla metafora ippica, il filosofo paragona la sua predicazione al pungolo di un tafano che sprona un cavallo grande, di razza, ma decisamente pigro: la sua città. E che si tratti di una missione divina lo si evince dal fatto che Socrate, come già aveva ricordato, trascurando i suoi interessi personali per occuparsi invece, e senza alcun compenso, del bene dei suoi concittadini è rimasto povero. Una missione, la sua, «incompatibile» con la politica e la vita pubblica, perché nessuno – dichiara – ha mai potuto opporsi con coraggio alle ingiustizie e alle trasgressioni della sua città esercitando una carica nello Stato. Lui invece, che non ha mai svolto alcuna funzione pubblica, ha sempre denunciato le scelte ingiuste della sua *polis*, come in occasione della condanna a morte dei dieci strateghi della battaglia navale delle Arginuse o di quella di Leone di Salamina sotto i Trenta tiranni.

La *giustizia*, in quanto "idea" che trascende la nostra condizione di mortali, è dunque incompatibile con la politica, una pratica percorsa dalle passioni più pericolose dell'uomo, tra cui campeggiano «il desiderio del potere» (*philarchia*) e «il desiderio dell'arricchimento» (*philochrematia*).

Il tema verrà ripreso ampiamente nella *Repubblica*, dove nei primi due libri Socrate si batte per una definizione "ideale" della *giustizia*, necessaria per pensare la sua *kallipolis*, la cui esistenza tuttavia sappiamo essere precaria e di breve durata, come mostra il processo degenerativo cui inevitabilmente va incontro e che di questo valore è la progressiva negazione.

L'incompatibilità della *giustizia* con la politica, o al contrario la possibilità di una loro sinergia saranno anche al centro della riflessione degli stoici, fino a Seneca, che nel *De otio* (62 d.C. ca) ci offre un quadro complessivo del problema, lui che oltre che filosofo era stato precettore e poi ministro di Nerone.

5
MORTE

Tuttavia la giustizia – come si è già accennato – non può essere neppure condizionata dal problema della *morte* poiché, in quanto manifestazione dell'idea sovrana del «bene», essa appartiene a una realtà che trascende la nostra vicenda mortale. Pertanto chi la persegue, come Socrate o come altri che verranno dopo di lui, non deve né può aver paura di morire.

Nelle ultime battute dell'*Apologia* il filosofo, ormai condannato, ci fornisce due ipotesi sulla *morte* che discute con quanti avrebbero voluto la sua assoluzione: essa può essere l'annullamento della nostra sensibilità, come più tardi avrebbe confermato Epicuro, e in questo caso sarebbe un grande guadagno; oppure, il passaggio della nostra anima da un luogo in un altro, circostanza ancora più felice, poiché per i giusti in questa vita la prospettiva sarebbe quella di incontrare non più questi "sedicenti" giudici, ma quelli veri e di trovarsi in compagnia di Orfeo, di Omero, di Esiodo e di altri grandi che hanno meritato molto nel mondo oltre e nonostante l'incomprensione cui spesso sono andati incontro. Il motivo di questa riacquisita libertà dell'anima dopo la *morte* sarà centrale nel *Fedone*. La *morte* pertanto non è un

male per chi come Socrate deve affrontarla, ma è piuttosto una vergogna per chi ha voluto infliggergliela pensando di fargli del male.

Il dialogo si conclude con un appello ai responsabili della sua condanna perché almeno non cessino di sorvegliare sulla moralità dei suoi figli, quando saranno cresciuti. Un inaspettato passaggio di consegne che mette a fuoco, in modo ancora più evidente, il superiore valore della giustizia.

6
AMORE

Il *Simposio* è il dialogo in cui Platone tenta con tutte le risorse del suo pensiero di inglobare l'*amore* nel proprio sistema filosofico. Lo stesso tema, variamente declinato, lo ritroviamo soprattutto nei coevi *Fedro* e *Repubblica,* e in parte ancora nelle *Leggi*, l'ultima opera del filosofo.

Ricco di colpi di scena, il *Simposio* vede avvicendarsi diversi personaggi in casa del poeta Agatone, che festeggia con un sontuoso banchetto la sua vittoria nelle gare Lenee del 416 a.C. In questo contesto conviviale tutti approvano la proposta di Pausania di bere con moderazione, e per primo il medico Erissimaco che ricorda i danni dell'ebrietà. È proprio lui a suggerire di passare il resto della serata tessendo a turno le lodi dell'*amore*.

Comincia a parlare Fedro, protagonista dell'omonimo dialogo. Per lui Amore (*Eros*) è il più antico degli dèi e anche il più "utile" dal punto di vista comunitario, perché in suo nome l'innamorato cerca in tutti i modi di distinguersi agli occhi dell'amato: «Se ci fosse la maniera» dichiara «di costituire uno Stato o un esercito di amanti e di amati non ci

sarebbe una forma di organizzazione migliore, perché tutti si asterrebbero dal compiere azioni vili e gareggerebbero nel desiderio di farsi onore: sarebbe infatti impossibile che uomini animati da tali sentimenti, combattendo gli uni a fianco degli altri, non riportassero vittoria sull'umanità intera, per pochi che siano» (VI, 178e – 179a).

È questo un primo evidente elogio dell'*amore* omosessuale maschile (una pratica ammessa, pur con le dovute cautele, presso le *élite* greche), quantunque stemperato dalla precisazione di Fedro secondo cui tanta abnegazione in nome di Amore può anche riguardare la donna, ma «non» in senso omosessuale (l'omosessualità femminile non interessa la cultura greca), bensì verso il proprio marito. Perciò, prima di ricordare Achille che per vendicare l'amato Patroclo andò consapevolmente incontro alla sua fine, evoca l'esempio di Alcesti che accettò di morire al posto del suo sposo Admeto.

Prende quindi la parola Pausania (VIII, 180c – 185c). Anche il suo discorso si concentra soprattutto sull'*amore* omosessuale maschile del quale è un fervente apologeta (è anche l'amante di Agatone), ma contiene alcuni spunti di interesse generale che saranno sviluppati nel discorso della sacerdotessa Diotima riportato da Socrate alla fine del dialogo. Vi è in effetti da parte di Pausania un primo tentativo di "elevazione" dell'esperienza amorosa. Come vi sono due Afroditi, una «celeste» e l'altra «volgare» (VIII, 180d-e), così vi sono due tipi di Amore. Ciò che li distingue è la natura delle intenzioni di chi ama, pure e oneste, o al contrario basse e volgari. Sono in molti infatti a mirare solo al corpo della persona amata e così facendo avviliscono l'*amore*: appartengono a questa categoria coloro che desiderano indifferentemente le donne e i ragazzi, e quanto più ottusi sono costoro, tanto più sono ambiti perché soddisfano meglio i

loro desideri volgari. La pratica dell'omosessualità maschile ad Atene rappresenta invece un ottimo banco di prova per saggiare la natura delle intenzioni dell'«amante» (*erastes*): se queste sono pure e oneste, egli viene incoraggiato nei suoi tentativi di conquista, mentre in caso contrario viene ostacolato. Perché lo scopo è che l'amante si innamori soprattutto dell'anima dell'«amato» (*eromenos*), che ha vita assai più lunga della sua bellezza fisica, e ciò in vista di un rapporto duraturo nel tempo. Quanto all'amato, costui è oggetto di biasimo se cede alle *avance* di un amante volgare e dissoluto, mentre è bello per lui concedersi a chi si è innamorato della sua anima.

7
NEGAZIONE

Già da questi primi interventi emergono due dati.

Il primo è l'emarginazione della donna e la sottovalutazione dei rapporti eterosessuali. Di lei, come si accennava, non viene neppure preso in considerazione che possa darsi ad amori omosessuali. Quanto ai rapporti eterosessuali, nel discorso di Pausania essi rientrano nella giurisdizione di Afrodite «volgare», appartengono cioè a quell'amore praticato dagli uomini «dappoco» (*hoi phauloi*), così definiti non senza una punta di disprezzo (IX, 181b). Per una decisa riabilitazione dell'amore eterosessuale e della donna, oltre all'utopia celebrata nel libro V della *Repubblica* dove si ipotizza una vita comunitaria e nel segno dell'uguaglianza per i guardiani e le donne con cui procreano, bisognerà attendere soprattutto le *Leggi* (libro VIII): in questo dialogo l'amore omosessuale viene messo al bando e quello eterosessuale è confinato alla

coppia marito e moglie, e finalizzato principalmente alla procreazione; si raccomanda inoltre la fedeltà tra i coniugi, la pratica periodica dell'astinenza e si minaccia la perdita dei diritti civili per quanti contravvengono a queste regole.

Ma torniamo al *Simposio*. Il secondo dato, che costituisce un'assoluta novità di quest'opera, è la *negazione* degli impulsi sessuali, con particolare riferimento ovviamente a quelli omosessuali. Fedro vagheggia gare di coraggio e di eroismo tra amanti schierati a difesa dello Stato, o ci ricorda il sacrificio di Achille per Patroclo. Volendo poi chiamare in causa una donna del mito, si limita ad evocare con ammirazione il generoso gesto di Alcesti, anch'essa pronta a morire per il suo sposo. Insomma, non si fa parola dell'erotismo di questi amanti, bensì della loro disponibilità a sublimarlo col sacrificio della vita. Pausania, abbiamo visto, esalta l'amore «celeste», che consiste nell'innamorarsi dell'anima più che del corpo dell'amato. Questo motivo verrà ripreso da Alcibiade quando, nelle ultime battute del dialogo (XXXIIId – XXXIVd), tesse le lodi di Socrate, il quale seppe resistere ai suoi insistenti tentativi di seduzione, quando era ancora adolescente.

8
TEMPERANZA

Dovrebbe essere il turno del grande commediografo Aristofane, ma un attacco di singhiozzo gli impedisce di parlare. Lo sostituisce il medico Erissimaco, che riprende la distinzione di Pausania tra i due amori, quello «celeste» e quello «volgare», mostrando come essi si manifestino in tutti i fenomeni naturali. Quanto all'uomo, la pratica me-

dica si prefigge di favorire ciò che vi è di sano nel suo corpo e di combattere ciò che è malato, realizzando una temperata armonia dei contrari (caldo/freddo, secco/umido). Per ciò che concerne l'amore, la medicina dovrà compiacere la continenza che è il riflesso dell'amore «celeste» e somministrare con cautela l'amore «volgare», affinché il frutto del piacere possa essere colto senza generare «incontinenza» (*akolasian*). Per il medico gli impulsi sessuali non vanno dunque negati, ma semplicemente controllati. Lo stesso controllo dovrà essere esercitato sul desiderio di cibi e di bevande, perché i piaceri del palato non portino il soggetto ad ammalarsi (XII, 187d-e).

Il motivo della *temperanza*, sia erotica che alimentare, rappresenta nella *Repubblica* (libri VIII e IX) uno dei requisiti fondamentali dell'uomo «filosofico», di quel soggetto che grazie al costante esercizio della parte più nobile dell'anima (quella razionale) si accosta ai piaceri con moderazione. A esso Platone contrappone l'uomo «tirannico», che di questo valore è la sistematica negazione. Ma lo stesso motivo sarà ripreso e sviluppato sia dalla filosofia ellenistica, sia dalla medicina di età imperiale con Rufo, Sorano e Galeno. Per questi medici la *temperanza* è salutare sia per la condotta morale del soggetto che per il suo equilibrio fisico; non solo, ma per quanto riguarda in particolare l'attività erotica, il seme (di cui secondo loro era dotata anche la donna) è la sostanza più preziosa dell'essere umano, e pertanto non va disperso ma deve essere ben formato attraverso un'adeguata alimentazione, accumulato ed emesso soprattutto in vista della procreazione. Questa posizione, insieme a quelle prevalentemente morali di epicurei e stoici, avrebbe preparato un terreno fertile per la predicazione cristiana.

9
INTERO

Riavutosi dal singhiozzo, Aristofane prende finalmente la parola ricostruendo una curiosa storia dell'umanità che suona come un contrappunto rispetto alla teoria dei due amori di Pausania.

In origine, gli uomini avevano quattro mani, quattro gambe e doppi genitali, e i sessi erano tre: maschile, femminile e androgino. Poiché questi esseri progettavano di scalare il cielo e di assalire la sede degli dèi tanto erano superbi, Zeus volle indebolirli e li divise in due. Da allora, tutti noi cerchiamo la nostra «metà» perduta, e a questa ricerca dell'*intero* si dà il nome di «amore» (XV, 191d – XVI, 193a). Rispetto a quanto teorizzato da Pausania, il contrappunto di Aristofane non consiste solo nell'opporre il concetto di *intero* alla "dualità" dell'amore «celeste» e di quello «volgare», ma anche nel considerare la relazione erotica tra due esseri umani come fine in sé, e non come un momento che prelude al raggiungimento di mete più alte.

Interviene infine Agatone, che tesse le lodi di Amore presentandolo come il più bello e il più giovane tra gli dèi: da quando è nato ha fatto cessare ogni discordia tra loro, e ha sviluppato negli uomini virtù quali la giustizia, la temperanza e la sapienza (XIX, 196b – 197e). Più che un contributo filosofico, l'intervento di Agatone assomiglia a un pezzo di retorica sofistica, ricco di immagini eleganti e di sapienti effetti stilistici.

10
BENE

Chiude gli interventi Socrate, che intende onorare il suo turno riferendo il discorso che avrebbe ascoltato un giorno da Diotima, una sacerdotessa di Mantinea che lo rese edotto nelle cose d'amore (XX, 198 a – XXIX, 212 c).

Più che un dio, Amore è un essere intermedio tra gli dèi e gli uomini, la cui funzione è di «interpretare e di trasmettere agli dèi ciò che viene dagli uomini e agli uomini ciò che viene dagli dèi». Un interprete e un messaggero che colma la distanza tra gli uomini e la divinità: un tramite dunque di quell'elevazione dell'uomo tanto cara a Platone. Figlio di Povertà (*Penia*) e di Espediente (*Poros*), Amore vive sempre nel bisogno ma è pieno di risorse. Per quanto povero e sprovvisto di tutto, ama la bellezza e trasmette questo desiderio ai mortali, che dal bello sono spinti a generare, mentre dal brutto ne sono inibiti. E generando, gli uomini conseguono una forma di immortalità. La generazione tuttavia non si realizza solo nella dimensione del corpo, ma anche in quella dell'anima, che partorisce pensieri e raggiunge conoscenze di volta in volta nuove. Così gli esseri fertili nel corpo generano figli, quelli invece fertili nell'anima generano arti, conoscenze e buone leggi. Una volta posta questa nuova dualità, il discorso di Diotima (in realtà di Platone) descrive il percorso che consente all'uomo di "ridurla" e di fare dell'amore un'esperienza univoca e sublime. L'amante – si legge – comincia a innamorarsi di un bel corpo, ma presto si deve rendere conto che la bellezza si manifesta in ogni bel corpo, tanto che li desidererà tutti depotenziando così il suo attaccamento a uno solo; in seguito si accorgerà che più preziose dei corpi sono le «anime» e si innamorerà di quelle; poi, non ancora

pago (ricordiamo che Amore è figlio anche di Povertà, alla costante ricerca di qualcosa), amerà il «bello» presente nelle istituzioni, nelle buone leggi e nelle scienze, fino a raggiungere la contemplazione del «bello in sé» (XXIX, 211d-e), manifestazione a sua volta dell'idea sovrana del «*bene*».

L'amore che – lo abbiamo visto all'inizio – nel libro IX della *Repubblica* è rappresentato come il desiderio potenzialmente più devastante sia sul piano individuale che collettivo, tanto da essere sottoposto nelle *Leggi* a un insieme di norme che ne assicurino una sana fruizione all'interno della coppia marito e moglie, nel *Simposio* è dunque oggetto di un'analisi più complessa e articolata. A parte l'intervento di Erissimaco, che da medico prospetta i benefici della temperanza erotica, al centro del dialogo vi è il tentativo di Platone di individuare nella pulsione d'amore un potente mezzo di elevazione spirituale. Partendo dalla negazione degli impulsi erotici soprattutto all'interno dell'amore omosessuale, col discorso di Diotima il filosofo riesce a ridurre, fino ad annullarlo, il divario che esiste tra corpo e anima, tra fisicità e spiritualità. Ma ci riesce attraverso un itinerario educativo concepito nel segno della gradualità, che non demonizza la dimensione fisica ma la rende semplicemente superflua nel momento in cui il soggetto si accosta alla superiore bellezza della conoscenza e del *bene*.

Apologia di Socrate
Ἀπολογία Σωκράτους

I

[17a] Ὅτι μὲν ὑμεῖς, ὦ ἄνδρες Ἀθηναῖοι, πεπόνθατε ὑπὸ τῶν ἐμῶν κατηγόρων, οὐκ οἶδα· ἐγὼ δ' οὖν καὶ αὐτὸς ὑπ' αὐτῶν ὀλίγου ἐμαυτοῦ ἐπελαθόμην, οὕτω πιθανῶς ἔλεγον. καίτοι ἀληθές γε ὡς ἔπος εἰπεῖν οὐδὲν εἰρήκασιν. μάλιστα δὲ αὐτῶν ἓν ἐθαύμασα τῶν πολλῶν ὧν ἐψεύσαντο, τοῦτο ἐν ᾧ ἔλεγον ὡς χρῆν ὑμᾶς εὐλαβεῖσθαι μὴ ὑπ' ἐμοῦ ἐξαπατηθῆτε [17b] ὡς δεινοῦ ὄντος λέγειν. τὸ γὰρ μὴ αἰσχυνθῆναι ὅτι αὐτίκα ὑπ' ἐμοῦ ἐξελεγχθήσονται ἔργῳ, ἐπειδὰν μηδ' ὁπωστιοῦν φαίνωμαι δεινὸς λέγειν, τοῦτό μοι ἔδοξεν αὐτῶν ἀναισχυντότατον εἶναι, εἰ μὴ ἄρα δεινὸν καλοῦσιν οὗτοι λέγειν τὸν τἀληθῆ λέγοντα· εἰ μὲν γὰρ τοῦτο λέγουσιν, ὁμολογοίην ἂν ἔγωγε οὐ κατὰ τούτους εἶναι ῥήτωρ. οὗτοι μὲν οὖν, ὥσπερ ἐγὼ λέγω, ἤ τι ἢ οὐδὲν ἀληθὲς εἰρήκασιν, ὑμεῖς δέ μου ἀκούσεσθε πᾶσαν τὴν ἀλήθειαν — οὐ μέντοι μὰ Δία, ὦ ἄνδρες Ἀθηναῖοι, κεκαλλιεπημένους γε λόγους, ὥσπερ οἱ τούτων, [17c] ῥήμασί τε καὶ ὀνόμασιν οὐδὲ κεκοσμημένους, ἀλλ' ἀκούσεσθε εἰκῇ λεγόμενα τοῖς ἐπιτυχοῦσιν ὀνόμασιν — πιστεύω γὰρ δίκαια εἶναι ἃ λέγω — καὶ μηδεὶς ὑμῶν προσδοκησάτω ἄλλως· οὐδὲ γὰρ ἂν δήπου πρέποι, ὦ ἄνδρες, τῇδε τῇ ἡλικίᾳ ὥσπερ μειρακίῳ πλάττοντι λόγους εἰς ὑμᾶς εἰσιέναι. καὶ μέντοι καὶ πάνυ, ὦ ἄνδρες Ἀθηναῖοι, τοῦτο ὑμῶν

La difesa

I

[17a] Che sentimenti abbiano suscitato in voi le parole dei miei accusatori, uomini Ateniesi, non lo so proprio; da parte mia vi posso assicurare che mi sono quasi dimenticato chi io sia,[1] mentre parlavano in modo così convincente. Di vero,[2] tuttavia, essi non hanno detto nulla, per parlare francamente. Ma fra le molte cose false che vi hanno raccontato, di una in particolare mi son meravigliato: secondo loro, voi dovreste guardarvi dal rischio di essere ingannati [17b] da me, come da una persona molto abile nel parlare. Siccome non hanno affatto provato vergogna nel sostenere una cosa per cui saranno smentiti dai fatti, quando apparirà chiaro che io abile nel parlare proprio non lo sono, tale affermazione mi è parsa davvero impudente, a meno che essi non chiamino abile nel parlare la persona che dice la verità. Se

[1] *Che sentimenti... io sia*: nonostante si accinga a parlare a dei giudici (i cittadini sorteggiati nell'*eliea*, il supremo tribunale ateniese) che decideranno della sua vita, Socrate assume ugualmente e da subito il tono colloquiale di una conversazione tra amici, rinunciando a qualsiasi orpello retorico, apparendoci proprio per questo molto più veritiero.

[2] *così convincente. Di vero*: già nella contrapposizione tra «convincente» e «vero» e poi in tutto questo passo, oltre che un tipico esempio dell'"ironia socratica", si profilano i termini dello scontro frontale tra i Sofisti e Socrate, gli uni pronti a sfruttare qualsiasi sorta di mezzi e di argomenti, veri o falsi che siano, per persuadere gli uditori, l'altro votatosi per tutta la vita alla causa della verità (la filosofia, per Platone).

δέομαι καὶ παρίεμαι· ἐὰν διὰ τῶν αὐτῶν λόγων ἀκούητέ μου ἀπολογουμένου δι᾽ ὧνπερ εἴωθα λέγειν καὶ ἐν ἀγορᾷ ἐπὶ τῶν τραπεζῶν, ἵνα ὑμῶν πολλοὶ ἀκηκόασι, καὶ ἄλλοθι, μήτε [17d] θαυμάζειν μήτε θορυβεῖν τούτου ἕνεκα. ἔχει γὰρ οὑτωσί. νῦν ἐγὼ πρῶτον ἐπὶ δικαστήριον ἀναβέβηκα, ἔτη γεγονὼς ἑβδομήκοντα· ἀτεχνῶς οὖν ξένως ἔχω τῆς ἐνθάδε λέξεως. ὥσπερ οὖν ἄν, εἰ τῷ ὄντι ξένος ἐτύγχανον ὤν, συνεγιγνώσκετε δήπου ἄν μοι εἰ ἐν ἐκείνῃ τῇ φωνῇ τε καὶ τῷ τρόπῳ [18a] ἔλεγον ἐν οἷσπερ ἐτεθράμμην, καὶ δὴ καὶ νῦν τοῦτο ὑμῶν δέομαι δίκαιον, ὥς γέ μοι δοκῶ, τὸν μὲν τρόπον τῆς λέξεως ἐᾶν — ἴσως μὲν γὰρ χείρων, ἴσως δὲ βελτίων ἂν εἴη — αὐτὸ δὲ τοῦτο σκοπεῖν καὶ τούτῳ τὸν νοῦν προσέχειν, εἰ δίκαια λέγω ἢ μή· δικαστοῦ μὲν γὰρ αὕτη ἀρετή, ῥήτορος δὲ τἀληθῆ λέγειν.

questo intendessero, potrei senz'altro accettare di essere definito un retore, ma non è così. Questa gente dunque, lo dico apertamente, ha fatto un'affermazione che non contiene nemmeno un minimo di verità: la verità, tutta intera, la sentirete invece da me. Ma, per Giove, Ateniesi, non aspettatevi da me discorsi costruiti [17c] con espressioni ricercate e fioriti di termini eleganti, alla maniera loro, ma cose dette senza preparazione e nella forma di tutti i giorni: io credo semplicemente che siano cose giuste, e dunque nessuno di voi si disponga ad ascoltare qualcosa di diverso. D'altra parte sarebbe sconveniente, cittadini, che alla mia età[3] mi presentassi a voi come un ragazzetto che gioca con le parole. Piuttosto, cittadini Ateniesi, di una cosa vi prego vivamente e una cosa vorrei che mi concedeste: se ascolterete la mia difesa formulata alla stessa maniera con cui molti di voi mi hanno sentito parlare in piazza, dove s'affollano i banchieri e i commercianti e in posti di questo genere,[4] non [17d] stupitevi di ciò e non mettetevi in agitazione. Così stanno le cose. Per la prima volta in vita mia, a più di settant'anni, mi ritrovo in tribunale, e dunque non ho affatto dimestichezza con il linguaggio che si pratica qui. Come di sicuro, se fossi per caso uno straniero, sareste indulgenti [18a] sul fatto che io parli con la lingua e nel modo che mi fosse familiare, la stessa cosa, che mi sembra corretta, io vi chiedo: da una parte di permettermi di parlare come mi

---

[3] *alla mia età*: al momento del processo, Socrate aveva passato i settant'anni, come lui stesso ricorderà dopo.

[4] *dove s'affollano... genere*: Socrate passava molto del suo tempo a parlare con la gente, senza distinzioni di classe sociale, come testimonia anche Senofonte, un altro suo famoso discepolo, nei *Memorabili*, la più importante opera dedicata da Senofonte a Socrate: «Il mattino presto si portava nei viali e nelle palestre e si faceva vedere in piazza quando questa era più affollata, e il resto della giornata lo passava dove aveva la possibilità di incontrarsi con più persone» (Libro I, capitolo 1).

II

Πρῶτον μὲν οὖν δίκαιός εἰμι ἀπολογήσασθαι, ὦ ἄνδρες Ἀθηναῖοι, πρὸς τὰ πρῶτά μου ψευδῆ κατηγορημένα καὶ τοὺς πρώτους κατηγόρους, ἔπειτα δὲ πρὸς τὰ ὕστερον καὶ τοὺς [18b] ὑστέρους. ἐμοῦ γὰρ πολλοὶ κατήγοροι γεγόνασι πρὸς ὑμᾶς καὶ πάλαι πολλὰ ἤδη ἔτη καὶ οὐδὲν ἀληθὲς λέγοντες, οὓς ἐγὼ μᾶλλον φοβοῦμαι ἢ τοὺς ἀμφὶ Ἄνυτον, καίπερ ὄντας καὶ τούτους δεινούς· ἀλλ' ἐκεῖνοι δεινότεροι, ὦ ἄνδρες, οἳ ὑμῶν τοὺς πολλοὺς ἐκ παίδων παραλαμβάνοντες ἔπειθόν τε καὶ κατηγόρουν ἐμοῦ μᾶλλον οὐδὲν ἀληθές, ὡς ἔστιν τις Σωκράτης σοφὸς ἀνήρ, τά τε μετέωρα φροντιστὴς καὶ τὰ ὑπὸ γῆς πάντα ἀνεζητηκὼς καὶ τὸν ἥττω λόγον κρείττω [18c] ποιῶν. οὗτοι, ὦ ἄνδρες Ἀθηναῖοι, ‹οἱ› ταύτην τὴν φήμην κατασκεδάσαντες, οἱ δεινοί εἰσίν μου κατήγοροι· οἱ γὰρ ἀκούοντες ἡγοῦνται τοὺς ταῦτα ζητοῦντας οὐδὲ θεοὺς νομίζειν. ἔπειτά εἰσιν οὗτοι οἱ κατήγοροι πολλοὶ καὶ πολὺν χρόνον ἤδη κατηγορηκότες, ἔτι δὲ καὶ ἐν ταύτῃ τῇ ἡλικίᾳ λέγοντες πρὸς ὑμᾶς ἐν ᾗ ἂν μάλιστα ἐπιστεύσατε, παῖδες ὄντες ἔνιοι ὑμῶν καὶ μειράκια, ἀτεχνῶς ἐρήμην κατηγοροῦντες ἀπολογουμένου οὐδενός. ὃ δὲ πάντων ἀλογώτατον, ὅτι οὐδὲ τὰ [18d] ὀνόματα οἷόν τε αὐτῶν εἰδέναι καὶ εἰπεῖν, πλὴν εἴ τις κωμῳδοποιὸς τυγχάνει ὤν. ὅσοι δὲ φθόνῳ καὶ διαβολῇ χρώμενοι ὑμᾶς ἀνέπειθον — οἱ δὲ καὶ αὐτοὶ πεπεισμένοι ἄλλους πείθοντες — οὗτοι πάντες ἀπορώτατοί εἰσιν· οὐδὲ

viene – potrebbe essere un linguaggio peggiore, ma anche migliore di quello che qui è in uso – dall'altra di badare solo se dico cose giuste o no. Questa infatti è la prerogativa del giudice, così come quella dell'oratore è il dire cose vere.

II

Innanzi tutto è dunque giusto che io mi difenda dalle accuse fatte sul mio conto da più antica data e dai primi accusatori; in un secondo momento passerò a considerare le accuse più recenti e gli [18b] ultimi accusatori. Sono davvero tanti e all'opera da molto tempo quelli che hanno fatto questa parte presso di voi, senza per altro dire niente di vero, e io li temo più di Anito[5] e del suo giro, sebbene anche questi siano pericolosi. Ma il peggio sono proprio loro: influendo su di voi sin da quando eravate bambini, miravano a farvi credere cose in cui non c'è niente di vero, e cioè che un certo Socrate, un sapiente, si interessa a investigare i fenomeni celesti e quelli sotterranei, ed è abile nel rendere più forte il ragionamento più debole. [18c] Gli accusatori che hanno sparso queste voci sono i miei avversari più temibili, Ateniesi, perché quelli che danno loro retta pensano che chi è spinto a dedicarsi a tali investigazioni non crede nell'esistenza degli dèi. Per di più questi accusatori sono tanti, e operano nell'ombra già da molto tempo, e, ancora, a voi hanno incominciato a raccontar queste

[5] *più di Anito*: l'accusa contro Socrate fu presentata da Meleto, che sembra sia stato il prestanome ufficiale di un atto pubblico di cui non era tuttavia il diretto interessato. Sarebbe infatti stato indotto all'iniziativa proprio da Anito, un ricco commerciante che in città godeva di un notevole ascendente politico, acquisito grazie al suo denaro. È dunque comprensibile l'astio nei confronti di Socrate per un insegnamento che metteva in discussione il prestigio sociale e il potere politico rispetto ai veri bisogni dell'anima.

γὰρ ἀναβιβάσασθαι οἷόν τ' ἐστὶν αὐτῶν ἐνταυθοῖ οὐδ' ἐλέγξαι οὐδένα, ἀλλ' ἀνάγκη ἀτεχνῶς ὥσπερ σκιαμαχεῖν ἀπολογούμενόν τε καὶ ἐλέγχειν μηδενὸς ἀποκρινομένου. ἀξιώσατε οὖν καὶ ὑμεῖς, ὥσπερ ἐγὼ λέγω, διττούς μου τοὺς κατηγόρους γεγονέναι, ἑτέρους μὲν τοὺς ἄρτι κατηγορήσαντας, ἑτέρους δὲ [18e] τοὺς πάλαι οὓς ἐγὼ λέγω, καὶ οἰήθητε δεῖν πρὸς ἐκείνους πρῶτόν με ἀπολογήσασθαι· καὶ γὰρ ὑμεῖς ἐκείνων πρότερον ἠκούσατε κατηγορούντων καὶ πολὺ μᾶλλον ἢ τῶνδε τῶν ὕστερον.

Εἶεν· ἀπολογητέον δή, ὦ ἄνδρες Ἀθηναῖοι, καὶ ἐπιχειρητέον [19a] ὑμῶν ἐξελέσθαι τὴν διαβολὴν ἣν ὑμεῖς ἐν πολλῷ χρόνῳ ἔσχετε ταύτην ἐν οὕτως ὀλίγῳ χρόνῳ. βουλοίμην μὲν οὖν ἂν τοῦτο οὕτως γενέσθαι, εἴ τι ἄμεινον καὶ ὑμῖν καὶ ἐμοί, καὶ πλέον τί με ποιῆσαι ἀπολογούμενον· οἶμαι δὲ αὐτὸ χαλεπὸν εἶναι, καὶ οὐ πάνυ με λανθάνει οἷόν ἐστιν. ὅμως τοῦτο μὲν ἴτω ὅπῃ τῷ θεῷ φίλον, τῷ δὲ νόμῳ πειστέον καὶ ἀπολογητέον.

cose in quell'età in cui, essendo fanciulli o appena giovinetti, è più facile essere influenzati, soprattutto se si formulano accuse senza la presenza dell'interessato o di qualcuno che ne difenda le ragioni. Ma la cosa più assurda di tutte è che non è nemmeno [18d] possibile sapere o dire i loro nomi, all'infuori del nome di qualche scrittore di commedie.[6] Quelli che, spinti dall'invidia e con l'arma della calunnia, quelli che, convinti dagli altri, si sono dati da fare per convincere altre persone: tutti costoro sono gli avversari più difficili da individuare. Infatti non è possibile farli comparire in questo luogo né rimuovere le loro convinzioni: sono obbligato, difendendomi, a combattere per così dire delle ombre e a far confutazioni senza che nessuno mi risponda. Tenete dunque conto anche voi che i miei accusatori sono stati di due specie: accusatori recenti, e accusatori di vecchissima data, quelli [18e] di cui sto appunto parlando. E convenite allora che bisogna che io mi difenda prima da questi: anche voi li avete ascoltati accusarmi prima e molto più gravemente di quelli odierni.

Sia come sia. Sono obbligato a difendermi e a cercare [19a] di estirpare da voi in così poco tempo[7] una convinzione falsa che ha avuto invece moltissimo tempo per radicarsi. Ma a me piacerebbe, posto che ciò torni utile sia a me sia a voi, che dalla mia difesa potessi ricavare qualcosa di più, anche se penso che sia difficile e non mi sfugge il nocciolo della questione. Vada comunque come il dio vuole, ma certo alle leggi si deve ubbidire e io mi devo difendere.

---

[6] *qualche scrittore di commedie*: il riferimento diretto è ad Aristofane, di cui si parlerà più ampiamente nel successivo capitolo, ma pare che, nelle loro commedie, anche Cratino, Amipsia, Eupoli e Callia, rappresentanti della "commedia attica antica", avessero messo in ridicolo Socrate.

[7] *così poco tempo*: il tempo concesso a un imputato per difendersi era misurato da una clessidra ad acqua, sorvegliata da un addetto specifico; e un processo, anche se capitale, doveva concludersi nell'arco di una giornata.

III

Ἀναλάβωμεν οὖν ἐξ ἀρχῆς τίς ἡ κατηγορία ἐστὶν ἐξ ἧς [19b] ἡ ἐμὴ διαβολὴ γέγονεν, ᾗ δὴ καὶ πιστεύων Μέλητός με ἐγράψατο τὴν γραφὴν ταύτην. εἶεν· τί δὴ λέγοντες διέβαλλον οἱ διαβάλλοντες; ὥσπερ οὖν κατηγόρων τὴν ἀντωμοσίαν δεῖ ἀναγνῶναι αὐτῶν· "Σωκράτης ἀδικεῖ καὶ περιεργάζεται ζητῶν τά τε ὑπὸ γῆς καὶ οὐράνια καὶ τὸν ἥττω λόγον κρείττω [19c] ποιῶν καὶ ἄλλους ταὐτὰ ταῦτα διδάσκων." τοιαύτη τίς ἐστιν· ταῦτα γὰρ ἑωρᾶτε καὶ αὐτοὶ ἐν τῇ Ἀριστοφάνους κωμῳδίᾳ, Σωκράτη τινὰ ἐκεῖ περιφερόμενον, φάσκοντά τε ἀεροβατεῖν καὶ ἄλλην πολλὴν φλυαρίαν φλυαροῦντα, ὧν ἐγὼ οὐδὲν οὔτε μέγα οὔτε μικρὸν πέρι ἐπαΐω. καὶ οὐχ ὡς ἀτιμάζων λέγω τὴν τοιαύτην ἐπιστήμην, εἴ τις περὶ τῶν τοιούτων σοφός ἐστιν — μή πως ἐγὼ ὑπὸ Μελήτου τοσαύτας δίκας φεύγοιμι — ἀλλὰ γὰρ ἐμοὶ τούτων, ὦ ἄνδρες Ἀθηναῖοι, οὐδὲν μέτεστιν. [19d] μάρτυρας δὲ αὖ ὑμῶν τοὺς πολλοὺς παρέχομαι, καὶ ἀξιῶ ὑμᾶς ἀλλήλους διδάσκειν τε καὶ φράζειν, ὅσοι ἐμοῦ πώποτε ἀκηκόατε διαλεγομένου — πολλοὶ δὲ ὑμῶν οἱ τοιοῦτοί εἰσιν — φράζετε οὖν ἀλλήλοις εἰ πώποτε ἢ μικρὸν ἢ μέγα ἤκουσέ τις ὑμῶν ἐμοῦ περὶ τῶν τοιούτων διαλεγομένου, καὶ ἐκ τούτου γνώσεσθε ὅτι τοιαῦτ᾽ ἐστὶ καὶ τἆλλα περὶ ἐμοῦ ἃ οἱ πολλοὶ λέγουσιν.

III

Riprendiamo dunque da principio a considerare quale sia l'accusa da cui [19b] è nata la falsa opinione sul mio conto e su cui Meleto[8] si è basato per presentare la sua denuncia scritta contro di me. Allora: con quali argomenti mi calunniavano i miei detrattori? In proposito, bisogna definire la loro accusa come se si trattasse di un atto giurato da accusatori formali: «Socrate è colpevole di perdersi nell'investigazione dei fenomeni sotterranei e di quelli celesti; di rendere più forti gli argomenti più deboli [19c] e di insegnare queste cose agli altri». L'accusa è pressappoco questa: voi stessi avete avuto la possibilità di verificarlo anche nella commedia di Aristofane,[9] dove viene messo in scena un certo Socrate che dice di andare in giro per l'aria e va cianciando molte altre sciocchezze, di cui non m'intendo né molto né poco. Intendiamoci bene: io non voglio affatto gettar discredito su una tale dottrina e su chi la coltiva, e lo dico perché non mi capiti di trovarmi un'altra volta invischiato da Meleto in un processo di questo genere, ma il fatto è semplicemente che con tali speculazioni io non ho niente a che fare. [19d] Chiamo a testimoniarlo la maggior parte di voi, e vi domando di scambiarvi informazioni gli uni con gli altri e di dichiararlo,

---

[8] *su cui Meleto:* Meleto (*vedi anche* nota 5) era portatore, in questo processo, dei sentimenti antisocratici degli intellettuali ateniesi, più precisamente dei poeti, di cui era un modesto rappresentante. Socrate in *Eutifrone*, un altro dialogo di Platone, sostiene di non conoscerlo, e ciò confermerebbe l'ipotesi che si sia trattato di un prestanome.

[9] *commedia di Aristofane*: di Aristofane, il più grande poeta comico greco, Socrate qui vuole ricordare la commedia *Le Nuvole*, rappresentata sul testo di una prima versione (a noi ne è pervenuta solo una seconda, incompiuta) nel 423 a.C. In essa Socrate era assimilato al classico tipo "con la testa fra le nuvole", forse più per esigenze di satira che per particolari motivi di risentimento o di astio da parte di Aristofane nei suoi confronti.

IV

Ἀλλὰ γὰρ οὔτε τούτων οὐδέν ἐστιν, οὐδέ γ' εἴ τινος ἀκηκόατε ὡς ἐγὼ παιδεύειν ἐπιχειρῶ ἀνθρώπους καὶ χρήματα [19e] πράττομαι, οὐδὲ τοῦτο ἀληθές. ἐπεὶ καὶ τοῦτό γέ μοι δοκεῖ καλὸν εἶναι, εἴ τις οἷός τ' εἴη παιδεύειν ἀνθρώπους ὥσπερ Γοργίας τε ὁ Λεοντῖνος καὶ Πρόδικος ὁ Κεῖος καὶ Ἱππίας ὁ Ἠλεῖος. τούτων γὰρ ἕκαστος, ὦ ἄνδρες, οἷός τ' ἐστὶν ἰὼν εἰς ἑκάστην τῶν πόλεων τοὺς νέους — οἷς ἔξεστι τῶν ἑαυτῶν πολιτῶν προῖκα συνεῖναι ᾧ ἂν βούλωνται — τούτους πείθουσι [20a] τὰς ἐκείνων συνουσίας ἀπολιπόντας σφίσιν συνεῖναι χρήματα διδόντας καὶ χάριν προσειδέναι. ἐπεὶ καὶ ἄλλος ἀνήρ ἐστι Πάριος ἐνθάδε σοφὸς ὃν ἐγὼ ᾔσθόμην ἐπιδημοῦντα· ἔτυχον γὰρ προσελθὼν ἀνδρὶ ὃς τετέλεκε χρήματα σοφισταῖς πλείω ἢ σύμπαντες οἱ ἄλλοι, Καλλίᾳ τῷ Ἱππονίκου· τοῦτον οὖν ἀνηρόμην — ἐστὸν γὰρ αὐτῷ δύο ὑεῖ — "Ὦ Καλλία," ἦν δ' ἐγώ, "εἰ μέν σου τὼ ὑεῖ πώλω ἢ μόσχω ἐγενέσθην, εἴχομεν ἂν αὐτοῖν ἐπιστάτην λαβεῖν καὶ μισθώσασθαι ὃς [20b] ἔμελλεν αὐτὼ καλώ τε κἀγαθὼ ποιήσειν τὴν προσήκουσαν ἀρετήν, ἦν δ' ἂν οὗτος ἢ τῶν ἱππικῶν τις ἢ τῶν γεωργικῶν· νῦν δ' ἐπειδὴ ἀνθρώπω ἐστόν, τίνα αὐτοῖν ἐν νῷ ἔχεις ἐπιστάτην λαβεῖν; τίς τῆς τοιαύτης ἀρετῆς, τῆς ἀνθρωπίνης τε καὶ πολιτικῆς, ἐπιστήμων ἐστίν; οἶμαι γάρ σε ἐσκέφθαι

rivolgendomi a tutti quelli – e fra voi ce ne sono tanti – a cui è mai capitato di sentirmi parlare: ditevelo dunque, se mi avete sentito discorrere poco o tanto di argomenti come questi! Da quanto emergerà dalla vostra consultazione vi renderete conto che sono di questa natura anche le altre cose che molti dicono sul mio conto.

IV

La verità è che nessuna di queste cose sta in piedi, così come è falso se avete sentito dire da qualcuno che io mi dedico a istruire gli altri e ne pretendo [19e] un compenso in denaro. A me sembra bello che ci sia qualcuno in grado di istruire altri uomini, come sono in grado di farlo un Gorgia di Leontini, un Prodico di Ceo o un Ippia di Elide.[10] In effetti, signori miei, ciascuno di loro, andando di città in città, riesce a persuadere i giovani, che potrebbero frequentare senza spender soldi un concittadino di loro gradimento,[20a] a lasciare questo genere di conversari per intrattenersi con loro, pagando la prestazione ed essendone per di più riconoscenti. C'è poi qui ad Atene, me ne è giunta notizia, anche un altro sapiente,[11] originario di Paro. Ho infatti avuto occasione di incontrarmi con Callia, figlio di Ipponico, un uomo che ha dato da solo ai sofisti

---

[10] *Gorgia... Elide*: vengono nominate le figure di spicco del movimento sofista. Gorgia, giunto a Atene nel 427 a.C., con molta modernità mise in luce gli straordinari poteri della parola nel produrre persuasione; Prodico, delle parole indagò soprattutto l'uso corretto e la questione dei sinonimi; Ippia, il più venale di tutti (ma tutti si facevano pagare per i loro insegnamenti), coltivò in particolare gli studi di astronomia e geometria.

[11] *un altro sapiente*: si tratta di Eveno di Paro, il sapiente giunto a Atene, che fu compositore di versi elegiaci.

διὰ τὴν τῶν ὑέων κτῆσιν. ἔστιν τις," ἔφην ἐγώ, "ἢ οὔ;" "Πάνυ γε," ἦ δ' ὅς. "Τίς," ἦν δ' ἐγώ, "καὶ ποδαπός, καὶ πόσου διδάσκει;" "Εὔηνος," ἔφη, "ὦ Σώκρατες, Πάριος, πέντε μνῶν." καὶ ἐγὼ τὸν Εὔηνον ἐμακάρισα εἰ ὡς ἀληθῶς [20c] ἔχοι ταύτην τὴν τέχνην καὶ οὕτως ἐμμελῶς διδάσκει. ἐγὼ γοῦν καὶ αὐτὸς ἐκαλλυνόμην τε καὶ ἡβρυνόμην ἂν εἰ ἠπιστάμην ταῦτα· ἀλλ' οὐ γὰρ ἐπίσταμαι, ὦ ἄνδρες Ἀθηναῖοι.

V

Ὑπολάβοι ἂν οὖν τις ὑμῶν ἴσως· "Ἀλλ', ὦ Σώκρατες, τὸ σὸν τί ἐστι πρᾶγμα; πόθεν αἱ διαβολαί σοι αὗται γεγόνασιν; οὐ γὰρ δήπου σοῦ γε οὐδὲν τῶν ἄλλων περιττότερον πραγματευομένου ἔπειτα τοσαύτη φήμη τε καὶ λόγος γέγονεν, εἰ μή τι ἔπραττες ἀλλοῖον ἢ οἱ πολλοί. λέγε οὖν ἡμῖν τί [20d] ἐστιν, ἵνα μὴ ἡμεῖς περὶ σοῦ αὐτοσχεδιάζωμεν." ταυτί μοι δοκεῖ δίκαια λέγειν ὁ λέγων, κἀγὼ ὑμῖν πειράσομαι ἀποδεῖξαι τί ποτ' ἐστὶν τοῦτο ὃ ἐμοὶ πεποίηκεν τό τε ὄνομα καὶ τὴν διαβολήν. ἀκούετε δή. καὶ ἴσως μὲν δόξω τισὶν ὑμῶν παίζειν· εὖ μέντοι ἴστε, πᾶσαν ὑμῖν τὴν

più denari di tutti gli altri messi insieme.[12] Gli ho dunque domandato, visto che ha due figli: «Se i tuoi figli, o Callia,» gli ho detto «fossero nati cavalli o vitelli, dovremmo prendere uno che stia loro appresso, [20b] per farli diventare belli e prestanti nella virtù che a queste specie si addice, o un esperto di equitazione, per intenderci, o un esperto di agricoltura. Ma siccome sono uomini, di quale guida hai in mente di servirti? Chi si intende della virtù di questa specie, in rapporto sia all'individuo sia alla sua vita in società? Io penso che tu ti sia posto il problema, avendo due figli! C'è qualcuno che se ne intende» gli ho chiesto «o no?». «Certamente!» ha detto lui. «Chi è» gli ho domandato allora, «e da dove viene, e quanto vuole?» «Eveno di Paro, o Socrate,» mi ha risposto «e insegna per cinque mine.»[13] E io ho pensato che Eveno deve essere una persona felice, se [20c] possiede davvero quest'arte. Io per me lo sarei, me ne vanterei e ne sarei orgoglioso, se sapessi queste cose: ma non le so, cittadini Ateniesi.

V

Qualcuno di voi potrebbe forse obiettare: «Ma allora, Socrate, di che cosa ti occupi tu? Da dove sono nate le accuse contro di te? Di sicuro non sono nate senza che tu

[12] *Callia... insieme*: si riferisce a Callia III, politico ateniese, che era molto popolare per l'immensa ricchezza, ma riuscì a dissanguare il suo patrimonio a causa della sua prodigalità, anche verso i Sofisti. Socrate, nel criticare all'apparenza il fatto che un uomo così facoltoso avesse potuto affidare l'educazione dei figli a un personaggio modesto come Eveno, che si faceva pagare poco, ironizza in realtà sulla convinzione che a cose di incommensurabile valore spirituale, come la scienza e l'educazione, si potesse attribuire un prezzo in denaro.

[13] *cinque mine*: il compenso richiesto da Eveno risulta veramente modesto, se si considera che Protagora per il suo insegnamento chiedeva ben cento mine.

ἀλήθειαν ἐρῶ. ἐγὼ γάρ, ὦ ἄνδρες Ἀθηναῖοι, δι᾽ οὐδὲν ἀλλ᾽ ἢ διὰ σοφίαν τινὰ τοῦτο τὸ ὄνομα ἔσχηκα. ποίαν δὴ σοφίαν ταύτην; ἥπερ ἐστὶν ἴσως ἀνθρωπίνη σοφία· τῷ ὄντι γὰρ κινδυνεύω ταύτην εἶναι σοφός. οὗτοι δὲ τάχ᾽ ἄν, οὓς ἄρτι [20e] ἔλεγον, μείζω τινὰ ἢ κατ᾽ ἄνθρωπον σοφίαν σοφοὶ εἶεν, ἢ οὐκ ἔχω τί λέγω· οὐ γὰρ δὴ ἔγωγε αὐτὴν ἐπίσταμαι, ἀλλ᾽ ὅστις φησὶ ψεύδεταί τε καὶ ἐπὶ διαβολῇ τῇ ἐμῇ λέγει. καί μοι, ὦ ἄνδρες Ἀθηναῖοι, μὴ θορυβήσητε, μηδ᾽ ἐὰν δόξω τι ὑμῖν μέγα λέγειν· οὐ γὰρ ἐμὸν ἐρῶ τὸν λόγον ὃν ἂν λέγω, ἀλλ᾽ εἰς ἀξιόχρεων ὑμῖν τὸν λέγοντα ἀνοίσω. τῆς γὰρ ἐμῆς, εἰ δή τίς ἐστιν σοφία καὶ οἵα, μάρτυρα ὑμῖν παρέξομαι τὸν θεὸν τὸν ἐν Δελφοῖς. Χαιρεφῶντα γὰρ ἴστε που. οὗτος [21a] ἐμός τε ἑταῖρος ἦν ἐκ νέου καὶ ὑμῶν τῷ πλήθει ἑταῖρός τε καὶ συνέφυγε τὴν φυγὴν ταύτην καὶ μεθ᾽ ὑμῶν κατῆλθε. καὶ ἴστε δὴ οἷος ἦν Χαιρεφῶν, ὡς σφοδρὸς ἐφ᾽ ὅτι ὁρμήσειεν. καὶ δή ποτε καὶ εἰς Δελφοὺς ἐλθὼν ἐτόλμησε τοῦτο μαντεύσασθαι — καί, ὅπερ λέγω, μὴ θορυβεῖτε, ὦ ἄνδρες — ἤρετο γὰρ δὴ εἴ τις ἐμοῦ εἴη σοφώτερος. ἀνεῖλεν οὖν ἡ Πυθία μηδένα σοφώτερον εἶναι. καὶ τούτων πέρι ὁ ἀδελφὸς ὑμῖν αὐτοῦ οὑτοσὶ μαρτυρήσει, ἐπειδὴ ἐκεῖνος τετελεύτηκεν.

facessi niente di più di quello che fanno gli altri, se tu cioè non ti comportassi in modo diverso da come si comporta la maggior parte della gente! Dicci dunque di che cosa [20d] si tratta, per evitarci di giudicarti avventatamente». Uno che parlasse così direbbe, secondo me, delle cose giuste. Per questo tenterò di chiarire donde mi sono venuti il nome di sapiente e le relative accuse. State dunque a sentire. Forse a qualcuno sembrerà che io parli per scherzo, ma sappiate bene invece che vi dirò tutta la verità. Io, cittadini Ateniesi, per nessun altro motivo mi trovo addosso questo appellativo che per una sapienza tutta particolare. Di che sapienza si tratta? Probabilmente di quella che è propria dell'essere umano. Forse, è proprio questa che mi appartiene, mentre gli altri, di cui [20e] parlavo prima, potrebbero essere sapienti di una sapienza superiore a quella dell'uomo, e comunque io non so proprio che dirne. Per quanto mi riguarda infatti, ne sono del tutto all'oscuro, e chi afferma il contrario lo fa mentendo e con lo scopo di calunniarmi. Non rumoreggiatemi contro, cittadini Ateniesi, se vi sembrerà che io la dica grossa: non è mio, infatti, il discorso che sto per farvi, perché lo riferirò a uno che, quando parla, è degno della vostra fiducia. A testimoniare della mia sapienza, se in me c'è qualche sapienza e quale che sia, chiamerò infatti il dio di Delfi.[14] Conoscete, se non sbaglio, Cherofonte.[15] È [21a] mio amico fin da giovane, e amico

[14] *dio di Delfi*: si tratta di Apollo, e Delfi ne era il principale santuario in tutta la Grecia. Qui il dio, attraverso la sacerdotessa detta Pizia, dava oracoli a tutti quelli che vi si recavano per avere un'illuminazione divina sugli enigmi del presente o sulle incertezze del futuro.

[15] *Cherofonte*: nominato nel *Carmide* di Platone come «folle» e ridicolizzato da Aristofane, nelle commedie *Le Nuvole* e *Gli Uccelli*, per l'ardore e la passione con cui affrontava i suoi impegni, fu di parte democratica e morì appena dopo che ad Atene venne restaurata la democrazia, successivamente alla parentesi oligarchica dei Trenta tiranni.

VI

[21b] Σκέψασθε δὴ ὧν ἕνεκα ταῦτα λέγω· μέλλω γὰρ ὑμᾶς διδάξειν ὅθεν μοι ἡ διαβολὴ γέγονεν. ταῦτα γὰρ ἐγὼ ἀκούσας ἐνεθυμούμην οὑτωσί· “Τί ποτε λέγει ὁ θεός, καὶ τί ποτε αἰνίττεται; ἐγὼ γὰρ δὴ οὔτε μέγα οὔτε σμικρὸν σύνοιδα ἐμαυτῷ σοφὸς ὤν· τί οὖν ποτε λέγει φάσκων ἐμὲ σοφώτατον εἶναι; οὐ γὰρ δήπου ψεύδεταί γε· οὐ γὰρ θέμις αὐτῷ.” καὶ πολὺν μὲν χρόνον ἠπόρουν τί ποτε λέγει· ἔπειτα μόγις πάνυ ἐπὶ ζήτησιν αὐτοῦ τοιαύτην τινὰ ἐτραπόμην. ἦλθον ἐπί τινα τῶν δοκούντων σοφῶν εἶναι, ὡς [21c] ἐνταῦθα εἴπερ που ἐλέγξων τὸ μαντεῖον καὶ ἀποφανῶν τῷ χρησμῷ ὅτι “Οὑτοσὶ ἐμοῦ σοφώτερός ἐστι, σὺ δ’ ἐμὲ ἔφησθα.” διασκοπῶν οὖν τοῦτον — ὀνόματι γὰρ οὐδὲν δέομαι λέγειν, ἦν δέ τις τῶν πολιτικῶν πρὸς ὃν ἐγὼ σκοπῶν τοιοῦτόν τι ἔπαθον, ὦ ἄνδρες Ἀθηναῖοι, καὶ διαλεγόμενος αὐτῷ — ἔδοξέ μοι οὗτος ὁ ἀνὴρ δοκεῖν μὲν εἶναι σοφὸς ἄλλοις τε πολλοῖς ἀνθρώποις καὶ μάλιστα ἑαυτῷ, εἶναι δ’ οὔ· κἄπειτα ἐπειρώμην αὐτῷ δεικνύναι ὅτι οἴοιτο μὲν εἶναι σοφός, εἴη δ’ οὔ. [21d] ἐντεῦθεν οὖν τούτῳ

della maggior parte di voi, con cui or non è molto è andato in esilio ed è poi tornato in città. Sapete di sicuro com'era fatto Cherofonte, come si appassionava a qualsiasi cosa ponesse mano. Così una volta, recatosi a Delfi, osò consultare l'oracolo circa la questione di cui stiamo parlando. Vi ho già chiesto, Ateniesi, di non rumoreggiare per ciò che dico. Domandò dunque alla Pizia se ci fosse qualcuno più sapiente di me, e la Pizia rispose che non c'era nessuno. Su ciò vi renderà testimonianza suo fratello, che è qui presente, perché Cherofonte è morto.

VI

[21b] Ponete mente alle ragioni per cui riferisco questa storia: sto infatti cercando di dimostrarvi da dove ha tratto origine la calunnia sul mio conto. Dopo aver saputo della cosa, io fra me e me facevo queste riflessioni: che cosa intende dire il dio e che cosa mai nasconde sotto i suoi enigmi? Io, per quanto mi riguarda, sono ben consapevole di non esser sapiente né tanto né poco: e allora, che cosa vuol dire affermando che sono il più sapiente di tutti? Di sicuro non mente, perché ciò non è possibile per un dio. Così restai per molto tempo nell'incertezza sul senso del responso. Poi mi sono dedicato con tutte le mie energie a cercare di risolvere l'enigma. Sono andato da uno di quelli che han fama di essere sapienti con l'intenzione [21c] di trovare elementi per confutare l'oracolo, se pure lo si potesse fare in qualche modo, e per contrapporre ad esso il fatto che questi era di sicuro più sapiente di me, mentre si diceva che io ero il più sapiente di tutti. Interrogando dunque costui – non serve che io ne dica il nome: basti dire che era uno degli uomini politici quello da

τε ἀπηχθόμην καὶ πολλοῖς τῶν παρόντων· πρὸς ἐμαυτὸν δ' οὖν ἀπιὼν ἐλογιζόμην ὅτι τούτου μὲν τοῦ ἀνθρώπου ἐγὼ σοφώτερός εἰμι· κινδυνεύει μὲν γὰρ ἡμῶν οὐδέτερος οὐδὲν καλὸν κἀγαθὸν εἰδέναι, ἀλλ' οὗτος μὲν οἴεταί τι εἰδέναι οὐκ εἰδώς, ἐγὼ δέ, ὥσπερ οὖν οὐκ οἶδα, οὐδὲ οἴομαι· ἔοικα γοῦν τούτου γε σμικρῷ τινι αὐτῷ τούτῳ σοφώτερος εἶναι, ὅτι ἃ μὴ οἶδα οὐδὲ οἴομαι εἰδέναι. ἐντεῦθεν ἐπ' ἄλλον ᾖα τῶν ἐκείνου δοκούντων σοφωτέρων εἶναι καί [21e] μοι ταὐτὰ ταῦτα ἔδοξε, καὶ ἐνταῦθα κἀκείνῳ καὶ ἄλλοις πολλοῖς ἀπηχθόμην.

VII

Μετὰ ταῦτ' οὖν ἤδη ἐφεξῆς ᾖα, αἰσθανόμενος μὲν [καὶ] λυπούμενος καὶ δεδιὼς ὅτι ἀπηχθανόμην, ὅμως δὲ ἀναγκαῖον ἐδόκει εἶναι τὸ τοῦ θεοῦ περὶ πλείστου ποιεῖσθαι — ἰτέον οὖν, σκοποῦντι τὸν χρησμὸν τί λέγει, ἐπὶ ἅπαντας τούς τι [22a] δοκοῦντας εἰδέναι. καὶ νὴ τὸν κύνα, ὦ ἄνδρες Ἀθηναῖοι — δεῖ γὰρ πρὸς ὑμᾶς τἀληθῆ λέγειν — ἦ μὴν ἐγὼ ἔπαθόν τι τοιοῦτον· οἱ μὲν μάλιστα εὐδοκιμοῦντες ἔδοξάν μοι ὀλίγου δεῖν τοῦ πλείστου ἐνδεεῖς εἶναι ζητοῦντι κατὰ τὸν θεόν, ἄλλοι δὲ δοκοῦντες φαυλότεροι ἐπιεικέστεροι εἶναι ἄνδρες πρὸς τὸ φρονίμως ἔχειν. δεῖ δὴ ὑμῖν τὴν ἐμὴν πλάνην ἐπιδεῖξαι ὥσπερ πόνους τινὰς πονοῦντος

cui mi venne l'impressione di cui sto per riferirvi – e parlandoci insieme, mi parve che in effetti a lui sembrasse – anche a molti altri, ma soprattutto a lui – di essere sapiente, ma in realtà non lo era. Allora tentai di dimostrargli che si credeva appunto sapiente, e che invece non era così. [21d] Perciò mi sono tirato addosso il suo odio e anche quello di molti dei presenti. Intanto andandomene riflettevo tra me e me che in effetti io ero più sapiente di quell'uomo: ognuno di noi due, infatti, rischia di non saper proprio niente del bello e del buono, ma lui crede di saper qualcosa, mentre non sa; io, invece, non solo non so, ma non credo nemmeno di sapere, e dunque mi sembra di essere più sapiente di lui proprio per questa piccola differenza, che non credo di sapere quello che non so. Quindi, sono andato da un altro di quelli che sembravano esser più sapienti di lui, e [21e] ne ho ricavato le medesime impressioni. E anche in questo caso mi son tirato addosso il risentimento suo e di molti altri.

VII

Così dunque procedetti sistematicamente dopo queste esperienze a farne altre simili, benché mi accorgessi con dolore e timore di raccogliere soltanto odio. D'altra parte mi sembrava necessario dare il maggior peso al responso del dio: bisognava dunque che continuassi ad andarmene in giro per capire che cosa volesse dire l'oracolo [22a] in rapporto a tutti quelli che sembravano sapere qualcosa. Lo giuro sul cane[16] – bisogna infatti che vi dica la verità – cittadini Ate-

[16] *Lo giuro sul cane*: il giuramento sul cane è una formula familiare, tra il serio e il faceto, con cui si evitava, per rispetto, di nominare gli dèi.

ἵνα μοι καὶ ἀνέλεγκτος ἡ μαντεία γένοιτο. μετὰ γὰρ τοὺς πολιτικοὺς ᾖα ἐπὶ τοὺς ποιητὰς τούς τε τῶν τραγῳδιῶν καὶ τοὺς τῶν [22b] διθυράμβων καὶ τοὺς ἄλλους, ὡς ἐνταῦθα ἐπ' αὐτοφώρῳ καταληψόμενος ἐμαυτὸν ἀμαθέστερον ἐκείνων ὄντα. ἀναλαμβάνων οὖν αὐτῶν τὰ ποιήματα ἅ μοι ἐδόκει μάλιστα πεπραγματεῦσθαι αὐτοῖς, διηρώτων ἂν αὐτοὺς τί λέγοιεν, ἵν' ἅμα τι καὶ μανθάνοιμι παρ' αὐτῶν. αἰσχύνομαι οὖν ὑμῖν εἰπεῖν, ὦ ἄνδρες, τἀληθῆ· ὅμως δὲ ῥητέον. ὡς ἔπος γὰρ εἰπεῖν ὀλίγου αὐτῶν ἅπαντες οἱ παρόντες ἂν βέλτιον ἔλεγον περὶ ὧν αὐτοὶ ἐπεποιήκεσαν. ἔγνων οὖν αὖ καὶ περὶ τῶν ποιητῶν ἐν ὀλίγῳ τοῦτο, ὅτι οὐ σοφίᾳ ποιοῖεν [22c] ἃ ποιοῖεν, ἀλλὰ φύσει τινὶ καὶ ἐνθουσιάζοντες ὥσπερ οἱ θεομάντεις καὶ οἱ χρησμῳδοί· καὶ γὰρ οὗτοι λέγουσι μὲν πολλὰ καὶ καλά, ἴσασιν δὲ οὐδὲν ὧν λέγουσι. τοιοῦτόν τί μοι ἐφάνησαν πάθος καὶ οἱ ποιηταὶ πεπονθότες, καὶ ἅμα ᾐσθόμην αὐτῶν διὰ τὴν ποίησιν οἰομένων καὶ τἆλλα σοφωτάτων εἶναι ἀνθρώπων ἃ οὐκ ἦσαν. ἀπῇα οὖν καὶ ἐντεῦθεν τῷ αὐτῷ οἰόμενος περιγεγονέναι ᾧπερ καὶ τῶν πολιτικῶν.

niesi, ho proprio provato le impressioni che sto per dirvi: proprio quelli che erano tenuti in maggior considerazione degli altri sono per così dire risultati, nelle mie ricerche in base alla parola del dio, i meno provvisti di sapienza di tutti; quelli che sembravano invece tanto modesti erano i più vicini all'esser sapienti. Devo dunque raccontarvi la grande fatica che mi son sobbarcato nel continuo andare in giro per arrivare a scoprire come l'oracolo potesse diventare per me inconfutabile. Infatti dopo essermi intrattenuto con i politici sono andato dai poeti, da quelli che scrivono tragedie, da quelli che scrivono [22b] ditirambi,[17] e dagli altri, per cercare di sorprendermi sul fatto più ignorante di loro. Prendendo in mano tra i loro componimenti quelli che mi parevano esser stati elaborati meglio, chiedevo che cosa essi vi avessero voluto dire, per imparare anch'io qualcosa da loro. Mi vergogno di dirvi le cose come stanno, Ateniesi, ma devo parlare: tutti i presenti, per così dire, quasi sarebbero stati in grado di esprimersi meglio di loro su quei versi che essi stessi avevano composto. Mi sono dunque nuovamente e in poco tempo reso conto anche rispetto ai poeti che non fanno [22c] le cose che fanno per sapienza, ma per una sorta di naturale inclinazione e sotto ispirazione, come gli indovini e i profeti. Anche questi dicono infatti tante cose belle, ma non sanno nulla di ciò che dicono. Mi parve appunto che anche ai poeti capiti qualcosa di simile e nello stesso tempo mi resi conto che essi, a causa della poesia, credono di essere i più sapienti degli uomini anche in tutto il resto, mentre non lo sono. Li ho dunque lasciati con la convinzione di esser loro superiore per la stessa ragione per cui lo sono rispetto ai politici.

---

[17] *ditirambi*: erano dei componimenti in versi, scritti in onore di Dioniso (Bacco per i Romani).

VIII

Τελευτῶν οὖν ἐπὶ τοὺς χειροτέχνας ᾖα· ἐμαυτῷ γὰρ [22d] συνῄδη οὐδὲν ἐπισταμένῳ ὡς ἔπος εἰπεῖν, τούτους δέ γ' ᾔδη ὅτι εὑρήσοιμι πολλὰ καὶ καλὰ ἐπισταμένους. καὶ τούτου μὲν οὐκ ἐψεύσθην, ἀλλ' ἠπίσταντο ἃ ἐγὼ οὐκ ἠπιστάμην καί μου ταύτῃ σοφώτεροι ἦσαν. ἀλλ', ὦ ἄνδρες Ἀθηναῖοι, ταὐτόν μοι ἔδοξαν ἔχειν ἁμάρτημα ὅπερ καὶ οἱ ποιηταὶ καὶ οἱ ἀγαθοὶ δημιουργοί — διὰ τὸ τὴν τέχνην καλῶς ἐξεργάζεσθαι ἕκαστος ἠξίου καὶ τἆλλα τὰ μέγιστα σοφώτατος εἶναι — καὶ αὐτῶν αὕτη ἡ πλημμέλεια ἐκείνην τὴν σοφίαν [22e] ἀποκρύπτειν· ὥστε με ἐμαυτὸν ἀνερωτᾶν ὑπὲρ τοῦ χρησμοῦ πότερα δεξαίμην ἂν οὕτως ὥσπερ ἔχω ἔχειν, μήτε τι σοφὸς ὢν τὴν ἐκείνων σοφίαν μήτε ἀμαθὴς τὴν ἀμαθίαν, ἢ ἀμφότερα ἃ ἐκεῖνοι ἔχουσιν ἔχειν. ἀπεκρινάμην οὖν ἐμαυτῷ καὶ τῷ χρησμῷ ὅτι μοι λυσιτελοῖ ὥσπερ ἔχω ἔχειν.

IX

Ἐκ ταυτησὶ δὴ τῆς ἐξετάσεως, ὦ ἄνδρες Ἀθηναῖοι, [23a] πολλαὶ μὲν ἀπέχθειαί μοι γεγόνασι καὶ οἷαι χαλεπώταται καὶ βαρύταται, ὥστε πολλὰς διαβολὰς ἀπ' αὐτῶν γεγονέναι, ὄνομα δὲ τοῦτο λέγεσθαι, σοφὸς εἶναι· οἴονται γάρ με ἑκάστοτε οἱ παρόντες ταῦτα αὐτὸν εἶναι σοφὸν ἃ ἂν ἄλλον ἐξελέγξω. τὸ δὲ κινδυνεύει, ὦ ἄνδρες, τῷ ὄντι ὁ θεὸς σοφὸς εἶναι, καὶ ἐν τῷ χρησμῷ τούτῳ τοῦτο λέγειν, ὅτι ἡ ἀνθρωπίνη σοφία ὀλίγου τινὸς ἀξία ἐστὶν καὶ οὐδενός.

VIII

Alla fine sono andato dagli artigiani: siccome [22d] ero intimamente convinto di essere per così dire del tutto ignorante, mi immaginavo che essi sapessero invece molte e belle cose. Per la verità in ciò non mi ero ingannato: essi sapevano in effetti molte cose che io non sapevo ed erano per questo più sapienti di me. Ma, o cittadini Ateniesi, anche i valenti artigiani mi parvero avere lo stesso difetto che avevo riscontrato nei poeti: per il fatto che era in grado di far bene il suo mestiere, ciascuno credeva di essere espertissimo anche negli affari di Stato, e questa presunzione [22e] offuscava il suo reale sapere. Così io mi domandavo, in nome dell'oracolo, se mi stava bene di essere così come sono, cioè del tutto ignorante rispetto alle cose che loro sanno, ma non ignorante della mia ignoranza come loro lo sono della propria, oppure se avrei preferito avere l'una e l'altra caratteristica riscontrata in loro. E alla fine risposi a me stesso e all'oracolo che mi andava bene di essere così come sono.

IX

Sappiate, cittadini, che è proprio con questa indagine che mi sono attirato [23a] molte inimicizie, le più maligne e le più gravi, da cui mi son venute le numerose calunnie e il titolo di sapiente. Infatti chi di volta in volta è presente alle mie conversazioni pensa che io sia esperto di quelle discipline a proposito delle quali mi può capitare di convincere un altro che è ignorante; invece, Ateniesi, è solo il dio che di fatto finisce per rivelarsi sapiente, quando afferma con quel

καὶ φαίνεται τοῦτον λέγειν τὸν Σωκράτη, προσκεχρῆσθαι δὲ [23b] τῷ ἐμῷ ὀνόματι, ἐμὲ παράδειγμα ποιούμενος, ὥσπερ ἂν ‹εἰ› εἴποι ὅτι "Οὗτος ὑμῶν, ὦ ἄνθρωποι, σοφώτατός ἐστιν, ὅστις ὥσπερ Σωκράτης ἔγνωκεν ὅτι οὐδενὸς ἄξιός ἐστι τῇ ἀληθείᾳ πρὸς σοφίαν." ταῦτ' οὖν ἐγὼ μὲν ἔτι καὶ νῦν περιιὼν ζητῶ καὶ ἐρευνῶ κατὰ τὸν θεὸν καὶ τῶν ἀστῶν καὶ ξένων ἄν τινα οἴωμαι σοφὸν εἶναι· καὶ ἐπειδάν μοι μὴ δοκῇ, τῷ θεῷ βοηθῶν ἐνδείκνυμαι ὅτι οὐκ ἔστι σοφός. καὶ ὑπὸ ταύτης τῆς ἀσχολίας οὔτε τι τῶν τῆς πόλεως πρᾶξαί μοι σχολὴ γέγονεν ἄξιον λόγου οὔτε τῶν οἰκείων, ἀλλ' ἐν [23c] πενίᾳ μυρίᾳ εἰμὶ διὰ τὴν τοῦ θεοῦ λατρείαν.

X

Πρὸς δὲ τούτοις οἱ νέοι μοι ἐπακολουθοῦντες — οἷς μάλιστα σχολή ἐστιν, οἱ τῶν πλουσιωτάτων — αὐτόματοι, χαίρουσιν ἀκούοντες ἐξεταζομένων τῶν ἀνθρώπων, καὶ αὐτοὶ πολλάκις ἐμὲ μιμοῦνται, εἶτα ἐπιχειροῦσιν ἄλλους ἐξετάζειν· κἄπειτα οἶμαι εὑρίσκουσι πολλὴν ἀφθονίαν οἰομένων μὲν εἰδέναι τι ἀνθρώπων, εἰδότων δὲ ὀλίγα ἢ οὐδέν. ἐντεῦθεν οὖν οἱ ὑπ' αὐτῶν ἐξεταζόμενοι ἐμοὶ ὀργίζονται, οὐχ αὑτοῖς, [23d] καὶ λέγουσιν ὡς Σωκράτης τίς ἐστι μιαρώτατος καὶ διαφθείρει τοὺς νέους· καὶ ἐπειδάν τις αὐτοὺς ἐρωτᾷ ὅτι ποιῶν καὶ ὅτι διδάσκων, ἔχουσι μὲν οὐδὲν εἰπεῖν ἀλλ' ἀγνοοῦσιν, ἵνα δὲ μὴ δοκῶσιν ἀπορεῖν, τὰ κατὰ πάντων τῶν φιλοσοφούντων πρόχειρα ταῦτα λέγουσιν, ὅτι "τὰ μετέωρα καὶ τὰ ὑπὸ γῆς" καὶ "θεοὺς μὴ νομίζειν" καὶ "τὸν ἥττω λόγον κρείττω ποιεῖν." τὰ γὰρ

responso che la sapienza degli uomini conta poco o nulla. Sembra anche che il dio non lo dica espressamente di Socrate, ma che si sia servito [23b] del mio nome come di un esempio, per dire, o uomini, che di voi il più sapiente è colui che, come Socrate, ha riconosciuto in verità, quanto al sapere, di non valere un bel niente. Per questo ancora oggi io continuo nella mia ricerca e nella mia investigazione, sotto la spinta del dio, quando penso che qualcuno tra i cittadini o i forestieri sia sapiente e, dopo che non mi appare tale, porto un'ulteriore conferma al responso del dio dimostrandogli che sapiente non è. In questa mia occupazione non ho avuto il tempo di far qualcosa che meriti lode, né a livello pubblico né a livello privato, [23c] ed essendomi totalmente dedicato al servizio del dio mi ritrovo nella più assoluta povertà.

X

C'è poi da aggiungere che i giovani, che hanno più tempo libero, i figli dei ricchi in particolare, seguendomi di loro spontanea volontà traggono piacere nell'ascoltarmi mentre esamino gli uomini e spesso prendono a imitarmi, esaminando a loro volta altri uomini. Del resto, io penso, non hanno difficoltà a trovare una grande quantità di persone che credono di sapere qualcosa, ma sanno poco o niente. Di conseguenza, ecco che chi viene così esaminato finisce per prendersela con me e non con loro, e [23d] per dire che c'è in giro un certo Socrate scelleratissimo, che corrompe la gioventù. Ma se qualcuno domanda loro, facendo o insegnando che cosa, io corrompa i giovani, non hanno niente da dire, perché non lo sanno; per non sembrare in difficoltà tuttavia affermano le cose volgari che si dicono a proposito di tutti

ἀληθῆ οἴομαι οὐκ ἂν ἐθέλοιεν λέγειν, ὅτι κατάδηλοι γίγνονται προσποιούμενοι μὲν εἰδέναι, εἰδότες δὲ οὐδέν. ἅτε οὖν οἶμαι φιλότιμοι [23e] ὄντες καὶ σφοδροὶ καὶ πολλοί, καὶ συντεταμένως καὶ πιθανῶς λέγοντες περὶ ἐμοῦ, ἐμπεπλήκασιν ὑμῶν τὰ ὦτα καὶ πάλαι καὶ σφοδρῶς διαβάλλοντες. ἐκ τούτων καὶ Μέλητός μοι ἐπέθετο καὶ Ἄνυτος καὶ Λύκων, Μέλητος μὲν ὑπὲρ τῶν ποιητῶν ἀχθόμενος, Ἄνυτος δὲ ὑπὲρ τῶν δημιουργῶν καὶ [24a] τῶν πολιτικῶν, Λύκων δὲ ὑπὲρ τῶν ῥητόρων· ὥστε, ὅπερ ἀρχόμενος ἐγὼ ἔλεγον, θαυμάζοιμ' ἂν εἰ οἷός τ' εἴην ἐγὼ ὑμῶν ταύτην τὴν διαβολὴν ἐξελέσθαι ἐν οὕτως ὀλίγῳ χρόνῳ οὕτω πολλὴν γεγονυῖαν. ταῦτ' ἔστιν ὑμῖν, ὦ ἄνδρες Ἀθηναῖοι, τἀληθῆ, καὶ ὑμᾶς οὔτε μέγα οὔτε μικρὸν ἀποκρυψάμενος ἐγὼ λέγω οὐδ' ὑποστειλάμενος. Καίτοι οἶδα σχεδὸν ὅτι αὐτοῖς τούτοις ἀπεχθάνομαι, ὃ καὶ τεκμήριον ὅτι ἀληθῆ λέγω καὶ ὅτι αὕτη ἐστὶν ἡ διαβολὴ ἡ ἐμὴ καὶ τὰ αἴτια [24b] ταῦτά ἐστιν. καὶ ἐάντε νῦν ἐάντε αὖθις ζητήσητε ταῦτα, οὕτως εὑρήσετε.

coloro che amano la sapienza, che Socrate cioè li corrompe inducendoli a interessarsi dei fenomeni celesti e di quelli sotterranei e a non credere negli dèi e insegnando loro a far apparire più forte il ragionamento più debole. Io penso infatti che non vogliano proprio dirla la verità, e cioè che essi palesemente fanno finta di sapere ma non sanno nulla. Così, visto i tipi che sono, penso io, ambiziosi, [23e] violenti e in gran numero, sparlando di me in accordo tra loro e in modo convincente, hanno riempito le vostre orecchie di calunnie, da lungo tempo e con grande impegno. Venendo fuori allo scoperto da questa schiera si sono scagliati contro di me Meleto, Anito e Licone:[18] Meleto portavoce dell'astio dei poeti, Anito di quello degli artigiani e [24a] dei politici, Licone di quello degli oratori. Così, come ho già in precedenza accennato, mi meraviglierei se fossi capace di estirpare da voi in un tempo tanto scarso una calunnia che ha acquistato tanto grandi proporzioni. Questa comunque, cittadini Ateniesi, è la verità che vi devo, e io la dico senza avervi nascosto il minimo dettaglio o avervi mentito su nulla. Perché io so che, nella sostanza, sono quelle che ho esposto le ragioni che mi hanno reso odioso e che stanno alla base delle calunnie diffuse sul mio conto. E ciò prova, pure, che dico la verità:[19] [24b] che voi lo vogliate verificare adesso o in futuro, scoprirete che le cose stanno esattamente così.

---

[18] *Meleto, Anito e Licone*: per i due accusatori Meleto e Anito vedi, rispettivamente, le note 8 e 5, con la precisazione che di Anito, ricco commerciante, è qui messa in rilievo l'attività artigianale (la conciatura delle pelli) da cui avevano tratto origine il benessere della sua famiglia e il conseguente prestigio politico. Quanto a Licone, sembra che fosse un demagogo di pochi scrupoli, un oratore popolare che, secondo un antico commentatore dell'*Apologia di Socrate*, preparò e abbellì di ornamenti retorici le arringhe dell'accusa.

[19] *E ciò... verità*: la verità, anche in molte massime del sapere popolare, spesso "fa male", e quindi produce odio e desiderio di vendetta in chi se ne sente colpito.

XI

Περὶ μὲν οὖν ὧν οἱ πρῶτοί μου κατήγοροι κατηγόρουν αὕτη ἔστω ἱκανὴ ἀπολογία πρὸς ὑμᾶς· πρὸς δὲ Μέλητον τὸν ἀγαθὸν καὶ φιλόπολιν, ὥς φησι, καὶ τοὺς ὑστέρους μετὰ ταῦτα πειράσομαι ἀπολογήσασθαι. αὖθις γὰρ δή, ὥσπερ ἑτέρων τούτων ὄντων κατηγόρων, λάβωμεν αὖ τὴν τούτων ἀντωμοσίαν. ἔχει δέ πως ὧδε· Σωκράτη φησὶν ἀδικεῖν τούς τε νέους διαφθείροντα καὶ θεοὺς οὓς ἡ πόλις [24c] νομίζει οὐ νομίζοντα, ἕτερα δὲ δαιμόνια καινά. τὸ μὲν δὴ ἔγκλημα τοιοῦτόν ἐστιν· τούτου δὲ τοῦ ἐγκλήματος ἓν ἕκαστον ἐξετάσωμεν.

Φησὶ γὰρ δὴ τοὺς νέους ἀδικεῖν με διαφθείροντα. ἐγὼ δέ γε, ὦ ἄνδρες Ἀθηναῖοι, ἀδικεῖν φημι Μέλητον, ὅτι σπουδῇ χαριεντίζεται, ῥᾳδίως εἰς ἀγῶνα καθιστὰς ἀνθρώπους, περὶ πραγμάτων προσποιούμενος σπουδάζειν καὶ κήδεσθαι ὧν οὐδὲν τούτῳ πώποτε ἐμέλησεν· ὡς δὲ τοῦτο οὕτως ἔχει, πειράσομαι καὶ ὑμῖν ἐπιδεῖξαι.

XII

καί μοι δεῦρο, ὦ Μέλητε, εἰπέ· ἄλλο τι ἢ [24d] περὶ πλείστου ποιῇ ὅπως ὡς βέλτιστοι οἱ νεώτεροι ἔσονται;

Ἔγωγε.

Ἴθι δή νυν εἰπὲ τούτοις, τίς αὐτοὺς βελτίους ποιεῖ; δῆλον γὰρ ὅτι οἶσθα, μέλον γέ σοι. τὸν μὲν γὰρ διαφθείροντα ἐξευρών, ὡς φῄς, ἐμέ, εἰσάγεις τουτοισὶ καὶ κατηγορεῖς· τὸν δὲ δὴ βελτίους ποιοῦντα ἴθι εἰπὲ καὶ μήνυσον αὐτοῖς τίς ἐστιν. Ὁρᾷς, ὦ Μέλητε, ὅτι σιγᾷς καὶ οὐκ ἔχεις

XI

Di fronte dunque alle accuse mosse contro di me dai miei più antichi accusatori vi basti questa difesa. Assoltone il compito, mi accingo ora a difendermi contro Meleto, uomo virtuoso e devoto alla patria, stando a quanto dice lui, e contro gli accusatori recenti. Prendiamo quindi nuovamente in mano la loro dichiarazione giurata, come se si trattasse di accusatori diversi. Pressappoco dice così: «Socrate è colpevole di corrompere i giovani e di non credere negli dèi in cui [24c] crede la città, ma in nuove divinità». Questa, perciò, sarebbe la colpa, e ne dovremo pertanto prendere in esame ogni singolo punto.

Meleto dice dunque che io sono colpevole di corrompere i giovani. Io, invece, sostengo da parte mia che il colpevole è Meleto, perché scherza su cose serie e trascina con leggerezza la gente in giudizio, fingendo di prendersi cura e di interessarsi di cose di cui non gli è mai importato un fico secco. Cercherò dunque di dimostrarvi che le cose stanno proprio così.

XII

Dimmi, Meleto: non è vero che ti sta [24d] molto a cuore che i giovani diventino i migliori che sia possibile?

«A me sì.»

Vieni qui, allora, e dì a costoro chi li rende migliori. Perché è chiaro che tu lo sai, visto che la cosa ti sta a cuore. Infatti, avendo trovato in me chi, come tu sostieni, li corrompe, mi citi e mi accusi di fronte a questa giuria; ma adesso, nomina invece chi li rende migliori e dì chi è alla stessa giuria. Vedi,

εἰπεῖν; καίτοι οὐκ αἰσχρόν σοι δοκεῖ εἶναι καὶ ἱκανὸν τεκμήριον οὗ δὴ ἐγὼ λέγω, ὅτι σοι οὐδὲν μεμέληκεν; ἀλλ' εἰπέ, ὠγαθέ, τίς αὐτοὺς ἀμείνους ποιεῖ;

Οἱ νόμοι.

[24e] Ἀλλ' οὐ τοῦτο ἐρωτῶ, ὦ βέλτιστε, ἀλλὰ τίς ἄνθρωπος, ὅστις πρῶτον καὶ αὐτὸ τοῦτο οἶδε, τοὺς νόμους;

Οὗτοι, ὦ Σώκρατες, οἱ δικασταί.

Πῶς λέγεις, ὦ Μέλητε; οἵδε τοὺς νέους παιδεύειν οἷοί τέ εἰσι καὶ βελτίους ποιοῦσιν;

Μάλιστα.

Πότερον ἅπαντες, ἢ οἱ μὲν αὐτῶν, οἱ δ' οὔ;

Ἅπαντες.

Εὖ γε νὴ τὴν Ἥραν λέγεις καὶ πολλὴν ἀφθονίαν τῶν ὠφελούντων. τί δὲ δή; οἱ δὲ ἀκροαταὶ βελτίους ποιοῦσιν [25a] ἢ οὔ;

Καὶ οὗτοι.

Τί δέ, οἱ βουλευταί;

Καὶ οἱ βουλευταί.

Ἀλλ' ἄρα, ὦ Μέλητε, μὴ οἱ ἐν τῇ ἐκκλησίᾳ, οἱ ἐκκλησιασταί, διαφθείρουσι τοὺς νεωτέρους; ἢ κἀκεῖνοι βελτίους ποιοῦσιν ἅπαντες;

Κἀκεῖνοι.

Πάντες ἄρα, ὡς ἔοικεν, Ἀθηναῖοι καλοὺς κἀγαθοὺς ποιοῦσι πλὴν ἐμοῦ, ἐγὼ δὲ μόνος διαφθείρω. οὕτω λέγεις;

Πάνυ σφόδρα ταῦτα λέγω.

Πολλήν γέ μου κατέγνωκας δυστυχίαν. καί μοι ἀπόκριναι· ἦ καὶ περὶ ἵππους οὕτω σοι δοκεῖ ἔχειν; οἱ μὲν [25b] βελτίους ποιοῦντες αὐτοὺς πάντες ἄνθρωποι εἶναι, εἷς δέ τις ὁ διαφθείρων; ἢ τοὐναντίον τούτου πᾶν εἷς μέν τις ὁ βελτίους οἷός τ' ὢν ποιεῖν ἢ πάνυ ὀλίγοι, οἱ ἱππικοί, οἱ δὲ πολλοὶ ἐάνπερ συνῶσι καὶ χρῶνται ἵπποις, διαφθείρουσιν; οὐχ οὕτως ἔχει, ὦ Μέλητε, καὶ περὶ ἵππων καὶ

Meleto, che stai zitto e non hai niente da dire? Non ti pare che sia una cosa vergognosa e una prova sufficiente di quello che io dico, che cioè non ti è mai importato nulla della questione? Suvvia, dillo, uomo virtuoso: chi rende migliori i giovani?

«Le leggi.»

[24e] Ma io non ti domando questo, carissimo, ma chi è l'uomo che, se vuoi, possiede in primo luogo anche questa stessa conoscenza, vale a dire la conoscenza delle leggi.

«Questo tipo di uomini, o Socrate, sono i giudici.»

Come dici, Meleto? Sono loro le persone capaci di educare i giovani e di renderli migliori?

«Loro specialmente.»

Ma tutti, o alcuni di loro sì e altri no?

«Tutti.»

Dici senz'altro bene, per Giunone, e ci fai pensare davvero a una grande abbondanza di persone utili. Allora: coloro che qui ci ascoltano[20] rendono i giovani migliori, [25a] o no?

«Sì, anche loro.»

E i membri del consiglio di Stato?[21]

«Anche i membri del consiglio di Stato.»

Di sicuro, Meleto, anche coloro che partecipano all'assemblea del popolo,[22] vale a dire i suoi membri, non corrompono i giovani! O addirittura sono tutti quanti in grado di renderli migliori?

---

[20] *coloro che qui ci ascoltano*: Socrate si riferisce ai membri dell'*eliea*, il tribunale che giudica la sua causa.

[21] *consiglio di Stato*: i magistrati del consiglio di Stato ateniese (*boulé*) erano cinquecento, fra i quali si sceglievano di volta in volta i cinquanta che si alternavano alla presidenza per trentacinque giorni.

[22] *assemblea del popolo*: all'assemblea del popolo (*ecclesia*) era consentita la partecipazione di tutti i cittadini ateniesi che avessero semplicemente conseguito la maggiore età, mentre per l'*eliea* e la *boulé* si doveva aver superato i trent'anni. In pratica, nella risposta che ha dato Meleto viene a esser compresa la totalità degli Ateniesi.

τῶν ἄλλων ἁπάντων ζῴων; πάντως δήπου, ἐάντε σὺ καὶ Ἄνυτος οὐ φῆτε ἐάντε φῆτε· πολλὴ γὰρ ἄν τις εὐδαιμονία εἴη περὶ τοὺς νέους εἰ εἷς μὲν μόνος αὐτοὺς διαφθείρει, οἱ δ' ἄλλοι [25c] ὠφελοῦσιν. ἀλλὰ γάρ, ὦ Μέλητε, ἱκανῶς ἐπιδείκνυσαι ὅτι οὐδεπώποτε ἐφρόντισας τῶν νέων, καὶ σαφῶς ἀποφαίνεις τὴν σαυτοῦ ἀμέλειαν, ὅτι οὐδέν σοι μεμέληκεν περὶ ὧν ἐμὲ εἰσάγεις.

XIII

Ἔτι δὲ ἡμῖν εἰπέ, ὦ πρὸς Διὸς Μέλητε, πότερόν ἐστιν οἰκεῖν ἄμεινον ἐν πολίταις χρηστοῖς ἢ πονηροῖς; ὦ τάν, ἀπόκριναι· οὐδὲν γάρ τοι χαλεπὸν ἐρωτῶ. οὐχ οἱ μὲν πονηροὶ κακόν τι ἐργάζονται τοὺς ἀεὶ ἐγγυτάτω αὐτῶν ὄντας, οἱ δ' ἀγαθοὶ ἀγαθόν τι;

Πάνυ γε.

«Sì, lo fanno.»

Dunque, a quanto sembra, tutti gli Ateniesi sono in grado di rendere i giovani belli e buoni, tranne me, che sono il solo a corromperli. È questo che vuoi dire?

«Lo sostengo con decisione.»

Mi hai condannato a una grande disgrazia! Ma rispondimi: ti pare che le cose stiano così anche a proposito dei cavalli? [25b] Tutti gli uomini sono in grado di trarne il meglio e ce n'è uno solo che li guasta? Oppure, tutto il contrario di ciò, uno solo, o quantomeno pochi, vale a dire gli esperti di cavalli, sono capaci di renderli migliori, mentre la maggior parte delle persone che ha a che fare con i cavalli e se ne serve li guasta? Non stanno così le cose, Meleto, a proposito dei cavalli e di tutti gli altri animali? È sicuramente così, che tu e Anito vogliate ammetterlo o no. Sarebbe davvero un'incredibile fortuna per i giovani se fosse solo una la persona in grado di danneggiarli e tutte le altre [25c] potessero fare loro del bene. Inutile insistere, o Meleto: hai dimostrato a sufficienza che non ti sei mai dato pensiero dei giovani e riveli chiaramente la tua indifferenza in proposito, che è come dire che tu non ti sei mai occupato delle questioni per cui mi trascini in giudizio.

XIII

Ma per Giove, dicci ancora, Meleto, che cosa è meglio: vivere in mezzo a cittadini virtuosi o malvagi? Rispondi, caro, perché non ti domando niente di difficile. I malvagi non fanno sempre qualche danno alle persone con cui sono più a contatto, e i buoni non fanno sempre loro del bene?

«Di sicuro.»

[25d] Ἔστιν οὖν ὅστις βούλεται ὑπὸ τῶν συνόντων βλάπτεσθαι μᾶλλον ἢ ὠφελεῖσθαι; ἀποκρίνου, ὦ ἀγαθέ· καὶ γὰρ ὁ νόμος κελεύει ἀποκρίνεσθαι. ἔσθ' ὅστις βούλεται βλάπτεσθαι;

Οὐ δῆτα.

Φέρε δή, πότερον ἐμὲ εἰσάγεις δεῦρο ὡς διαφθείροντα τοὺς νέους καὶ πονηροτέρους ποιοῦντα ἑκόντα ἢ ἄκοντα;

Ἑκόντα ἔγωγε.

Τί δῆτα, ὦ Μέλητε; τοσοῦτον σὺ ἐμοῦ σοφώτερος εἶ τηλικούτου ὄντος τηλικόσδε ὤν, ὥστε σὺ μὲν ἔγνωκας ὅτι οἱ μὲν κακοὶ κακόν τι ἐργάζονται ἀεὶ τοὺς μάλιστα πλησίον [25e] ἑαυτῶν, οἱ δὲ ἀγαθοὶ ἀγαθόν, ἐγὼ δὲ δὴ εἰς τοσοῦτον ἀμαθίας ἥκω ὥστε καὶ τοῦτ' ἀγνοῶ, ὅτι ἐάν τινα μοχθηρὸν ποιήσω τῶν συνόντων, κινδυνεύσω κακόν τι λαβεῖν ὑπ' αὐτοῦ, ὥστε τοῦτο ‹τὸ› τοσοῦτον κακὸν ἑκὼν ποιῶ, ὡς φῂς σύ; ταῦτα ἐγώ σοι οὐ πείθομαι, ὦ Μέλητε, οἶμαι δὲ οὐδὲ ἄλλον ἀνθρώπων οὐδένα· ἀλλ' ἢ οὐ διαφθείρω, ἢ εἰ διαφθείρω, [26a] ἄκων, ὥστε σύ γε κατ' ἀμφότερα ψεύδῃ. εἰ δὲ ἄκων διαφθείρω, τῶν τοιούτων [καὶ ἀκουσίων] ἁμαρτημάτων οὐ δεῦρο νόμος εἰσάγειν ἐστίν, ἀλλὰ ἰδίᾳ λαβόντα διδάσκειν καὶ νουθετεῖν· δῆλον γὰρ ὅτι ἐὰν μάθω, παύσομαι ὅ γε ἄκων ποιῶ. σὺ δὲ συγγενέσθαι μέν μοι καὶ διδάξαι ἔφυγες καὶ οὐκ ἠθέλησας, δεῦρο δὲ εἰσάγεις, οἷ νόμος ἐστὶν εἰσάγειν τοὺς κολάσεως δεομένους ἀλλ' οὐ μαθήσεως.

[25d] C'è dunque qualcuno che preferisce essere danneggiato piuttosto che favorito dalle persone che frequenta? Rispondi, galantuomo, perché anche la legge ordina di farlo.[23] C'è dunque qualcuno che vuole essere danneggiato?

«No di sicuro.»

Andiamo avanti: tu mi hai portato qui come uno che corrompe i giovani e li rende peggiori intenzionalmente o senza volerlo?

«Per me, volontariamente.»

Sicché tu, giovane come sei, sei molto più saggio di me, ormai vecchio, visto che capisci che i cattivi fanno del male a chi li pratica [25e] e i buoni del bene; io invece sono così stupido che non arrivo nemmeno a capire che, facendo del male alle persone con cui vivo a contatto, non potrò che averne in cambio del male, visto che, come tu dici, procuro di mia volontà tanto danno! Non mi puoi convincere di ciò, o Meleto e penso anche che nessun altro uomo ti possa dar retta. Io non sono un corruttore, e se anche lo fossi, non lo sarei [26a] volontariamente, cosicché tu menti in tutti e due i casi. E se lo sono involontariamente, non è costume citare in tribunale chi commette simili sbagli senza intenzione, ma si dovrebbe prenderlo da parte, spiegargli come stanno le cose e farlo ragionare: è chiaro che, imparata la lezione, uno come me si asterrebbe dal fare gli errori che commette senza volerlo. Tu invece hai evitato accuratamente di incontrarti con me e di impartirmi una lezione, proprio non l'hai voluto fare. Mi hai invece obbligato a presentarmi in questo tribunale, dove è

---

[23] *la legge ordina di farlo*: conosciamo, da un'orazione successiva di Demostene (384-322 a.C.), il testo della legge a cui Socrate si appella: «È fatto obbligo alle due parti contendenti che si diano scambievolmente risposta sulle questioni circa le quali si interrogano tra loro, anche se tali risposte non devono essere prese per testimonianze».

XIV

Ἀλλὰ γάρ, ὦ ἄνδρες Ἀθηναῖοι, τοῦτο μὲν ἤδη δῆλον [26b] οὑγὼ ἔλεγον, ὅτι Μελήτῳ τούτων οὔτε μέγα οὔτε μικρὸν πώποτε ἐμέλησεν. ὅμως δὲ δὴ λέγε ἡμῖν, πῶς με φῄς διαφθείρειν, ὦ Μέλητε, τοὺς νεωτέρους; ἢ δῆλον δὴ ὅτι κατὰ τὴν γραφὴν ἣν ἐγράψω θεοὺς διδάσκοντα μὴ νομίζειν οὓς ἡ πόλις νομίζει, ἕτερα δὲ δαιμόνια καινά; οὐ ταῦτα λέγεις ὅτι διδάσκων διαφθείρω;

Πάνυ μὲν οὖν σφόδρα ταῦτα λέγω.

Πρὸς αὐτῶν τοίνυν, ὦ Μέλητε, τούτων τῶν θεῶν ὧν νῦν ὁ λόγος ἐστίν, εἰπὲ ἔτι σαφέστερον καὶ ἐμοὶ καὶ τοῖς ἀνδράσιν [26c] τουτοισί. ἐγὼ γὰρ οὐ δύναμαι μαθεῖν πότερον λέγεις διδάσκειν με νομίζειν εἶναί τινας θεούς — καὶ αὐτὸς ἄρα νομίζω εἶναι θεοὺς καὶ οὐκ εἰμὶ τὸ παράπαν ἄθεος οὐδὲ ταύτῃ ἀδικῶ — οὐ μέντοι οὕσπερ γε ἡ πόλις ἀλλὰ ἑτέρους, καὶ τοῦτ᾽ ἔστιν ὅ μοι ἐγκαλεῖς, ὅτι ἑτέρους, ἢ παντάπασί με φῄς οὔτε αὐτὸν νομίζειν θεοὺς τούς τε ἄλλους ταῦτα διδάσκειν.

Ταῦτα λέγω, ὡς τὸ παράπαν οὐ νομίζεις θεούς.

[26d] Ὦ θαυμάσιε Μέλητε, ἵνα τί ταῦτα λέγεις; οὐδὲ ἥλιον οὐδὲ σελήνην ἄρα νομίζω θεοὺς εἶναι, ὥσπερ οἱ ἄλλοι ἄνθρωποι;

Μὰ Δί᾽, ὦ ἄνδρες δικασταί, ἐπεὶ τὸν μὲν ἥλιον λίθον φησὶν εἶναι, τὴν δὲ σελήνην γῆν.

Ἀναξαγόρου οἴει κατηγορεῖν, ὦ φίλε Μέλητε; καὶ οὕτω καταφρονεῖς τῶνδε καὶ οἴει αὐτοὺς ἀπείρους γραμμάτων εἶναι ὥστε οὐκ εἰδέναι ὅτι τὰ Ἀναξαγόρου βιβλία τοῦ Κλα-

costume far comparire quelli per cui è necessario stabilire una pena, non quelli a cui serve un insegnamento!

XIV

In effetti, cittadini Ateniesi, è ormai già chiaro [26b] quello che dicevo prima, che cioè a Meleto non è mai importato un bel niente di queste cose. Pure, dicci, Meleto, qual è il modo in cui, secondo te, io corromperei i più giovani? Oppure è già chiaro dall'atto di accusa che hai sottoscritto, per cui lo farei insegnando a non credere negli dèi in cui crede la città, ma in divinità nuove? Non dici dunque che li corrompo con questi insegnamenti?

«È proprio quello che io sostengo.»

Allora, Meleto, in nome di quegli stessi dèi di cui stiamo parlando, spiegati più chiaramente con me e con i [26c] presenti. Io infatti non riesco a capire se tu dici che io insegno a credere che esistono certi dèi, e dunque ci credo anch'io (per cui non sono del tutto ateo e quindi non sono colpevole a riguardo), ma d'altra parte non credo negli dèi della città, ma in altri, e questa è la cosa di cui tu mi incolpi, oppure se tu vuoi dire che non credo affatto nell'esistenza degli dèi, e insegno agli altri a fare altrettanto.

«Io sostengo che tu non credi proprio nell'esistenza degli dèi.»

[26d] Fantastico, Meleto, a che scopo dici ciò? Vuoi forse dire che io non credo, come gli altri uomini, che il Sole e la Luna siano degli dèi?[24]

---

[24] *il Sole... dèi*: più che a credenze naturalistiche in senso stretto, si deve pensare all'identificazione che i Greci fecero del Sole con Apollo e della Luna con Artemide, divinità particolarmente venerate. In loro onore Atene, alla fine di

ζομενίου γέμει τούτων τῶν λόγων; καὶ δὴ καὶ οἱ νέοι ταῦτα παρ' ἐμοῦ μανθάνουσιν, ἃ ἔξεστιν ἐνίοτε εἰ πάνυ πολλοῦ δραχμῆς [26e] ἐκ τῆς ὀρχήστρας πριαμένοις Σωκράτους καταγελᾶν, ἐὰν προσποιῆται ἑαυτοῦ εἶναι, ἄλλως τε καὶ οὕτως ἄτοπα ὄντα; ἀλλ', ὦ πρὸς Διός, οὑτωσί σοι δοκῶ; οὐδένα νομίζω θεὸν εἶναι;

Οὐ μέντοι μὰ Δία οὐδ' ὁπωστιοῦν.

Ἄπιστός γ' εἶ, ὦ Μέλητε, καὶ ταῦτα μέντοι, ὡς ἐμοὶ δοκεῖς, σαυτῷ. ἐμοὶ γὰρ δοκεῖ οὑτοσί, ὦ ἄνδρες Ἀθηναῖοι, πάνυ εἶναι ὑβριστὴς καὶ ἀκόλαστος, καὶ ἀτεχνῶς τὴν γραφὴν ταύτην ὕβρει τινὶ καὶ ἀκολασίᾳ καὶ νεότητι γράψασθαι. [27a] ἔοικεν γὰρ ὥσπερ αἴνιγμα συντιθέντι διαπειρωμένῳ "Ἆρα γνώσεται Σωκράτης ὁ σοφὸς δὴ ἐμοῦ χαριεντιζομένου καὶ ἐναντί' ἐμαυτῷ λέγοντος, ἢ ἐξαπατήσω αὐτὸν καὶ τοὺς ἄλλους τοὺς ἀκούοντας;" οὗτος γὰρ ἐμοὶ φαίνεται τὰ ἐναντία λέγειν αὐτὸς ἑαυτῷ ἐν τῇ γραφῇ ὥσπερ ἂν εἰ εἴποι· "Ἀδικεῖ Σωκράτης θεοὺς οὐ νομίζων, ἀλλὰ θεοὺς νομίζων." καίτοι τοῦτό ἐστι παίζοντος.

Non parla affatto di me, per Giove, signori giudici, quando mi attribuisce la convinzione che il sole sia una massa pietrosa e la luna una terra.

Tu hai in mente di accusare Anassagora, e mostri di disprezzare i presenti e di ritenerli così ignoranti da non sapere che sono i libri di Anassagora di Clazomene ad essere pieni di questi discorsi. E poi davvero gran meraviglia che i giovani imparino queste cose da me quando per una sola dracma, a dir tanto, potrebbero trarre [26e] dal teatro argomenti[25] per far fare una figuraccia a Socrate se volesse far credere che tali convinzioni, per altro così assurde, son farina del suo sacco! Suvvia, per Giove, ti sembro proprio uno che nel senso che dicevo non crede che esista alcun dio?

«No, per Giove, non ci credi affatto!»

Affermi una cosa incredibile, Meleto, di sicuro, ne sono convinto, incredibile anche per te. Costui infatti, cittadini Ateniesi, mi sembra davvero insolente e sfrenato, come è tipico dei giovani. [27a] Somiglia a uno che compone un enigma per fare una prova: si accorgerà Socrate, il sapiente, che io scherzo e dico il contrario di quello che penso, o riuscirò a ingannare lui e gli altri che ascoltano? Mi sembra

---

maggio, celebrava solennemente le feste Targelie. Accennando a questi dèi celesti, Socrate vuole chiarire l'arbitrarietà dell'accusa, nel caso in cui Meleto intendesse assimilarlo al filosofo Anassagora di Clazomene, vissuto all'inizio del V secolo a.C., che era popolarmente considerato ateo benché avesse per primo ipotizzato l'esistenza di un'intelligenza ordinatrice e motrice della materia. Per sfuggire alle conseguenze dell'accusa di ateismo, dovette fuggire a Lampsaco, dove morì. Socrate era stato discepolo di Archelao, a sua volta discepolo di Anassagora, ed è per questo che Meleto gli attribuisce le credenze di quel filosofo.

25 *E poi davvero... argomenti*: per capire il senso di quanto afferma Socrate, deve essere ricordato che i poeti tragici, in particolare Euripide, solevano mettere in bocca ai loro personaggi concetti desunti da questa o quella dottrina filosofica. Si ricordi ancora che l'ingresso a teatro costava ad Atene due oboli (era a spese dello Stato, per decisione di Pericle, nel caso di cittadini indigenti); una dracma valeva sei oboli.

XV

Συνεπισκέψασθε δή, ὦ ἄνδρες, ᾗ μοι φαίνεται ταῦτα λέγειν· σὺ δὲ ἡμῖν ἀπόκριναι, ὦ Μέλητε. ὑμεῖς δέ, ὅπερ [27b] κατ' ἀρχὰς ὑμᾶς παρῃτησάμην, μέμνησθέ μοι μὴ θορυβεῖν ἐὰν ἐν τῷ εἰωθότι τρόπῳ τοὺς λόγους ποιῶμαι.

Ἔστιν ὅστις ἀνθρώπων, ὦ Μέλητε, ἀνθρώπεια μὲν νομίζει πράγματ' εἶναι, ἀνθρώπους δὲ οὐ νομίζει; ἀποκρινέσθω, ὦ ἄνδρες, καὶ μὴ ἄλλα καὶ ἄλλα θορυβείτω· ἔσθ' ὅστις ἵππους μὲν οὐ νομίζει, ἱππικὰ δὲ πράγματα; ἢ αὐλητὰς μὲν οὐ νομίζει εἶναι, αὐλητικὰ δὲ πράγματα; οὐκ ἔστιν, ὦ ἄριστε ἀνδρῶν· εἰ μὴ σὺ βούλει ἀποκρίνεσθαι, ἐγὼ σοὶ λέγω καὶ τοῖς ἄλλοις τουτοισί. ἀλλὰ τὸ ἐπὶ τούτῳ γε ἀπόκριναι· [27c] ἔσθ' ὅστις δαιμόνια μὲν νομίζει πράγματ' εἶναι, δαίμονας δὲ οὐ νομίζει;

Οὐκ ἔστιν.

Ὡς ὤνησας ὅτι μόγις ἀπεκρίνω ὑπὸ τουτωνὶ ἀναγκαζόμενος. οὐκοῦν δαιμόνια μὲν φῄς με καὶ νομίζειν καὶ διδάσκειν, εἴτ' οὖν καινὰ εἴτε παλαιά, ἀλλ' οὖν δαιμόνιά γε νομίζω κατὰ τὸν σὸν λόγον, καὶ ταῦτα καὶ διωμόσω ἐν τῇ ἀντιγραφῇ. εἰ δὲ δαιμόνια νομίζω, καὶ δαίμονας δήπου πολλὴ ἀνάγκη νομίζειν μέ ἐστιν· οὐχ οὕτως ἔχει; ἔχει δή· τίθημι γάρ σε ὁμολογοῦντα, ἐπειδὴ οὐκ ἀποκρίνῃ. τοὺς δὲ [27d] δαίμονας οὐχὶ ἤτοι θεούς γε ἡγούμεθα ἢ θεῶν παῖδας; φῄς ἢ οὔ;

Πάνυ γε.

infatti che costui nell'accusa entri in contraddizione con se stesso, come se dicesse: «Socrate è colpevole di non credere negli dèi, ma anche di crederci». Di sicuro ciò è proprio di uno che vuole scherzare.

XV

Considerate insieme con me, Ateniesi, in che senso mi pare che dica queste cose e tu, o Meleto, rispondi. E per favore, [27b] come vi ho chiesto fin dall'inizio, fatemi la cortesia di non rumoreggiare, se parlo nel mio solito modo.

Secondo te, Meleto, esiste una qualche persona convinta che ci siano azioni umane, ma che non ci siano gli uomini? Che Meleto risponda, e la smetta di borbottare con impazienza or questo or quello. C'è chi non crede che esistano i cavalli, ma crede che esistano cose che li concernono? Oppure non crede che ci siano i flautisti, ma che ci sia invece un'arte del flauto? Questa persona non si trova, carissimo. Se tu non vuoi rispondere, lo dico io, per te e per quelli che stanno ascoltando. Ma almeno rispondi a ciò che ne consegue. [27c] C'è chi crede che esistano manifestazioni demoniche, ma non crede invece nei demoni?

«Non c'è.»

Che favore mi hai fatto, rispondendomi a fatica costretto da questi giudici![26] Allora: tu sostieni che io credo e insegno cose che hanno a che fare con i demoni (vecchi o nuovi[27] che siano non ha importanza, quello che conta è che, stando a

---

26 *da questi giudici*: *vedi* nota 23.

27 *demoni... nuovi*: si ricordi che, nell'accusa formale, Meleto aveva parlato di divinità «nuove».

Οὐκοῦν εἴπερ δαίμονας ἡγοῦμαι, ὡς σὺ φῄς, εἰ μὲν θεοί τινές εἰσιν οἱ δαίμονες, τοῦτ' ἂν εἴη ὃ ἐγώ φημί σε αἰνίττεσθαι καὶ χαριεντίζεσθαι, θεοὺς οὐχ ἡγούμενον φάναι με θεοὺς αὖ ἡγεῖσθαι πάλιν, ἐπειδήπερ γε δαίμονας ἡγοῦμαι· εἰ δ' αὖ οἱ δαίμονες θεῶν παῖδές εἰσιν νόθοι τινὲς ἢ ἐκ νυμφῶν ἢ ἔκ τινων ἄλλων ὧν δὴ καὶ λέγονται, τίς ἂν ἀνθρώπων θεῶν μὲν παῖδας ἡγοῖτο εἶναι, θεοὺς δὲ μή; ὁμοίως γὰρ [27e] ἂν ἄτοπον εἴη ὥσπερ ἂν εἴ τις ἵππων μὲν παῖδας ἡγοῖτο ἢ καὶ ὄνων, τοὺς ἡμιόνους, ἵππους δὲ καὶ ὄνους μὴ ἡγοῖτο εἶναι. ἀλλ', ὦ Μέλητε, οὐκ ἔστιν ὅπως σὺ ταῦτα οὐχὶ ἀποπειρώμενος ἡμῶν ἐγράψω τὴν γραφὴν ταύτην ἢ ἀπορῶν ὅτι ἐγκαλοῖς ἐμοὶ ἀληθὲς ἀδίκημα· ὅπως δὲ σύ τινα πείθοις ἂν καὶ σμικρὸν νοῦν ἔχοντα ἀνθρώπων, ὡς οὐ τοῦ αὐτοῦ ἔστιν καὶ δαιμόνια καὶ θεῖα ἡγεῖσθαι, καὶ αὖ τοῦ αὐτοῦ μήτε [28a] δαίμονας μήτε θεοὺς μήτε ἥρωας, οὐδεμία μηχανή ἐστιν.

quanto tu dici, io credo a queste cose e tu l'hai giurato anche in quest'atto d'accusa). Se dunque credo a cose che hanno a che fare con i demoni, ne deriva di necessità che io ne ammetto l'esistenza. Non è così? Sicuramente: suppongo che tu sia d'accordo, visto che non rispondi. [27d] Non pensiamo forse tutti quanti che i demoni siano dèi o figli di dèi?[28] Sei d'accordo anche tu o no?

«Certamente.»

Dunque se io credo nell'esistenza di demoni, come tu dici, e i demoni hanno per così dire una natura divina, questa sarebbe la questione a proposito della quale io sostengo che tu costruisci degli enigmi per scherzare, quando affermi che io, non ammettendo l'esistenza degli dèi, riconosco l'esistenza degli dèi, dal momento che ammetto che esistono i demoni. Se poi questi sono figli per così dire naturali degli dèi, generati con ninfe o altre donne delle quali si raccontano parti di questo genere, chi fra gli uomini potrebbe sostenere che esistono i figli degli dèi, ma che gli dèi non esistono? [27e] Sarebbe comunque una cosa assurda, come se uno credesse che i muli sono i figli di cavalli o di asini, ma non credesse all'esistenza degli asini e dei cavalli. Ma non è possibile, o Meleto, che tu non abbia scritto questa accusa per metterci in questo modo alla prova, oppure non sapendo di quale colpa vera accusarmi! Che tu poi riesca a convincere un uomo che abbia anche l'intelligenza di una gallina che non è proprio

28 *dèi o figli di dèi*: nella lingua di Omero (fine IX – inizio VIII secolo a.C.) non c'è differenza tra «dio» e «demone», ma già Esiodo (VII secolo) specifica che i demoni sono spiriti custodi degli uomini, in cui si sarebbero trasformati gli esseri beati che vissero nell'età dell'oro. Platone, nel *Simposio* (per cui cfr. XXIII, 202d-e), precisa che ogni demone «è qualcosa di intermedio tra il mortale e l'immortale», con il compito «di interpretare e di trasmettere agli dèi ciò che viene dagli uomini e agli uomini ciò che viene dagli dèi: le preghiere e i sacrifici da parte dei primi, gli ordini da parte dei secondi, nonché i loro favori, in cambio dei sacrifici».

XVI

Ἀλλὰ γάρ, ὦ ἄνδρες Ἀθηναῖοι, ὡς μὲν ἐγὼ οὐκ ἀδικῶ κατὰ τὴν Μελήτου γραφήν, οὐ πολλῆς μοι δοκεῖ εἶναι ἀπολογίας, ἀλλὰ ἱκανὰ καὶ ταῦτα· ὃ δὲ καὶ ἐν τοῖς ἔμπροσθεν ἔλεγον, ὅτι πολλή μοι ἀπέχθεια γέγονεν καὶ πρὸς πολλούς, εὖ ἴστε ὅτι ἀληθές ἐστιν. καὶ τοῦτ' ἔστιν ὃ ἐμὲ αἱρεῖ, ἐάνπερ αἱρῇ, οὐ Μέλητος οὐδὲ Ἄνυτος ἀλλ' ἡ τῶν πολλῶν διαβολή τε καὶ φθόνος. ἃ δὴ πολλοὺς καὶ ἄλλους καὶ ἀγαθοὺς [28b] ἄνδρας ᾕρηκεν, οἶμαι δὲ καὶ αἱρήσει· οὐδὲν δὲ δεινὸν μὴ ἐν ἐμοὶ στῇ.

Ἴσως ἂν οὖν εἴποι τις· "Εἶτ' οὐκ αἰσχύνῃ, ὦ Σώκρατες, τοιοῦτον ἐπιτήδευμα ἐπιτηδεύσας ἐξ οὗ κινδυνεύεις νυνὶ ἀποθανεῖν;" ἐγὼ δὲ τούτῳ ἂν δίκαιον λόγον ἀντείποιμι, ὅτι "Οὐ καλῶς λέγεις, ὦ ἄνθρωπε, εἰ οἴει δεῖν κίνδυνον ὑπολογίζεσθαι τοῦ ζῆν ἢ τεθνάναι ἄνδρα ὅτου τι καὶ σμικρὸν ὄφελός ἐστιν, ἀλλ' οὐκ ἐκεῖνο μόνον σκοπεῖν ὅταν πράττῃ, πότερον δίκαια ἢ ἄδικα πράττει, καὶ ἀνδρὸς ἀγαθοῦ ἔργα ἢ κακοῦ. φαῦλοι [28c] γὰρ ἂν τῷ γε σῷ λόγῳ εἶεν τῶν ἡμιθέων ὅσοι ἐν Τροίᾳ τετελευτήκασιν οἵ τε ἄλλοι καὶ ὁ τῆς Θέτιδος ὑός, ὃς τοσοῦτον τοῦ κινδύνου κατεφρόνησεν παρὰ τὸ αἰσχρόν τι ὑπομεῖναι ὥστε, ἐπειδὴ εἶπεν ἡ μήτηρ αὐτῷ προθυμουμένῳ Ἕκτορα ἀποκτεῖναι, θεὸς οὖσα, οὑτωσί πως, ὡς ἐγὼ οἶμαι· 'Ὦ παῖ, εἰ τιμωρήσεις Πατρόκλῳ τῷ ἑταίρῳ τὸν φόνον καὶ Ἕκτορα ἀποκτενεῖς, αὐτὸς ἀποθανῇ — αὐτίκα γάρ τοι,' φησί, 'μεθ' Ἕκτορα

dello stesso individuo ammettere cose che hanno a che fare con i demoni e con gli dèi e nello stesso tempo non ammettere l'esistenza dei [28a] demoni, degli dèi e degli eroi,[29] non c'è proprio nessuna possibilità.

XVI

D'altronde, cittadini Ateniesi, non mi sembra di aver bisogno di una più lunga difesa per dimostrare che non sono colpevole di quanto mi accusa Meleto, e quello che ho detto può senz'altro bastare. Quanto a ciò che dicevo anche precedentemente, e cioè che mi sono tirato addosso l'odio di molte persone, sappiate che è proprio la verità. Questo è ciò che mi farà condannare, se dovesse succedere, non Meleto o Anito, ma la calunnia e l'odio di tanti. Questi mali hanno colpito [28b] anche molti altri uomini, in gran parte virtuosi, e penso che ne colpiranno ancora in avvenire: non c'è affatto pericolo che questa storia finisca con me.

Ma forse qualcuno potrebbe dire: «Non ti vergogni dunque, o Socrate, di esserti dedicato a un'occupazione tale da farti correre ora il rischio di morire?». A costui potrei rispondere secondo giustizia: tu non parli bene, uomo, se pensi che la persona dalla quale possa derivare una benché minima utilità debba tener conto del rischio di vivere o di morire invece che valutare, quando agisce, soltanto se compie atti giusti o ingiusti e azioni proprie di un onesto o di un malvagio. Sarebbero infatti spregevoli, [28c] stando al tuo ragionamento, quelli tra i semidei che sono morti sotto le mura di

---

29 *degli dèi e degli eroi*: nel mito gli «eroi» (si pensi ad Achille, per esempio, generato dal mortale Peleo e da Teti, una divinità marina) partecipavano alla natura divina attraverso uno dei due genitori.

πότμος ἑτοῖμος' — ὁ δὲ τοῦτο ἀκούσας τοῦ μὲν θανάτου καὶ τοῦ κινδύνου ὠλιγώρησε, πολὺ δὲ μᾶλλον [28d] δείσας τὸ ζῆν κακὸς ὢν καὶ τοῖς φίλοις μὴ τιμωρεῖν, 'Αὐτίκα,' φησί, 'τεθναίην, δίκην ἐπιθεὶς τῷ ἀδικοῦντι, ἵνα μὴ ἐνθάδε μένω καταγέλαστος παρὰ νηυσὶ κορωνίσιν ἄχθος ἀρούρης.' μὴ αὐτὸν οἴει φροντίσαι θανάτου καὶ κινδύνου;" Οὕτω γὰρ ἔχει, ὦ ἄνδρες Ἀθηναῖοι, τῇ ἀληθείᾳ· οὗ ἄν τις ἑαυτὸν τάξῃ ἡγησάμενος βέλτιστον εἶναι ἢ ὑπ' ἄρχοντος ταχθῇ, ἐνταῦθα δεῖ, ὡς ἐμοὶ δοκεῖ, μένοντα κινδυνεύειν, μηδὲν ὑπολογιζόμενον μήτε θάνατον μήτε ἄλλο μηδὲν πρὸ τοῦ αἰσχροῦ.

Troia, e soprattutto il figlio di Teti.[30] Questi, pur di sfuggire al rischio di subire una vergogna, disprezzò il pericolo a tal punto che, quando la madre, che era una dea, a lui smanioso di uccidere Ettore disse pressappoco (io almeno penso che gli abbia detto così): «Figlio, tu riuscirai a vendicare la morte del tuo amico Patroclo e ucciderai Ettore, ma tu pure dovrai morire, perché anche su di te» gli diceva «incombe questo destino appena si sarà compiuto quello di Ettore»,[31] dopo averla ascoltata, non solo non diede alcun peso al rischio di perder la vita, ma ebbe [28d] piuttosto orrore di vivere da vile e di non vendicare gli amici. «Che io muoia» disse «subito dopo aver inflitto il giusto castigo al colpevole, perché io non sia qui oggetto di scherno presso le navi ricurve, come un inutile peso della terra.» Credi forse che si sia dato pensiero della morte e del pericolo?[32] Le cose infatti, cittadini Ateniesi, stanno così: nel posto che uno si è scelto pensando che fosse il migliore o in quello cui l'ha assegnato il comandante, bisogna, mi sembra, che uno resti ad affrontare il pericolo, senza tenere alcun conto né della morte né di nient'altro di fronte al rischio della vergogna.

---

[30] *il figlio di Teti*: *vedi* nota 29.

[31] *Figlio... Ettore*: per l'intervento di Teti presso il figlio Achille, Socrate si riferisce espressamente al libro XVIII dell'*Iliade*. Achille, che per un violento contrasto con Agamennone, capo della spedizione dei Greci contro Troia, si era astenuto dallo scendere in campo, mutò la propria decisione dopo la morte per mano del capo troiano Ettore dell'amico Patroclo, dietro le cui insistenti preghiere aveva accondisceso a prestargli le proprie armi divine.

[32] *Credi... pericolo?*: la domanda è rivolta all'interlocutore che Socrate ha ipotizzato all'inizio di queste considerazioni in merito all'irrilevanza della morte rispetto alla coerenza delle proprie scelte di vita.

XVII

ἐγὼ οὖν δεινὰ ἂν εἴην εἰργασμένος, ὦ ἄνδρες [28e] Ἀθηναῖοι, εἰ ὅτε μέν με οἱ ἄρχοντες ἔταττον, οὓς ὑμεῖς εἵλεσθε ἄρχειν μου, καὶ ἐν Ποτειδαίᾳ καὶ ἐν Ἀμφιπόλει καὶ ἐπὶ Δηλίῳ, τότε μὲν οὗ ἐκεῖνοι ἔταττον ἔμενον ὥσπερ καὶ ἄλλος τις καὶ ἐκινδύνευον ἀποθανεῖν, τοῦ δὲ θεοῦ τάττοντος, ὡς ἐγὼ ᾠήθην τε καὶ ὑπέλαβον, φιλοσοφοῦντά με δεῖν ζῆν καὶ ἐξετάζοντα ἐμαυτὸν καὶ τοὺς ἄλλους, ἐνταῦθα δὲ φοβηθεὶς ἢ θάνατον [29a] ἢ ἄλλ' ὁτιοῦν πρᾶγμα λίποιμι τὴν τάξιν. δεινόν τἂν εἴη, καὶ ὡς ἀληθῶς τότ' ἄν με δικαίως εἰσάγοι τις εἰς δικαστήριον, ὅτι οὐ νομίζω θεοὺς εἶναι ἀπειθῶν τῇ μαντείᾳ καὶ δεδιὼς θάνατον καὶ οἰόμενος σοφὸς εἶναι οὐκ ὤν. τὸ γάρ τοι θάνατον δεδιέναι, ὦ ἄνδρες, οὐδὲν ἄλλο ἐστὶν ἢ δοκεῖν σοφὸν εἶναι μὴ ὄντα· δοκεῖν γὰρ εἰδέναι ἐστὶν ἃ οὐκ οἶδεν. οἶδε μὲν γὰρ οὐδεὶς τὸν θάνατον οὐδ' εἰ τυγχάνει τῷ ἀνθρώπῳ πάντων μέγιστον ὂν τῶν ἀγαθῶν, δεδίασι δ' ὡς εὖ εἰδότες [29b] ὅτι μέγιστον τῶν κακῶν ἐστι. καίτοι πῶς οὐκ ἀμαθία ἐστὶν αὕτη ἡ ἐπονείδιστος, ἡ τοῦ οἴεσθαι εἰδέναι ἃ οὐκ οἶδεν; ἐγὼ δ', ὦ ἄνδρες, τούτῳ καὶ ἐνταῦθα ἴσως διαφέρω τῶν πολλῶν ἀνθρώπων, καὶ εἰ δή τῳ σοφώτερός του φαίην εἶναι, τούτῳ ἄν, ὅτι οὐκ εἰδὼς ἱκανῶς περὶ τῶν ἐν Ἅιδου οὕτω καὶ οἴομαι οὐκ εἰδέναι· τὸ δὲ ἀδικεῖν καὶ ἀπειθεῖν τῷ βελτίονι καὶ θεῷ καὶ ἀνθρώπῳ, ὅτι κακὸν καὶ αἰσχρόν ἐστιν οἶδα. πρὸ οὖν τῶν κακῶν ὧν οἶδα ὅτι κακά ἐστιν, ἃ μὴ οἶδα εἰ καὶ ἀγαθὰ ὄντα τυγχάνει οὐδέποτε φοβήσομαι οὐδὲ φεύξομαι· ὥστε οὐδ' εἴ [29c] με νῦν ὑμεῖς ἀφίετε Ἀνύτῳ ἀπιστήσαντες, ὃς ἔφη ἢ τὴν ἀρχὴν οὐ δεῖν ἐμὲ δεῦρο εἰσελθεῖν ἤ, ἐπειδὴ εἰσῆλθον, οὐχ οἷόν τ' εἶναι τὸ μὴ ἀποκτεῖναί με, λέγων πρὸς ὑμᾶς ὡς εἰ διαφευξοίμην ἤδη [ἂν] ὑμῶν οἱ ὑεῖς ἐπιτηδεύοντες ἃ Σωκράτης διδάσκει

XVII

E quindi io, cittadini Ateniesi, mi comporterei in modo davvero indegno [28e] se – al contrario di quando i capi, che mi erano stati preposti dalla vostra autorità, mi assegnarono un posto preciso a Potidea, ad Anfipoli e a Delio[33] e io rimasi là dove essi avevano stabilito, non diversamente da tutti gli altri, correndo un pericolo di vita – ora invece, di fronte al comando del dio di vivere filosofando e guardando dentro me stesso e dentro gli altri, [29a] abbandonassi questa posizione per timore della morte o di qualche altro rischio personale. Sarebbe davvero un fatto grave e davvero in questo caso mi si potrebbe giustamente citare in tribunale come persona che non crede nell'esistenza degli dèi, perché disubbidirei all'oracolo, avrei timore della morte e mi reputerei un sapiente senza esserlo. È certo infatti, o giudici, che l'aver timore della morte altro non è che sembrare sapienti senza invece essere tali, perché significa far credere di sapere cose che non si sanno affatto. Nessuno certo conosce la morte e nemmeno sa se magari non sia il bene più grande per gli uomini; tuttavia, questi la temono come se si trattasse [29b] del più grande dei mali. Non è forse questa la vera ignoranza, la più

---

33 *a Potidea... a Delio*: poiché i capi militari erano eletti per alzata di mano dall'assemblea dei cittadini, ora ufficialmente rappresentata dai giudici preposti al processo in corso, Socrate attribuisce a questi ultimi l'autorità cui si è sottoposto adempiendo senza esitazione agli ordini che gli vennero impartiti quando militò come soldato nella Guerra del Peloponneso, tra Atene e Sparta. Nello specifico si era trovato a Potidea in occasione della spedizione punitiva di Atene contro questa città (432-429 a.C.), che si era sottratta alla sua alleanza a favore di Sparta. Presso Delio, un santuario di Apollo in Beozia, partecipò invece a una battaglia svoltasi nel 424, contro i Beoti che erano a loro volta dalla parte degli Spartani. Infine, nel 422, fu presente nella battaglia di Anfipoli, colonia di Atene in Tracia, che vide la vittoria ma anche la morte dello spartano Brasida e la fuga di Cleone, supremo comandante ateniese delle forze di terra.

πάντες παντάπασι διαφθαρήσονται, — εἴ μοι πρὸς ταῦτα εἴποιτε· "Ὦ Σώκρατες, νῦν μὲν Ἀνύτῳ οὐ πεισόμεθα ἀλλ' ἀφίεμέν σε, ἐπὶ τούτῳ μέντοι, ἐφ' ᾧτε μηκέτι ἐν ταύτῃ τῇ ζητήσει διατρίβειν μηδὲ φιλοσοφεῖν· ἐὰν δὲ [29d] ἁλῷς ἔτι τοῦτο πράττων, ἀποθανῇ" — εἰ οὖν με, ὅπερ εἶπον, ἐπὶ τούτοις ἀφίοιτε, εἴποιμ' ἂν ὑμῖν ὅτι "Ἐγὼ ὑμᾶς, ὦ ἄνδρες Ἀθηναῖοι, ἀσπάζομαι μὲν καὶ φιλῶ, πείσομαι δὲ μᾶλλον τῷ θεῷ ἢ ὑμῖν, καὶ ἕωσπερ ἂν ἐμπνέω καὶ οἷός τε ὦ, οὐ μὴ παύσωμαι φιλοσοφῶν καὶ ὑμῖν παρακελευόμενός τε καὶ ἐνδεικνύμενος ὅτῳ ἂν ἀεὶ ἐντυγχάνω ὑμῶν, λέγων οἷάπερ εἴωθα, ὅτι 'Ὦ ἄριστε ἀνδρῶν, Ἀθηναῖος ὤν, πόλεως τῆς μεγίστης καὶ εὐδοκιμωτάτης εἰς σοφίαν καὶ ἰσχύν, χρημάτων μὲν οὐκ αἰσχύνῃ ἐπιμελούμενος ὅπως σοι ἔσται ὡς πλεῖστα, [29e] καὶ δόξης καὶ τιμῆς, φρονήσεως δὲ καὶ ἀληθείας καὶ τῆς ψυχῆς ὅπως ὡς βελτίστη ἔσται οὐκ ἐπιμελῇ οὐδὲ φροντίζεις;' καὶ ἐάν τις ὑμῶν ἀμφισβητήσῃ καὶ φῇ ἐπιμελεῖσθαι, οὐκ εὐθὺς ἀφήσω αὐτὸν οὐδ' ἄπειμι, ἀλλ' ἐρήσομαι αὐτὸν καὶ ἐξετάσω καὶ ἐλέγξω, καὶ ἐάν μοι μὴ δοκῇ κεκτῆσθαι ἀρετήν, [30a] φάναι δέ, ὀνειδιῶ ὅτι τὰ πλείστου ἄξια περὶ ἐλαχίστου ποιεῖται, τὰ δὲ φαυλότερα περὶ πλείονος. ταῦτα καὶ νεωτέρῳ καὶ πρεσβυτέρῳ ὅτῳ ἂν ἐντυγχάνω ποιήσω, καὶ ξένῳ καὶ ἀστῷ, μᾶλλον δὲ τοῖς ἀστοῖς, ὅσῳ μου ἐγγυτέρω ἐστὲ γένει. ταῦτα γὰρ κελεύει ὁ θεός, εὖ ἴστε, καὶ ἐγὼ οἴομαι οὐδέν πω ὑμῖν μεῖζον ἀγαθὸν γενέσθαι ἐν τῇ πόλει ἢ τὴν ἐμὴν τῷ θεῷ ὑπηρεσίαν. οὐδὲν γὰρ ἄλλο πράττων ἐγὼ περιέρχομαι ἢ πείθων ὑμῶν καὶ νεωτέρους καὶ πρεσβυτέρους μήτε σωμάτων [30b] ἐπιμελεῖσθαι μήτε χρημάτων πρότερον μηδὲ οὕτω σφόδρα ὡς τῆς ψυχῆς ὅπως ὡς ἀρίστη ἔσται, λέγων ὅτι 'Οὐκ ἐκ χρημάτων ἀρετὴ γίγνεται, ἀλλ' ἐξ ἀρετῆς χρήματα καὶ τὰ ἄλλα ἀγαθὰ τοῖς ἀνθρώποις ἅπαντα καὶ ἰδίᾳ καὶ δημοσίᾳ.' εἰ μὲν οὖν ταῦτα λέγων διαφθείρω τοὺς νέους, ταῦτ'

vergognosa di tutte, l'esser convinti di sapere ciò che non si sa? Io, forse, in ciò e qui mi distinguo dalla maggior parte degli uomini, e se asserissi dunque di essere più sapiente di qualcuno in qualcosa sarebbe per questo, che non sapendo abbastanza circa l'aldilà, mi considero di conseguenza ignorante in materia; non ho invece dubbi sul fatto che il disubbidire a chi è migliore di noi, sia esso un dio o un uomo, è un comportamento turpe e vergognoso. Pertanto non avrò mai paura e non mi tirerò mai indietro di fronte a cose che non so se eventualmente siano buone rispetto a cose che so con certezza esser cattive. Di conseguenza, anche se ora [29c] voi mi doveste assolvere, non convinti dalla dichiarazione di Anito, il quale ha sostenuto che o non avrei proprio dovuto comparire in questo luogo o, una volta che l'avessi fatto, non sarebbe stato possibile non condannarmi a morte perché, se sfuggissi alla condanna, i vostri figli rischierebbero tutti di essere gravemente corrotti prendendo interesse per le cose che Socrate insegna; anche se voi in proposito mi diceste: «Socrate, noi non daremo retta ad Anito e ti assolviamo, ma alla condizione di non occuparti più di questo tipo di ricerche e di smettere di filosofare e se [29d] ti scopriamo a farlo ancora dovrai morire»; anche se, per finire, voi, come ho detto, mi assolveste a queste condizioni, io vi direi, cittadini Ateniesi, che vi rispetto e vi voglio bene, ma ubbidirò al dio prima che a voi e fino a quando avrò fiato e ne sarò capace non smetterò di filosofare, di stimolarvi e di comunicare a chiunque mi capiti di incontrare quello che son solito dire: «Carissimo, tu che sei ateniese, cioè della città più grande e stimata per sapienza e potenza, non ti vergogni di darti pena per diventare il più ricco possibile e di preoccuparti della tua [29e] reputazione e del tuo onore, senza curarti né pensare alla sapienza e alla verità, insomma all'anima, per farle rag-

ἂν εἴη βλαβερά· εἰ δέ τίς μέ φησιν ἄλλα λέγειν ἢ ταῦτα, οὐδὲν λέγει. πρὸς ταῦτα," φαίην ἄν, "ὦ ἄνδρες Ἀθηναῖοι, ἢ πείθεσθε Ἀνύτῳ ἢ μή, καὶ ἢ ἀφίετέ με ἢ μή, ὡς ἐμοῦ οὐκ [30c] ἂν ποιήσαντος ἄλλα, οὐδ' εἰ μέλλω πολλάκις τεθνάναι."

giungere la perfezione?». Se poi qualcuno dovesse ribattere e affermare di prendersene cura, non lo lascerò andare così facilmente e non me ne andrò io, ma lo interrogherò ancora, lo esaminerò attentamente e gli farò delle obiezioni, e se alla fine non mi apparisse possedere la virtù, [30a] ma solo sostenerlo, lo rimprovererò, perché tiene in minimo conto le cose di maggior pregio e in massimo conto quelle che non hanno alcuna importanza. Mi comporterò così con chiunque mi capiti di incontrare, più giovane o più vecchio di me che sia, straniero o concittadino, e verso voi concittadini l'impegno sarà ancora maggiore, in relazione all'affinità dei nostri natali. Questo infatti è ciò che ordina il dio, sappiatelo bene. E io credo che in città non abbiate mai avuto a disposizione un bene più grande della missione affidatami dal dio. Io infatti nient'altro faccio che andarmene intorno a cercar di persuadere tanto i più giovani quanto i più vecchi di voi a non darsi affanno per i piaceri del corpo [30b] e per l'accumulo delle ricchezze né di più né alla stessa stregua dei bisogni dell'anima, perché possa raggiungere la massima perfezione possibile, dicendo che la virtù non deriva dalle ricchezze, ma che per tutti gli uomini a livello personale o comunitario le ricchezze e tutti gli altri beni derivano dalla virtù. Se con il dire queste cose io corrompessi i giovani, sono questi gli insegnamenti che potrebbero essermi addebitati come nocivi; ma se qualcuno afferma che io dico cose diverse da queste, dice una cosa insussistente. In conseguenza di ciò, questo vorrei dichiarare, o cittadini Ateniesi: che voi diate ascolto ad Anito o meno e che mi assolviate o non mi assolviate, sappiate che io non [30c] mi comporterò mai diversamente da così, anche se dovessi morire cento o mille volte.

XVIII

Μὴ θορυβεῖτε, ὦ ἄνδρες Ἀθηναῖοι, ἀλλ' ἐμμείνατέ μοι οἷς ἐδεήθην ὑμῶν, μὴ θορυβεῖν ἐφ' οἷς ἂν λέγω ἀλλ' ἀκούειν· καὶ γάρ, ὡς ἐγὼ οἶμαι, ὀνήσεσθε ἀκούοντες. μέλλω γὰρ οὖν ἄττα ὑμῖν ἐρεῖν καὶ ἄλλα ἐφ' οἷς ἴσως βοήσεσθε· ἀλλὰ μηδαμῶς ποιεῖτε τοῦτο. εὖ γὰρ ἴστε, ἐάν με ἀποκτείνητε τοιοῦτον ὄντα οἷον ἐγὼ λέγω, οὐκ ἐμὲ μείζω βλάψετε ἢ ὑμᾶς αὐτούς· ἐμὲ μὲν γὰρ οὐδὲν ἂν βλάψειεν οὔτε Μέλητος οὔτε Ἄνυτος οὐδὲ γὰρ ἂν δύναιτο οὐ γὰρ οἴομαι θεμιτὸν [30d] εἶναι ἀμείνονι ἀνδρὶ ὑπὸ χείρονος βλάπτεσθαι. ἀποκτείνειε μεντἂν ἴσως ἢ ἐξελάσειεν ἢ ἀτιμώσειεν· ἀλλὰ ταῦτα οὗτος μὲν ἴσως οἴεται καὶ ἄλλος τίς που μεγάλα κακά, ἐγὼ δ' οὐκ οἴομαι, ἀλλὰ πολὺ μᾶλλον ποιεῖν ἃ οὑτοσὶ νῦν ποιεῖ, ἄνδρα ἀδίκως ἐπιχειρεῖν ἀποκτεινύναι. νῦν οὖν, ὦ ἄνδρες Ἀθηναῖοι, πολλοῦ δέω ἐγὼ ὑπὲρ ἐμαυτοῦ ἀπολογεῖσθαι, ὥς τις ἂν οἴοιτο, ἀλλὰ ὑπὲρ ὑμῶν, μή τι ἐξαμάρτητε περὶ τὴν τοῦ [30e] θεοῦ δόσιν ὑμῖν ἐμοῦ καταψηφισάμενοι. ἐὰν γάρ με ἀποκτείνητε, οὐ ῥᾳδίως ἄλλον τοιοῦτον εὑρήσετε, ἀτεχνῶς εἰ καὶ γελοιότερον εἰπεῖν προσκείμενον τῇ πόλει ὑπὸ τοῦ θεοῦ ὥσπερ ἵππῳ μεγάλῳ μὲν καὶ γενναίῳ, ὑπὸ μεγέθους δὲ νωθεστέρῳ καὶ δεομένῳ ἐγείρεσθαι ὑπὸ μύωπός τινος, οἷον δή μοι δοκεῖ ὁ θεὸς ἐμὲ τῇ πόλει προστεθηκέναι τοιοῦτόν τινα, ὃς ὑμᾶς ἐγείρων καὶ πείθων καὶ ὀνειδίζων ἕνα ἕκαστον [31a] οὐδὲν παύομαι τὴν ἡμέραν ὅλην πανταχοῦ προσκαθίζων. τοιοῦτος οὖν ἄλλος οὐ ῥᾳδίως ὑμῖν γενήσεται, ὦ ἄνδρες, ἀλλ' ἐὰν ἐμοὶ πείθησθε, φείσεσθέ μου· ὑμεῖς δ' ἴσως τάχ' ἂν ἀχθόμενοι, ὥσπερ οἱ νυστάζοντες ἐγειρόμενοι, κρούσαντες ἄν με, πειθόμενοι Ἀνύτῳ, ῥᾳδίως ἂν ἀποκτείναιτε, εἶτα τὸν λοιπὸν βίον καθεύδοντες διατελοῖτε ἄν, εἰ μή τινα ἄλλον ὁ θεὸς ὑμῖν ἐπιπέμψειεν κηδόμενος ὑμῶν. ὅτι δ' ἐγὼ

XVIII

Non rumoreggiate, o cittadini Ateniesi, ma mantenete quell'impegno di cui vi ho pregati quando vi ho chiesto di non manifestare parlottando il vostro disappunto di fronte a quanto vado dicendo e di starmi ad ascoltare perché, io credo, da questo ascolto trarrete giovamento. Sto infatti per dire varie cose per cui è probabile che vi venga da gridare, ma vedete di trattenervi in tutti i modi. Sappiate dunque con chiarezza che, se faceste morire l'uomo che io sono, non fareste a me un danno maggiore che a voi stessi. In realtà, a me né Meleto né Anito potrebbero recar danno, perché sono nell'impossibilità di farlo: io credo infatti che non [30d] sia consentito a un uomo peggiore di danneggiarne uno migliore di lui. Certo, Anito potrebbe farmi condannare a morte, o mandare in esilio, o farmi privare dei diritti civili. Forse lui, e come lui probabilmente qualcun altro, li potrebbe giudicare grandi mali: io invece non la penso affatto così, e sono convinto che sia un male molto più grave il comportarsi come ora si sta comportando lui, dandosi da fare per ottenere che un uomo venga condannato a morte ingiustamente. In questo momento dunque, cittadini Ateniesi, sono ben lontano dal voler difendere me stesso, come qualcuno potrebbe pensare: parlo piuttosto per voi, affinché, condannandomi, in qualche modo non vi macchiate di una colpa [30e] in rapporto al dono che il dio vi ha fatto. Se infatti mi farete morire, non troverete facilmente un altro come me, che palesemente, anche se può sembrare un po' ridicolo a dirsi così, il dio ha applicato alla città come a un grosso cavallo generoso, ma un po' pigro per la sua stessa grossezza e bisognoso pertanto di esser stimolato da un

τυγχάνω ὢν τοιοῦτος οἷος ὑπὸ τοῦ θεοῦ τῇ πόλει δεδόσθαι, ἐνθένδε [31b] ἂν κατανοήσαιτε· οὐ γὰρ ἀνθρωπίνῳ ἔοικε τὸ ἐμὲ τῶν μὲν ἐμαυτοῦ πάντων ἠμεληκέναι καὶ ἀνέχεσθαι τῶν οἰκείων ἀμελουμένων τοσαῦτα ἤδη ἔτη, τὸ δὲ ὑμέτερον πράττειν ἀεί, ἰδίᾳ ἑκάστῳ προσιόντα ὥσπερ πατέρα ἢ ἀδελφὸν πρεσβύτερον πείθοντα ἐπιμελεῖσθαι ἀρετῆς. καὶ εἰ μέν τι ἀπὸ τούτων ἀπέλαυον καὶ μισθὸν λαμβάνων ταῦτα παρεκελευόμην, εἶχον ἄν τινα λόγον· νῦν δὲ ὁρᾶτε δὴ καὶ αὐτοὶ ὅτι οἱ κατήγοροι τἆλλα πάντα ἀναισχύντως οὕτω κατηγοροῦντες τοῦτό γε οὐχ οἷοί τε ἐγένοντο ἀπαναισχυντῆσαι [31c] παρασχόμενοι μάρτυρα, ὡς ἐγώ ποτέ τινα ἢ ἐπραξάμην μισθὸν ἢ ᾔτησα. ἱκανὸν γάρ, οἶμαι, ἐγὼ παρέχομαι τὸν μάρτυρα ὡς ἀληθῆ λέγω, τὴν πενίαν.

tafano. Proprio questo è il modo in cui mi sembra che il dio abbia voluto applicarmi alla città, come uno che [31a] non smette mai, accostandomi a voi ovunque e per l'arco dell'intera giornata, di stuzzicarvi, e di farvi ragionare, e di contestarvi a uno a uno. Non vi sarà dunque facile averne un altro siffatto a disposizione, cittadini, e se mi darete ascolto mi risparmierete. Ma forse irritati, come la gente che dorme quando viene svegliata, mi colpirete e, dando retta ad Anito, mi farete morire senza porvi il problema, per poter continuare a dormire il resto della vita. A meno che il dio, preso da compassione per voi, non si risolvesse a mandarvi un altro uomo come me. Da quanto sto per dire potreste riconoscere che io mi comporto come mi comporto per essere stato assegnato alla città dal dio: [31b] non è infatti proprio di un uomo comune il fatto che io abbia del tutto trascurato i miei interessi personali e abbia accettato ormai da molti anni di lasciar andare a catafascio quelli domestici, facendomi invece sempre carico degli interessi vostri, accostando ciascuno individualmente come un padre o un fratello maggiore e cercando di convincerlo a darsi da fare per diventare virtuoso. Che se io guadagnassi qualcosa o ricavassi un compenso dall'esortarvi, potrei anche avere una ragione personale per farlo, ma vedete anche da voi che i miei accusatori, pur facendo in tutto il resto accuse così sfacciate, non sono stati capaci di mostrare la sfrontatezza di [31c] esibire un testimone in grado di sostenere che in qualche circostanza io ho percepito o richiesto una ricompensa. Sono io infatti a poter presentare, credo, bastevole testimonianza del fatto che dico cose vere: la mia povertà.

XIX

Ἴσως ἂν οὖν δόξειεν ἄτοπον εἶναι, ὅτι δὴ ἐγὼ ἰδίᾳ μὲν ταῦτα συμβουλεύω περιιὼν καὶ πολυπραγμονῶ, δημοσίᾳ δὲ οὐ τολμῶ ἀναβαίνων εἰς τὸ πλῆθος τὸ ὑμέτερον συμβουλεύειν τῇ πόλει. τούτου δὲ αἴτιόν ἐστιν ὃ ὑμεῖς ἐμοῦ πολλάκις ἀκηκόατε πολλαχοῦ λέγοντος, ὅτι μοι θεῖόν τι καὶ [31d] δαιμόνιον γίγνεται [φωνή], ὃ δὴ καὶ ἐν τῇ γραφῇ ἐπικωμῳδῶν Μέλητος ἐγράψατο. ἐμοὶ δὲ τοῦτ' ἔστιν ἐκ παιδὸς ἀρξάμενον, φωνή τις γιγνομένη, ἣ ὅταν γένηται, ἀεὶ ἀποτρέπει με τοῦτο ὃ ἂν μέλλω πράττειν, προτρέπει δὲ οὔποτε. τοῦτ' ἔστιν ὅ μοι ἐναντιοῦται τὰ πολιτικὰ πράττειν, καὶ παγκάλως γέ μοι δοκεῖ ἐναντιοῦσθαι· εὖ γὰρ ἴστε, ὦ ἄνδρες Ἀθηναῖοι, εἰ ἐγὼ πάλαι ἐπεχείρησα πράττειν τὰ πολιτικὰ πράγματα, πάλαι ἂν ἀπολώλη καὶ οὔτ' ἂν ὑμᾶς ὠφελήκη [31e] οὐδὲν οὔτ' ἂν ἐμαυτόν. καί μοι μὴ ἄχθεσθε λέγοντι τἀληθῆ· οὐ γὰρ ἔστιν ὅστις ἀνθρώπων σωθήσεται οὔτε ὑμῖν οὔτε ἄλλῳ πλήθει οὐδενὶ γνησίως ἐναντιούμενος καὶ διακωλύων πολλὰ ἄδικα καὶ παράνομα ἐν τῇ πόλει γίγνεσθαι, ἀλλ' [32a] ἀναγκαῖόν ἐστι τὸν τῷ ὄντι μαχούμενον ὑπὲρ τοῦ δικαίου, καὶ εἰ μέλλει ὀλίγον χρόνον σωθήσεσθαι, ἰδιωτεύειν ἀλλὰ μὴ δημοσιεύειν.

XIX

Potrebbe forse sembrare strano che io, mentre da una parte rendo questo servizio in privato senza mai smettere di andare in giro e darmi da fare, non osi invece dare pubblicamente consigli all'intera città, salendo la tribuna per parlare di fronte a voi tutti riuniti in assemblea. La ragione di ciò è quella che mi avete sentito dire in molti luoghi. A me capita una cosa che ha del divino e del [31d] sovrumano, una cosa che Meleto ha riportato anche nella sua accusa, volgendola però sul ridicolo:[34] c'è una voce dentro di me sin da bambino che, quando si manifesta, mi distoglie da azioni che eventualmente stia per fare, senza però indurmi a fare qualcosa di particolare. Questo è ciò che mi ha trattenuto dall'occuparmi delle faccende pubbliche. E mi sembra si tratti di un'opposizione estremamente opportuna: a voi deve esser ben chiaro infatti, cittadini Ateniesi, che se da un passato lontano io avessi incominciato a interessarmi di politica[35] sarei già morto da molto tempo e non avrei potuto recare alcun giovamento né a voi, [31e] né alla mia persona. Non prendetevela con me se dico la verità: non c'è uomo che si potrà mai salvare mettendosi apertamente in conflitto con voi, o con qualsiasi altro popolo che si governi democraticamente, e cercando di impedire che nello Stato trovino spazio molte ingiustizie e illegalità. È invece [32a] necessario che, chi combatte concretamente per la giustizia, anche se è destinato a avere salva la vita per poco tempo, operi in privato, senza occuparsi delle faccende pubbliche.

---

[34] *A me... ridicolo*: Socrate allude al capo d'accusa per cui sarebbe stato colpevole di introdurre in città delle divinità nuove.

[35] *se da un passato... politica*: si ricordi che Socrate ha passato i settant'anni e che un cittadino ateniese poteva incominciare a occuparsi della vita pubblica dai vent'anni d'età circa.

XX

Μεγάλα δ' ἔγωγε ὑμῖν τεκμήρια παρέξομαι τούτων, οὐ λόγους ἀλλ' ὃ ὑμεῖς τιμᾶτε, ἔργα. ἀκούσατε δή μοι τὰ συμβεβηκότα, ἵνα εἰδῆτε ὅτι οὐδ' ἂν ἑνὶ ὑπεικάθοιμι παρὰ τὸ δίκαιον δείσας θάνατον, μὴ ὑπείκων δὲ ἀλλὰ κἂν ἀπολοίμην. ἐρῶ δὲ ὑμῖν φορτικὰ μὲν καὶ δικανικά, ἀληθῆ δέ. ἐγὼ γάρ, ὦ ἄνδρες Ἀθηναῖοι, ἄλλην μὲν ἀρχὴν οὐδεμίαν [32b] πώποτε ἦρξα ἐν τῇ πόλει, ἐβούλευσα δέ· καὶ ἔτυχεν ἡμῶν ἡ φυλὴ Ἀντιοχὶς πρυτανεύουσα ὅτε ὑμεῖς τοὺς δέκα στρατηγοὺς τοὺς οὐκ ἀνελομένους τοὺς ἐκ τῆς ναυμαχίας ἐβουλεύσασθε ἁθρόους κρίνειν, παρανόμως, ὡς ἐν τῷ ὑστέρῳ χρόνῳ πᾶσιν ὑμῖν ἔδοξεν. τότ' ἐγὼ μόνος τῶν πρυτάνεων ἠναντιώθην ὑμῖν μηδὲν ποιεῖν παρὰ τοὺς νόμους καὶ ἐναντία ἐψηφισάμην·

XX

Da parte mia, vi fornirò come prove importanti di ciò non parole ma, di sicuro con la vostra approvazione, fatti. State dunque ad ascoltare il racconto di quanto mi è successo, affinché sappiate che io per paura della morte non sono disposto a cedere a nessuno di fronte alla giustizia: cedendo, infatti, mi perderei all'istante. Vi dirò in realtà cose gravi e fastidiose, che sono tuttavia cose vere. Io non ho mai esercitato, cittadini Ateniesi, [32b] alcuna carica pubblica, ma ho fatto parte del consiglio.[36] La tribù Antiochide, cui appartengo, era stata sorteggiata per la pritanìa[37] quando si dovette decidere in un unico giudizio la sorte dei dieci generali che non avevano raccolto i naufraghi e i morti della battaglia navale, agendo contro la legge, come a voi tutti parve dopo l'avvenimento.[38] Allora fui il solo tra i pritani a oppormi, invitandovi a non far nulla

---

36 *consiglio*: riferimento alla *boulé* (*vedi* nota 21), composto da cinquecento magistrati, di cui le dieci tribù della città eleggevano cinquanta membri ciascuna. Socrate era del demo di Alopece, che faceva capo alla tribù di Antiochide, i cui eletti si trovavano a far parte della presidenza (*pritanìa*) quando si dovette prendere una decisione in merito ai fatti ricordati.

37 *pritanìa*: con questo termine si indicava ad Atene il periodo di tempo durante il quale una medesima tribù deteneva il potere.

38 *dopo l'avvenimento*: nel 406, durante la Guerra del Peloponneso, Atene riportò un clamoroso successo presso le isole Arginuse, di fronte alla costa dell'Eolide. La vittoria fu tuttavia offuscata da un episodio che coinvolse i dieci strateghi vincitori: a causa di una tempesta – questa la loro linea di difesa – essi non avevano raccolto i naufraghi e i morti, onde dar loro una degna sepoltura. Ne nacque un processo clamoroso: solo sei dei dieci strateghi vi comparirono e subirono il carcere preventivo in attesa del giudizio prima da parte dell'*ecclesia* (*vedi* nota 22) e poi della *boulé*. In questa sede Callisseno presentò la proposta, contraria alla legge, di votare non individualmente ma per tribù. Si oppose Euriptolemo, in nome della legge. I pritani, dopo molta incertezza, finirono per accogliere la proposta di Callisseno, ma Socrate, anche se da solo e senza essere ascoltato, si oppose energicamente. Le tribù espressero un verdetto di colpevolezza e gli strateghi furono condannati a morte. Dell'episodio fornisce un resoconto Senofonte, discepolo di Socrate, nelle *Elleniche* I, 7.

καὶ ἑτοίμων ὄντων ἐνδεικνύναι με καὶ ἀπάγειν τῶν ῥητόρων, καὶ ὑμῶν κελευόντων καὶ βοώντων, μετὰ τοῦ [32c] νόμου καὶ τοῦ δικαίου ᾤμην μᾶλλόν με δεῖν διακινδυνεύειν ἢ μεθ' ὑμῶν γενέσθαι μὴ δίκαια βουλευομένων, φοβηθέντα δεσμὸν ἢ θάνατον. καὶ ταῦτα μὲν ἦν ἔτι δημοκρατουμένης τῆς πόλεως· ἐπειδὴ δὲ ὀλιγαρχία ἐγένετο, οἱ τριάκοντα αὖ μεταπεμψάμενοί με πέμπτον αὐτὸν εἰς τὴν θόλον προσέταξαν ἀγαγεῖν ἐκ Σαλαμῖνος Λέοντα τὸν Σαλαμίνιον ἵνα ἀποθάνοι, οἷα δὴ καὶ ἄλλοις ἐκεῖνοι πολλοῖς πολλὰ προσέταττον, βουλόμενοι ὡς πλείστους ἀναπλῆσαι αἰτιῶν. τότε μέντοι ἐγὼ [32d] οὐ λόγῳ ἀλλ' ἔργῳ αὖ ἐνεδειξάμην ὅτι ἐμοὶ θανάτου μὲν μέλει, εἰ μὴ ἀγροικότερον ἦν εἰπεῖν, οὐδ' ὁτιοῦν, τοῦ δὲ μηδὲν ἄδικον μηδ' ἀνόσιον ἐργάζεσθαι, τούτου δὲ τὸ πᾶν μέλει. ἐμὲ γὰρ ἐκείνη ἡ ἀρχὴ οὐκ ἐξέπληξεν, οὕτως ἰσχυρὰ οὖσα, ὥστε ἄδικόν τι ἐργάσασθαι, ἀλλ' ἐπειδὴ ἐκ τῆς θόλου ἐξήλθομεν, οἱ μὲν τέτταρες ᾤχοντο εἰς Σαλαμῖνα καὶ ἤγαγον Λέοντα, ἐγὼ δὲ ᾠχόμην ἀπιὼν οἴκαδε. καὶ ἴσως ἂν διὰ ταῦτα ἀπέθανον, εἰ μὴ ἡ ἀρχὴ διὰ ταχέων κατελύθη. καὶ [32e] τούτων ὑμῖν ἔσονται πολλοὶ μάρτυρες.

contro la legge, e votai al contrario degli altri; sebbene i retori[39] fossero pronti a denunciarmi e a trascinarmi in giudizio, con il vostro incoraggiamento e le vostre grida di approvazione, [32c] io credetti necessario correre dei rischi per rispettare la legalità e la giustizia piuttosto che stare dalla vostra parte per timore del carcere o della morte. Queste cose accadevano quando era ancora in vigore la democrazia; quando poi subentrarono l'oligarchia e i Trenta,[40] fui convocato insieme con altri quattro nella residenza governativa e ci fu ordinato di prelevare Leone di Salamina,[41] che si era rifugiato in questa sua isola natale, perché fosse messo a morte. Erano azioni, queste, che essi solevano ordinare anche a molti altri, volendo coinvolgere in colpe infamanti il maggior numero possibile di cittadini. Ma io ancora una volta dimostrai, [32d] non a parole ma nei fatti, che non me ne importa un fico della morte, se questa non fosse un'espressione troppo grossolana, ma m'importa piuttosto e soltanto di non commettere nulla di ingiusto o di empio. Quel governo infatti, per violento che fosse, non mi intimidì al punto da indurmi a essere complice di un'ingiustizia: quando uscimmo dalla residenza governativa, gli altri quattro andarono a Salamina e vi prelevarono Leone, io invece me ne andai semplicemente a casa. E forse questo mi sarebbe costato

---

39 *retori*: per «retori» non si intendono i magistrati ufficiali, ma gli oratori di professione che, in forza della loro abilità persuasiva, avevano molto ascendente sulle masse e sfruttavano i fatti di cronaca per acquistare fama e prestigio.

40 *i Trenta*: dopo la sconfitta di Atene nella Guerra del Peloponneso, fu istituito nella città un governo oligarchico che mantenne il potere dal maggio del 404 a.C. fino alla fine d'agosto del 403. Ne erano l'espressione trenta magistrati, chiamati più tardi i Trenta tiranni.

41 *Leone di Salamina*: era un facoltoso generale ostile ai Trenta, il quale si era rifugiato nell'isola natale per sfuggire alla loro persecuzione e a una condanna pretestuale, che avrebbe tra l'altro comportato per i tiranni il tornaconto di una confisca dei suoi beni. Anche in questo caso Socrate rifiutò di essere complice di una grave illegalità, e anche in questo caso la sua opposizione solitaria non valse a salvare Leone e, con lui, la giustizia.

XXI

Ἆρ᾽ οὖν ἄν με οἴεσθε τοσάδε ἔτη διαγενέσθαι εἰ ἔπραττον τὰ δημόσια, καὶ πράττων ἀξίως ἀνδρὸς ἀγαθοῦ ἐβοήθουν τοῖς δικαίοις καὶ ὥσπερ χρὴ τοῦτο περὶ πλείστου ἐποιούμην; πολλοῦ γε δεῖ, ὦ ἄνδρες Ἀθηναῖοι· οὐδὲ γὰρ ἂν ἄλλος [33a] ἀνθρώπων οὐδείς. ἀλλ᾽ ἐγὼ διὰ παντὸς τοῦ βίου δημοσίᾳ τε εἴ πού τι ἔπραξα τοιοῦτος φανοῦμαι, καὶ ἰδίᾳ ὁ αὐτὸς οὗτος, οὐδενὶ πώποτε συγχωρήσας οὐδὲν παρὰ τὸ δίκαιον οὔτε ἄλλῳ οὔτε τούτων οὐδενὶ οὓς δὴ διαβάλλοντες ἐμέ φασιν ἐμοὺς μαθητὰς εἶναι. ἐγὼ δὲ διδάσκαλος μὲν οὐδενὸς πώποτ᾽ ἐγενόμην· εἰ δέ τίς μου λέγοντος καὶ τὰ ἐμαυτοῦ πράττοντος ἐπιθυμοῖ ἀκούειν, εἴτε νεώτερος εἴτε πρεσβύτερος, οὐδενὶ πώποτε ἐφθόνησα, οὐδὲ χρήματα μὲν λαμβάνων διαλέγομαι [33b] μὴ λαμβάνων δὲ οὔ, ἀλλ᾽ ὁμοίως καὶ πλουσίῳ καὶ πένητι παρέχω ἐμαυτὸν ἐρωτᾶν, καὶ ἐάν τις βούληται ἀποκρινόμενος ἀκούειν ὧν ἂν λέγω. καὶ τούτων ἐγὼ εἴτε τις χρηστὸς γίγνεται εἴτε μή, οὐκ ἂν δικαίως τὴν αἰτίαν ὑπέχοιμι, ὧν μήτε ὑπεσχόμην μηδενὶ μηδὲν πώποτε μάθημα μήτε ἐδίδαξα· εἰ δέ τίς φησι παρ᾽ ἐμοῦ πώποτέ τι μαθεῖν ἢ ἀκοῦσαι ἰδίᾳ ὅτι μὴ καὶ οἱ ἄλλοι πάντες, εὖ ἴστε ὅτι οὐκ ἀληθῆ λέγει.

la vita se quel governo non fosse stato presto rovesciato.[42] Di ciò [32e] non vi sarà difficile trovare molti testimoni.

XXI

Credete allora che avrei potuto continuare a vivere per tanti anni se mi fossi interessato agli affari pubblici, e se, agendo in modo conforme a un uomo onesto, avessi appoggiato le scelte secondo giustizia e, come si deve fare, le avessi messe davanti a tutto? No di sicuro, Ateniesi. È infatti probabile che nessun altro [33a] uomo ci sarebbe riuscito. Io dunque per tutta la mia vita, se mai ho fatto qualcosa, apparirò in pubblico e ugualmente in privato come colui che in nulla e di fronte a nessuno si è mai risolto ad agire contro la giustizia, senza cedere né a coloro che i miei accusatori dicono esser stati i miei discepoli,[43] né a nessun altro. Io d'altra parte non sono mai stato maestro di nessuno, ma semplicemente se qualcuno, più giovane o più vecchio di me, ha provato il desiderio di starmi a sentire e di osservarmi nel compimento della mia missione, non gliel'ho mai rifiutato. E io non parlo per trarne un guadagno e [33b] non mi astengo dal farlo se non ne posso trarre un profitto in denaro, ma sono disposto a farmi ugualmente interrogare dal ricco e dal povero e a dialogare con chi è a sua volta disposto a dare delle risposte. Se poi di questi miei interlocutori uno diventa onesto e l'altro no, non sarebbe giusto che ricadesse su di me la responsabilità di scelte circa le quali non ho mai promesso a nessuno

---

42 *governo... rovesciato*: la tirannide fu abbattuta nel 404 a.C. per opera di Trasibulo, a capo di un folto gruppo di fuorusciti ateniesi.

43 *i miei discepoli*: a Socrate si rimproverava tra l'altro di aver avuto per discepoli personaggi come Alcibiade, uno dei più spregiudicati e discutibili tra i democratici, e Crizia, il più estremista e violento degli oligarchi.

XXII

Ἀλλὰ διὰ τί δή ποτε μετ' ἐμοῦ χαίρουσί τινες πολὺν [33c] χρόνον διατρίβοντες; ἀκηκόατε, ὦ ἄνδρες Ἀθηναῖοι, πᾶσαν ὑμῖν τὴν ἀλήθειαν ἐγὼ εἶπον· ὅτι ἀκούοντες χαίρουσιν ἐξεταζομένοις τοῖς οἰομένοις μὲν εἶναι σοφοῖς, οὖσι δ' οὔ. ἔστι γὰρ οὐκ ἀηδές. ἐμοὶ δὲ τοῦτο, ὡς ἐγώ φημι, προστέτακται ὑπὸ τοῦ θεοῦ πράττειν καὶ ἐκ μαντείων καὶ ἐξ ἐνυπνίων καὶ παντὶ τρόπῳ ᾧπέρ τίς ποτε καὶ ἄλλη θεία μοῖρα ἀνθρώπῳ καὶ ὁτιοῦν προσέταξε πράττειν. ταῦτα, ὦ ἄνδρες Ἀθηναῖοι, καὶ ἀληθῆ ἐστιν καὶ εὐέλεγκτα. εἰ γὰρ δὴ ἔγωγε τῶν νέων [33d] τοὺς μὲν διαφθείρω τοὺς δὲ διέφθαρκα, χρῆν δήπου, εἴτε τινὲς αὐτῶν πρεσβύτεροι γενόμενοι ἔγνωσαν ὅτι νέοις οὖσιν αὐτοῖς ἐγὼ κακὸν πώποτέ τι συνεβούλευσα, νυνὶ αὐτοὺς ἀναβαίνοντας ἐμοῦ κατηγορεῖν καὶ τιμωρεῖσθαι· εἰ δὲ μὴ αὐτοὶ ἤθελον, τῶν οἰκείων τινὰς τῶν ἐκείνων, πατέρας καὶ ἀδελφοὺς καὶ ἄλλους τοὺς προσήκοντας, εἴπερ ὑπ' ἐμοῦ τι κακὸν ἐπεπόνθεσαν αὐτῶν οἱ οἰκεῖοι, νῦν μεμνῆσθαι καὶ τιμωρεῖσθαι. πάντως δὲ πάρεισιν αὐτῶν πολλοὶ ἐνταυθοῖ οὓς ἐγὼ ὁρῶ, πρῶτον μὲν Κρίτων οὑτοσί, ἐμὸς ἡλικιώτης [33e] καὶ δημότης, Κριτοβούλου τοῦδε πατήρ, ἔπειτα Λυσανίας ὁ Σφήττιος, Αἰσχίνου τοῦδε πατήρ, ἔτι δ' Ἀντιφῶν ὁ Κηφισιεὺς οὑτοσί, Ἐπιγένους πατήρ, ἄλλοι τοίνυν οὗτοι ὧν οἱ ἀδελφοὶ ἐν ταύτῃ τῇ διατριβῇ γεγόνασιν, Νικόστρατος Θεοζοτίδου, ἀδελφὸς Θεοδότου καὶ

né ho mai impartito alcun insegnamento.[44] Se poi ancora qualcuno sostiene di aver appreso da me lezioni particolari rispetto a ciò che mi hanno sentito dire tutti quanti, sappiate che costui non dice la verità.

XXII

Ma qual è dunque il motivo per cui molti traggono piacere dal passare molto [33c] tempo insieme a me? Lo avete sentito, cittadini Ateniesi. Vi ho detto tutta la verità quando spiegavo come ai miei ascoltatori piace sentir interrogare quelli che credono di essere sapienti, ma non lo sono, perché è questa un'esperienza tutt'altro che sgradevole. E questo mi è stato ordinato di fare dal dio, come io sostengo, sia mediante degli oracoli sia mediante dei sogni, insomma, in tutti i modi in cui anche altre volte la volontà divina si è resa manifesta a un essere umano affinché compisse qualche azione particolare. Tutto ciò, cittadini Ateniesi, è una verità facile da dimostrare. Se è vero infatti che io corrompo [33d] i giovani e altri ne ho già corrotti in passato, è da pensare che alcuni di questi, con il passare dell'età, dopo aver compreso che io ho consigliato loro qualche cattiva azione durante la giovinezza, ora, presentandosi in questo tribunale, sarebbero qui ad accusarmi e a prendersi la loro vendetta o, se non volessero farlo di persona, che ci sarebbero qui alcuni dei loro congiunti, padri, fratelli e parenti vari, memori dell'accaduto e decisi a farmi pagare il fio del male eventualmente fatto a un loro caro. Comunque io vedo che sono qui presenti molti

---

[44] *alcun insegnamento*: è ancora implicito un riferimento ad Alcibiade e a Crizia (*vedi* nota 43).

ὁ μὲν Θεόδοτος τετελεύτηκεν, ὥστε οὐκ ἂν ἐκεῖνός γε αὐτοῦ καταδεηθείη καὶ Παράλιος ὅδε, ὁ Δημοδόκου, οὗ ἦν Θεάγης ἀδελφός· ὅδε δὲ [34a] Ἀδείμαντος, ὁ Ἀρίστωνος, οὗ ἀδελφὸς οὑτοσὶ Πλάτων, καὶ Αἰαντόδωρος, οὗ Ἀπολλόδωρος ὅδε ἀδελφός. καὶ ἄλλους πολλοὺς ἐγὼ ἔχω ὑμῖν εἰπεῖν, ὧν τινα ἐχρῆν μάλιστα μὲν ἐν τῷ ἑαυτοῦ λόγῳ παρασχέσθαι Μέλητον μάρτυρα· εἰ δὲ τότε ἐπελάθετο, νῦν παρασχέσθω ἐγὼ παραχωρῶ καὶ λεγέτω εἴ τι ἔχει τοιοῦτον. ἀλλὰ τούτου πᾶν τοὐναντίον εὑρήσετε, ὦ ἄνδρες, πάντας ἐμοὶ βοηθεῖν ἑτοίμους τῷ διαφθείροντι, τῷ κακὰ ἐργαζομένῳ τοὺς οἰκείους αὐτῶν, ὥς φασι Μέλητος καὶ [34b] Ἄνυτος. αὐτοὶ μὲν γὰρ οἱ διεφθαρμένοι τάχ' ἂν λόγον ἔχοιεν βοηθοῦντες· οἱ δὲ ἀδιάφθαρτοι, πρεσβύτεροι ἤδη ἄνδρες, οἱ τούτων προσήκοντες, τίνα ἄλλον ἔχουσι λόγον βοηθοῦντες ἐμοὶ ἀλλ' ἢ τὸν ὀρθόν τε καὶ δίκαιον, ὅτι συνίσασι Μελήτῳ μὲν ψευδομένῳ, ἐμοὶ δὲ ἀληθεύοντι;

di loro: in primo luogo Critone, mio coetaneo [33e] e dello stesso mio demo, padre di Critobulo; poi Lisania del demo di Sfetto, padre di Eschine; e ancora Antifonte del demo di Cefisia, padre di Epigene. Ne sono poi presenti degli altri i cui fratelli hanno avuto rapporti con me: Neostrato, figlio di Teozotide, fratello di Teodoto (Teodoto d'altra parte è morto, cosicché almeno lui non potrebbe averlo indotto con le sue preghiere a non accusarmi); e poi Paralo, figlio di Demodoco, di cui era fratello Teagete; e ancora [34a] Adeimanto, figlio di Aristone, fratello di Platone; infine Eantodoro, fratello di Apollodoro.[45] Io potrei nominarne anche molti altri, di cui bisognava pure che Meleto presentasse qualcuno come testimone in primo luogo nella sua accusa. Ma se allora la cosa gli è sfuggita, lo presenti pure adesso, io non ho obiezioni, e parli, se ha qualcosa da dire. Ma, cittadini, scoprirete che le cose stanno tutte al contrario, e cioè che tutti sono pronti a venire in aiuto a uno come me che li avrebbe corrotti o avrebbe corrotto i loro congiunti, come Meleto e [34b] Anito sostengono. Anche se quelli che sono stati personalmente corrotti potrebbero aver forse ragione di volermi aiutare, quelli che non ne furono toccati, vale a dire i parenti, uomini ormai di una certa età, che motivo hanno mai di venirmi in soccorso se non il retto e giusto motivo che sono consapevoli del fatto che Meleto mente e che io dico invece la verità?

[45] *Critone... Apollodoro*: dei discepoli e dei loro congiunti che Socrate indica come presenti al processo, si ricordi che Critone fu il suo migliore e più intimo amico (Platone gli dedicò uno dei suoi dialoghi fondamentali); Eschine, detto il Socratico, non è da confondersi con il più famoso oratore omonimo e fu, secondo Platone e Senofonte, il più fedele e rispettoso dei pensatori formatisi al magistero di Socrate; il Platone nominato è lo stesso autore dell'*Apologia di Socrate*, che qui parla dunque di sé; Apollodoro, infine, fu il discepolo che dopo l'esecuzione della condanna si prese affettuosamente cura del cadavere del Maestro per dargli un'onorevole sepoltura.

XXIII

Εἶεν δή, ὦ ἄνδρες· ἃ μὲν ἐγὼ ἔχοιμ’ ἂν ἀπολογεῖσθαι, σχεδόν ἐστι ταῦτα καὶ ἄλλα ἴσως τοιαῦτα. τάχα δ’ ἄν τις [34c] ὑμῶν ἀγανακτήσειεν ἀναμνησθεὶς ἑαυτοῦ, εἰ ὁ μὲν καὶ ἐλάττω τουτουὶ τοῦ ἀγῶνος ἀγῶνα ἀγωνιζόμενος ἐδεήθη τε καὶ ἱκέτευσε τοὺς δικαστὰς μετὰ πολλῶν δακρύων, παιδία τε αὑτοῦ ἀναβιβασάμενος ἵνα ὅτι μάλιστα ἐλεηθείη, καὶ ἄλλους τῶν οἰκείων καὶ φίλων πολλούς, ἐγὼ δὲ οὐδὲν ἄρα τούτων ποιήσω, καὶ ταῦτα κινδυνεύων, ὡς ἂν δόξαιμι, τὸν ἔσχατον κίνδυνον. τάχ’ ἂν οὖν τις ταῦτα ἐννοήσας αὐθαδέστερον ἂν πρός με σχοίη καὶ ὀργισθεὶς αὐτοῖς τούτοις θεῖτο ἂν μετ’ [34d] ὀργῆς τὴν ψῆφον. εἰ δή τις ὑμῶν οὕτως ἔχει — οὐκ ἀξιῶ μὲν γὰρ ἔγωγε, εἰ δ’ οὖν — ἐπιεικῆ ἄν μοι δοκῶ πρὸς τοῦτον λέγειν λέγων ὅτι “Ἐμοί, ὦ ἄριστε, εἰσὶν μέν πού τινες καὶ οἰκεῖοι· καὶ γὰρ τοῦτο αὐτὸ τὸ τοῦ Ὁμήρου, οὐδ’ ἐγὼ ‘ἀπὸ δρυὸς οὐδ’ ἀπὸ πέτρης’ πέφυκα ἀλλ’ ἐξ ἀνθρώπων, ὥστε καὶ οἰκεῖοί μοί εἰσι καὶ ὑεῖς γε, ὦ ἄνδρες Ἀθηναῖοι, τρεῖς, εἷς μὲν μειράκιον ἤδη, δύο δὲ παιδία· ἀλλ’ ὅμως οὐδένα αὐτῶν δεῦρο ἀναβιβασάμενος δεήσομαι ὑμῶν ἀποψηφίσασθαι.” τί δὴ οὖν οὐδὲν τούτων ποιήσω; οὐκ αὐθαδιζόμενος, ὦ ἄνδρες [34e] Ἀθηναῖοι, οὐδ’ ὑμᾶς ἀτιμάζων, ἀλλ’ εἰ μὲν θαρραλέως ἐγὼ ἔχω πρὸς θάνατον ἢ μή, ἄλλος λόγος, πρὸς δ’ οὖν δόξαν καὶ ἐμοὶ καὶ ὑμῖν καὶ ὅλῃ τῇ πόλει οὔ μοι δοκεῖ καλὸν εἶναι ἐμὲ τούτων οὐδὲν ποιεῖν καὶ τηλικόνδε ὄντα καὶ τοῦτο τοὔνομα ἔχοντα, εἴτ’ οὖν ἀληθὲς εἴτ’ οὖν ψεῦδος, ἀλλ’ οὖν δεδογμένον [35a] γέ ἐστί τῳ Σωκράτη διαφέρειν τῶν πολλῶν ἀνθρώπων. εἰ οὖν ὑμῶν οἱ δοκοῦντες διαφέρειν εἴτε σοφίᾳ εἴτε ἀνδρείᾳ εἴτε ἄλλῃ ᾑτινιοῦν ἀρετῇ τοιοῦτοι ἔσονται, αἰσχρὸν ἂν εἴη· οἵουσπερ ἐγὼ πολλάκις ἑώρακά τινας ὅταν κρίνωνται,

XXIII

Ebbene, cittadini, gli argomenti che io posso addurre a mia discolpa sono più o meno questi e altri del genere. Forse qualcuno [34c] potrebbe prenderla male se, avendo dovuto affrontare un processo meno grave di questo,[46] si ricordasse di aver cercato di commuovere il più possibile i giudici bagnando le sue suppliche di lacrime copiose e portando in tribunale i suoi figlioletti e molti altri parenti e amici, mentre io non faccio nessuna di queste cose pur correndo il rischio, come potrebbe apparire, della pena capitale. È possibile che, in considerazione di ciò, qualcuno sia più maldisposto nei miei confronti e, irritato dalla mia condotta, arrivi a deporre [34d] il suo voto sotto lo stimolo dell'ira. Se dunque qualcuno di voi è in preda a questo sentimento (anche se da parte mia io non credo che ci sia, ma facciamo ugualmente l'ipotesi), mi pare che potrei rivolgermi a costui con un discorso corretto se gli dicessi: «Anch'io, carissimo, ho dei parenti perché, per dirla come Omero, non sono stato generato né da una quercia né da una rupe,[47] ma da esseri umani, cosicché mi ritrovo ad avere dei familiari e dei figli, cittadini Ateniesi, precisamente tre,[48] uno già grande e due ancora bambini; tuttavia non vi supplicherò della mia assoluzione dopo averveli fatti comparire davanti». Perché mai

[46] *un processo meno grave di questo:* è verosimile che, fra i giudici popolari, qualcuno si fosse trovato ad affrontare un processo, data la consuetudine quasi maniacale con cui si ricorreva ai processi a Atene.

[47] *né... rupe*: Socrate cita a memoria un verso dell'*Odissea* (XIX, 163) in cui Penelope così si esprime quando chiede a Ulisse, nel quale non ha ancora riconosciuto il marito assente da vent'anni, di che stirpe sia.

[48] *figli... tre*: i tre figli di Socrate furono Lamprocle, il maggiore, allora giovinetto e forse generato con la prima moglie, Santippe; gli altri due, Sofronisco e Menedemo (o Menesseno) erano ancora bambini ed erano figli di Mirto, la seconda moglie.

δοκοῦντας μέν τι εἶναι, θαυμάσια δὲ ἐργαζομένους, ὡς δεινόν τι οἰομένους πείσεσθαι εἰ ἀποθανοῦνται, ὥσπερ ἀθανάτων ἐσομένων ἂν ὑμεῖς αὐτοὺς μὴ ἀποκτείνητε· οἳ ἐμοὶ δοκοῦσιν αἰσχύνην τῇ πόλει περιάπτειν, ὥστ' ἄν τινα καὶ τῶν ξένων [35b] ὑπολαβεῖν ὅτι οἱ διαφέροντες Ἀθηναίων εἰς ἀρετήν, οὓς αὐτοὶ ἑαυτῶν ἔν τε ταῖς ἀρχαῖς καὶ ταῖς ἄλλαις τιμαῖς προκρίνουσιν, οὗτοι γυναικῶν οὐδὲν διαφέρουσιν. ταῦτα γάρ, ὦ ἄνδρες Ἀθηναῖοι, οὔτε ὑμᾶς χρὴ ποιεῖν τοὺς δοκοῦντας καὶ ὁπῃοῦν τι εἶναι, οὔτ', ἂν ἡμεῖς ποιῶμεν, ὑμᾶς ἐπιτρέπειν, ἀλλὰ τοῦτο αὐτὸ ἐνδείκνυσθαι, ὅτι πολὺ μᾶλλον καταψηφιεῖσθε τοῦ τὰ ἐλεινὰ ταῦτα δράματα εἰσάγοντος καὶ καταγέλαστον τὴν πόλιν ποιοῦντος ἢ τοῦ ἡσυχίαν ἄγοντος.

non farò niente di tutto ciò? Non perché sono arrogante, [34e] o perché vi disprezzo, ma se mi sento coraggioso o no di fronte alla morte, questa è un'altra questione; quanto poi alla mia reputazione, non mi sembra bello agire così né in rapporto a me, né in rapporto a voi, né in rapporto a tutta la città, sia perché ho l'età che ho, sia perché mi porto addosso l'appellativo di sapiente, meritato o meno che sia, visto che comunque si ritiene generalmente [35a] che Socrate in qualcosa si distingua dalla maggior parte degli uomini. Sarebbe dunque vergognoso che quelli di voi che sembrano essere superiori agli altri in sapienza, coraggio o per qualsiasi particolare virtù si comportino in tale maniera. Io ne ho visto un buon numero comportarsi così in parecchie circostanze: quando sono sotto processo, persone che sembrano avere un certo valore fanno cose incredibili, quasi credessero di dover affrontare qualcosa di terribile nel caso in cui debbano morire, come se fossero destinate a essere immortali se voi non le condannaste alla pena capitale. Essi mi sembrano gettare discredito sulla città, al punto che un forestiero [35b] potrebbe pensare che, chi tra gli Ateniesi si distingue per dei meriti e viene dai propri concittadini giudicato migliore e preposto agli altri nelle cariche e negli onori, non sia in nulla diverso dalle donnicciole. Bisogna, cittadini Ateniesi, che noi che abbiamo fama di valere almeno un po' più degli altri ci asteniamo da simili comportamenti e, se dovessimo assumerli, è vostro compito impedirlo, mostrando anzi chiaramente che condannerete con molta maggiore severità chi mette in scena in tribunale questi drammi pietosi e attira lo scherno sulla città, invece di comportarsi in modo dignitoso.

XXIV

Χωρὶς δὲ τῆς δόξης, ὦ ἄνδρες, οὐδὲ δίκαιόν μοι δοκεῖ [35c] εἶναι δεῖσθαι τοῦ δικαστοῦ οὐδὲ δεόμενον ἀποφεύγειν, ἀλλὰ διδάσκειν καὶ πείθειν. οὐ γὰρ ἐπὶ τούτῳ κάθηται ὁ δικαστής, ἐπὶ τῷ καταχαρίζεσθαι τὰ δίκαια, ἀλλ' ἐπὶ τῷ κρίνειν ταῦτα· καὶ ὀμώμοκεν οὐ χαριεῖσθαι οἷς ἂν δοκῇ αὐτῷ, ἀλλὰ δικάσειν κατὰ τοὺς νόμους. οὔκουν χρὴ οὔτε ἡμᾶς ἐθίζειν ὑμᾶς ἐπιορκεῖν οὔθ' ὑμᾶς ἐθίζεσθαι· οὐδέτεροι γὰρ ἂν ἡμῶν εὐσεβοῖεν. μὴ οὖν ἀξιοῦτέ με, ὦ ἄνδρες Ἀθηναῖοι, τοιαῦτα δεῖν πρὸς ὑμᾶς πράττειν ἃ μήτε ἡγοῦμαι καλὰ εἶναι μήτε [35d] δίκαια μήτε ὅσια, ἄλλως τε μέντοι νὴ Δία πάντως καὶ ἀσεβείας φεύγοντα ὑπὸ Μελήτου τουτουΐ. σαφῶς γὰρ ἄν, εἰ πείθοιμι ὑμᾶς καὶ τῷ δεῖσθαι βιαζοίμην ὀμωμοκότας, θεοὺς ἂν διδάσκοιμι μὴ ἡγεῖσθαι ὑμᾶς εἶναι, καὶ ἀτεχνῶς ἀπολογούμενος κατηγοροίην ἂν ἐμαυτοῦ ὡς θεοὺς οὐ νομίζω. ἀλλὰ πολλοῦ δεῖ οὕτως ἔχειν· νομίζω τε γάρ, ὦ ἄνδρες Ἀθηναῖοι, ὡς οὐδεὶς τῶν ἐμῶν κατηγόρων, καὶ ὑμῖν ἐπιτρέπω καὶ τῷ θεῷ κρῖναι περὶ ἐμοῦ ὅπῃ μέλλει ἐμοί τε ἄριστα εἶναι καὶ ὑμῖν.

XXIV

A parte la questione della reputazione, cittadini, non mi sembra ugualmente giusto [35c] rivolgere al giudice delle suppliche e sfuggire a una condanna pregandolo, ma mi sembra invece giusto dargli informazioni corrette e convincerlo della verità. Perché il giudice siede al suo posto non per amministrare la giustizia come una distribuzione di favori, ma semplicemente per esercitare l'atto del giudizio; ed egli ha giurato non di compiacere chi gli piace, ma di giudicare secondo le leggi. Bisogna dunque che noi non prendiamo il vizio di indurvi a spergiurare e che voi non lo prendiate: né l'uno né l'altro comportamento, infatti, sarebbe conforme al rispetto dei valori sacri.[49] Non aspettatevi dunque, cittadini Ateniesi, che io mi comporti davanti a voi in un modo che non giudico né onorevole, né [35d] giusto, né rispettoso dei valori sacri, per Giove, non solo per cento altri motivi, ma soprattutto perché mi sto difendendo dall'accusa di empietà che mi è stata mossa da questo Meleto. Se infatti io persuadessi e forzassi ad assolvermi voi che avete fatto un giuramento ricorrendo alle suppliche, vi farei inequivocabilmente capire che non credo nell'esistenza degli dèi. Ma le cose non stanno affatto così: io credo negli dèi, cittadini Ateniesi, come nessuno dei miei accusatori, e mi rimetto a voi e al dio affinché giudichiate la mia persona nel modo migliore per me e per voi.

[49] *rispetto dei valori sacri*: con «rispetto dei valori sacri» è stato tradotto il termine *eusebeia* (la *pietas* latina) che ha la stessa radice, ma con un prefisso negativo, di *asebeia* («empietà»), per indicare una delle colpe di cui era accusato Socrate, ed egli lo sottolineerà volutamente subito dopo.

XXV

[35e] Τὸ μὲν μὴ ἀγανακτεῖν, ὦ ἄνδρες Ἀθηναῖοι, ἐπὶ τούτῳ [36a] τῷ γεγονότι, ὅτι μου κατεψηφίσασθε, ἄλλα τέ μοι πολλὰ συμβάλλεται, καὶ οὐκ ἀνέλπιστόν μοι γέγονεν τὸ γεγονὸς τοῦτο, ἀλλὰ πολὺ μᾶλλον θαυμάζω ἑκατέρων τῶν ψήφων τὸν γεγονότα ἀριθμόν. οὐ γὰρ ᾠόμην ἔγωγε οὕτω παρ' ὀλίγον ἔσεσθαι ἀλλὰ παρὰ πολύ· νῦν δέ, ὡς ἔοικεν, εἰ τριάκοντα μόναι μετέπεσον τῶν ψήφων, ἀπεπεφεύγη ἄν. Μέλητον μὲν οὖν, ὡς ἐμοὶ δοκῶ, καὶ νῦν ἀποπέφευγα, καὶ οὐ μόνον ἀποπέφευγα, ἀλλὰ παντὶ δῆλον τοῦτό γε, ὅτι εἰ μὴ ἀνέβη Ἄνυτος καὶ Λύκων κατηγορήσοντες ἐμοῦ, κἂν ὦφλε [36b] χιλίας δραχμάς, οὐ μεταλαβὼν τὸ πέμπτον μέρος τῶν ψήφων.

La pena

XXV

[35e] Concorrono molte ragioni, cittadini Ateniesi, a non farmi sentire depresso per quanto [36a] è avvenuto, vale a dire per il fatto che mi avete giudicato colpevole:[50] la cosa infatti non mi è giunta inaspettata e sono invece molto più meravigliato del numero di voti che definiscono le due posizioni. Io pertanto non mi aspettavo proprio che ci sarebbe stata una così piccola differenza, ma pensavo al contrario che sarebbe stata molto più rilevante. A conti fatti, come pare, se solo una trentina di voti fossero andati dall'altra parte, ne sarebbe derivata la mia assoluzione.[51] A me pare dunque di averla spuntata con Meleto, non solo, ma una cosa almeno è chiara per tutti: se Anito e Licone non si fossero fatti avanti per accusarmi, egli, [36b] non avendo ottenuto la quinta parte dei voti, mi sarebbe stato debitore di mille dracme.[52]

---

50 *Concorrono... colpevole*: dopo la difesa di Socrate, la prassi prevedeva che i giudici dovessero votare se ritenevano l'accusato colpevole o innocente in rapporto all'imputazione. A questo punto il colpevole aveva il diritto di proporre la pena che reputava di meritare, e i giudici, con una seconda votazione, sceglievano tra questa e quella fatta dall'accusatore, che in questo caso era la pena di morte.

51 *se solo... assoluzione*: una testimonianza antica (Diogene Laerzio) ci riferisce che Socrate fu ritenuto colpevole per 281 voti sfavorevoli, su 501 votanti.

52 *mi sarebbe... dracme*: gli accusatori erano tre e a ciascuno spettava un terzo dei voti contrari a Socrate (93 circa). La legge prevedeva che, se la posizione di un accusatore non fosse stata appoggiata da almeno un quinto dei voti espressi (100 su 501), questi era tenuto a risarcire l'imputato del danno arrecatogli.

XXVI

Τιμᾶται δ’ οὖν μοι ὁ ἀνὴρ θανάτου. εἶεν· ἐγὼ δὲ δὴ τίνος ὑμῖν ἀντιτιμήσομαι, ὦ ἄνδρες Ἀθηναῖοι; ἢ δῆλον ὅτι τῆς ἀξίας; τί οὖν; τί ἄξιός εἰμι παθεῖν ἢ ἀποτεῖσαι, ὅτι μαθὼν ἐν τῷ βίῳ οὐχ ἡσυχίαν ἦγον, ἀλλ’ ἀμελήσας ὧνπερ οἱ πολλοί, χρηματισμοῦ τε καὶ οἰκονομίας καὶ στρατηγιῶν καὶ δημηγοριῶν καὶ τῶν ἄλλων ἀρχῶν καὶ συνωμοσιῶν καὶ στάσεων τῶν ἐν τῇ πόλει γιγνομένων, ἡγησάμενος ἐμαυτὸν [36c] τῷ ὄντι ἐπιεικέστερον εἶναι ἢ ὥστε εἰς ταῦτ’ ἰόντα σῴζεσθαι, ἐνταῦθα μὲν οὐκ ᾖα οἷ ἐλθὼν μήτε ὑμῖν μήτε ἐμαυτῷ ἔμελλον μηδὲν ὄφελος εἶναι, ἐπὶ δὲ τὸ ἰδίᾳ ἕκαστον ἰὼν εὐεργετεῖν τὴν μεγίστην εὐεργεσίαν, ὡς ἐγώ φημι, ἐνταῦθα ᾖα, ἐπιχειρῶν ἕκαστον ὑμῶν πείθειν μὴ πρότερον μήτε τῶν ἑαυτοῦ μηδενὸς ἐπιμελεῖσθαι πρὶν ἑαυτοῦ ἐπιμεληθείη ὅπως ὡς βέλτιστος καὶ φρονιμώτατος ἔσοιτο, μήτε τῶν τῆς πόλεως, πρὶν αὐτῆς τῆς πόλεως, τῶν τε ἄλλων οὕτω κατὰ τὸν [36d] αὐτὸν τρόπον ἐπιμελεῖσθαι τί οὖν εἰμι ἄξιος παθεῖν τοιοῦτος ὤν; ἀγαθόν τι, ὦ ἄνδρες Ἀθηναῖοι, εἰ δεῖ γε κατὰ τὴν ἀξίαν τῇ ἀληθείᾳ τιμᾶσθαι· καὶ ταῦτά γε ἀγαθὸν τοιοῦτον ὅτι ἂν πρέποι ἐμοί. τί οὖν πρέπει ἀνδρὶ πένητι εὐεργέτῃ δεομένῳ ἄγειν σχολὴν ἐπὶ τῇ ὑμετέρᾳ παρακελεύσει; οὐκ ἔσθ’ ὅτι μᾶλλον, ὦ ἄνδρες Ἀθηναῖοι, πρέπει οὕτως ὡς τὸν τοιοῦτον ἄνδρα ἐν πρυτανείῳ σιτεῖσθαι, πολύ γε μᾶλλον ἢ εἴ τις ὑμῶν ἵππῳ ἢ συνωρίδι ἢ ζεύγει νενίκηκεν Ὀλυμπίασιν· ὁ μὲν γὰρ ὑμᾶς ποιεῖ εὐδαίμονας δοκεῖν εἶναι, ἐγὼ δὲ [36e] εἶναι, καὶ ὁ μὲν τροφῆς οὐδὲν δεῖται, ἐγὼ δὲ δέομαι. εἰ οὖν δεῖ με κατὰ τὸ δίκαιον τῆς ἀξίας τιμᾶσθαι, τούτου [37a] τιμῶμαι, ἐν πρυτανείῳ σιτήσεως.

XXVI

Quest'uomo comunque reputa che io meriti la morte. E va bene; che pena vi proporrò da parte mia come contropartita, cittadini Ateniesi? Non è evidente che proporrò una pena adeguata? Quale dunque? Quale pena fisica o pecuniaria mi compete, perché non ho fatto una vita tranquilla, trascurando le cose che interessano ai più, vale a dire la ricchezza e gli interessi familiari, nonché l'autorità, gli appelli al popolo, le varie magistrature, le consorterie e le fazioni politiche; perché, pensando [36c] di valere troppo per poter trovare la salvezza cacciandomi in mezzo a faccende di questo genere, non mi sono dedicato ad attività che, se avessi intrapreso, non sarei stato di alcuna utilità né a me stesso né a voi, ma, teso a fare il massimo bene possibile a ogni persona in privato mi sono dato, come io sostengo, a convincere ognuno di voi a non curarsi di nessuno dei suoi interessi prima che di se stesso, per diventare il migliore e il più saggio possibile, e a non curarsi degli affari della città prima che della città stessa e in tutto ad agire secondo [36d] questo criterio; quale pena dunque mi compete, avendo agito così? Un premio, cittadini Ateniesi, se si deve fare una valutazione conforme alla verità secondo il merito, e precisamente un tipo di premio che vada bene per me. Che cosa dunque si confà a un uomo povero che vi ha fatto del bene, il quale ha bisogno di poter disporre di tutto il tempo per indurvi alla virtù? Non c'è più conveniente ricompensa, cittadini Ateniesi, che il mantenere un uomo simile nel Pritaneo,[53] e a molto maggior ragione

[53] *Pritaneo*: edificio ai piedi dell'Acropoli di Atene, dove erano conservate le leggi di Solone ed erano ospitati a spese pubbliche i personaggi benemeriti della città.

XXVII

Ἴσως οὖν ὑμῖν καὶ ταυτὶ λέγων παραπλησίως δοκῶ λέγειν ὥσπερ περὶ τοῦ οἴκτου καὶ τῆς ἀντιβολήσεως, ἀπαυθαδιζόμενος· τὸ δὲ οὐκ ἔστιν, ὦ ἄνδρες Ἀθηναῖοι, τοιοῦτον ἀλλὰ τοιόνδε μᾶλλον. πέπεισμαι ἐγὼ ἑκὼν εἶναι μηδένα ἀδικεῖν ἀνθρώπων, ἀλλὰ ὑμᾶς τοῦτο οὐ πείθω· ὀλίγον γὰρ χρόνον ἀλλήλοις διειλέγμεθα. ἐπεί, ὡς ἐγῷμαι, εἰ ἦν ὑμῖν νόμος, ὥσπερ καὶ ἄλλοις ἀνθρώποις, περὶ θανάτου μὴ μίαν ἡμέραν [37b] μόνον κρίνειν ἀλλὰ πολλάς, ἐπείσθητε ἄν· νῦν δ' οὐ ῥᾴδιον ἐν χρόνῳ ὀλίγῳ μεγάλας διαβολὰς ἀπολύεσθαι. πεπεισμένος δὴ ἐγὼ μηδένα ἀδικεῖν πολλοῦ δέω ἐμαυτόν γε ἀδικήσειν καὶ κατ' ἐμαυτοῦ ἐρεῖν αὐτὸς ὡς ἄξιός εἰμί του κακοῦ καὶ τιμήσεσθαι τοιούτου τινὸς ἐμαυτῷ. τί δείσας; ἦ μὴ πάθω τοῦτο οὗ Μέλητός μοι τιμᾶται, ὅ φημι οὐκ εἰδέναι οὔτ' εἰ ἀγαθὸν οὔτ' εἰ κακόν ἐστιν; ἀντὶ τούτου δὴ ἕλωμαι ὧν εὖ οἶδά τι κακῶν ὄντων τούτου τιμησάμενος; πότερον δεσμοῦ; [37c] καὶ τί με δεῖ ζῆν ἐν δεσμωτηρίῳ, δουλεύοντα τῇ ἀεὶ καθισταμένῃ ἀρχῇ, τοῖς ἕνδεκα; ἀλλὰ χρημάτων καὶ δεδέσθαι ἕως ἂν ἐκτείσω; ἀλλὰ ταὐτόν μοί ἐστιν ὅπερ νυνδὴ ἔλεγον· οὐ γὰρ ἔστι μοι χρήματα ὁπόθεν ἐκτείσω. ἀλλὰ δὴ φυγῆς τιμήσωμαι; ἴσως γὰρ ἄν μοι τούτου τιμήσαιτε. πολλὴ μεντἂν με φιλοψυχία

che se si trattasse di un vincitore con il cavallo, la biga o la quadriga alle Olimpiadi. Costui infatti ottiene che voi sembriate felici, mentre io [36e] opero perché lo siate veramente, e mentre lui non ha bisogno di essere mantenuto, io ne ho bisogno. Se dunque bisogna che io proponga una giusta pena secondo il merito, [37a] mi si configura come il mantenimento nel Pritaneo.

XXVII

Ma forse anche nel parlare in questo tono vi sembra che io assuma lo stesso atteggiamento di quando feci le mie osservazioni sul suscitare la compassione e sul supplicare i giudici, che, cioè, io sia arrogante. Ma le cose, cittadini Ateniesi, non stanno così, ma in quest'altro modo. Io sono convinto personalmente di non far del male con intenzione a nessun essere umano, ma non riesco a convincere voi. In effetti abbiamo parlato troppo poco tempo fra di noi e se, è quel che credo, la legge vi consentisse, come lo consente presso altri popoli,[54] di prendere una decisione sulla pena capitale non in [37b] uno ma in molti giorni, sareste forse stati convinti. In queste condizioni, non è facile distruggere in poco tempo calunnie che hanno assunto grandi proporzioni. Io dunque, convinto di non far del male a nessuno, sono ugualmente lontanissimo dal fare del male a me stesso e dal voler dire di persona cose che mi si ritorcano contro, che cioè merito di patire un qualche male, e che sono disposto a proporre qualcosa del genere a mio riguardo. Per timore di che cosa dovrei farlo? Forse per non dover incor-

[54] *presso altri popoli*: Socrate allude specificamente agli Spartani.

ἔχοι, ὦ ἄνδρες Ἀθηναῖοι, εἰ οὕτως ἀλόγιστός εἰμι ὥστε μὴ δύνασθαι λογίζεσθαι ὅτι ὑμεῖς μὲν ὄντες πολῖταί μου οὐχ οἷοί τε ἐγένεσθε ἐνεγκεῖν τὰς ἐμὰς [37d] διατριβὰς καὶ τοὺς λόγους, ἀλλ' ὑμῖν βαρύτεραι γεγόνασιν καὶ ἐπιφθονώτεραι, ὥστε ζητεῖτε αὐτῶν νυνὶ ἀπαλλαγῆναι· ἄλλοι δὲ ἄρα αὐτὰς οἴσουσι ῥᾳδίως; πολλοῦ γε δεῖ, ὦ ἄνδρες Ἀθηναῖοι. καλὸς οὖν ἄν μοι ὁ βίος εἴη ἐξελθόντι τηλικῷδε ἀνθρώπῳ ἄλλην ἐξ ἄλλης πόλεως ἀμειβομένῳ καὶ ἐξελαυνομένῳ ζῆν. εὖ γὰρ οἶδ' ὅτι ὅποι ἂν ἔλθω, λέγοντος ἐμοῦ ἀκροάσονται οἱ νέοι ὥσπερ ἐνθάδε· κἂν μὲν τούτους ἀπελαύνω, οὗτοί με αὐτοὶ ἐξελῶσι πείθοντες τοὺς πρεσβυτέρους· [37e] ἐὰν δὲ μὴ ἀπελαύνω, οἱ τούτων πατέρες δὲ καὶ οἰκεῖοι δι' αὐτοὺς τούτους.

rere in ciò che Meleto propone per me, di cui io sostengo di non sapere se è un bene o se è un male? Al posto di ciò dovrei dunque proporre una pena alternativa, scelta tra cose che so bene esser cattive? Forse il carcere? [37c] Perché bisognerebbe che io vivessi in carcere, sottoposto come schiavo al magistrato nominato ogni anno, vale a dire al collegio degli Undici?[55] Oppure dovrei proporre una multa e finire in carcere fino a quando non l'abbia pagata? Per me infatti sarebbe la stessa cosa, visto che io non ho il denaro per pagare. Proporrò dunque l'esilio? Forse è questa la pena che voi stimereste essermi adeguata. Dovrei essere troppo attaccato alla vita, cittadini Ateniesi, se fossi così illogico da non valutare che, mentre voi, pur essendo miei concittadini, non avete saputo reggere alle mie [37d] conversazioni e ai miei discorsi, divenuti per voi troppo pesanti e odiosi, al punto che cercate di liberarvene, degli stranieri non dovrebbero essere invece disposti a sopportarli senza difficoltà? Non ci siamo proprio, cittadini Ateniesi. Bella vita sarebbe la mia, quando me ne andassi alla mia età, cambiando di esilio in esilio una città dopo l'altra! So bene infatti che, dovunque andassi, i giovani mi starebbero a sentire mentre parlo, come facevano qui; e se io li cacciassi via, loro, risentiti, chiederebbero ai più vecchi di fare la stessa cosa nei miei confronti, [37e] e se invece me li tenessi appresso, i loro padri e i loro familiari mi caccerebbero comunque a causa loro.

---

[55] *collegio degli Undici*: era composto da dieci magistrati ateniesi, eletti per sorteggio a rappresentare ciascuna delle tribù, con in più un segretario: aveva la responsabilità delle carceri e delle esecuzioni capitali.

XXVIII

Ἴσως οὖν ἄν τις εἴποι· "Σιγῶν δὲ καὶ ἡσυχίαν ἄγων, ὦ Σώκρατες, οὐχ οἷός τ' ἔσῃ ἡμῖν ἐξελθὼν ζῆν;" τουτὶ δή ἐστι πάντων χαλεπώτατον πεῖσαί τινας ὑμῶν. ἐάντε γὰρ λέγω ὅτι τῷ θεῷ ἀπειθεῖν τοῦτ' ἐστὶν καὶ διὰ τοῦτ' ἀδύνατον [38a] ἡσυχίαν ἄγειν, οὐ πείσεσθέ μοι ὡς εἰρωνευομένῳ· ἐάντ' αὖ λέγω ὅτι καὶ τυγχάνει μέγιστον ἀγαθὸν ὂν ἀνθρώπῳ τοῦτο, ἑκάστης ἡμέρας περὶ ἀρετῆς τοὺς λόγους ποιεῖσθαι καὶ τῶν ἄλλων περὶ ὧν ὑμεῖς ἐμοῦ ἀκούετε διαλεγομένου καὶ ἐμαυτὸν καὶ ἄλλους ἐξετάζοντος, ὁ δὲ ἀνεξέταστος βίος οὐ βιωτὸς ἀνθρώπῳ, ταῦτα δ' ἔτι ἧττον πείσεσθέ μοι λέγοντι. τὰ δὲ ἔχει μὲν οὕτως, ὡς ἐγώ φημι, ὦ ἄνδρες, πείθειν δὲ οὐ ῥᾴδιον. καὶ ἐγὼ ἅμα οὐκ εἴθισμαι ἐμαυτὸν ἀξιοῦν κακοῦ [38b] οὐδενός. εἰ μὲν γὰρ ἦν μοι χρήματα, ἐτιμησάμην ἂν χρημάτων ὅσα ἔμελλον ἐκτείσειν, οὐδὲν γὰρ ἂν ἐβλάβην· νῦν δὲ οὐ γὰρ ἔστιν, εἰ μὴ ἄρα ὅσον ἂν ἐγὼ δυναίμην ἐκτεῖσαι, τοσούτου βούλεσθέ μοι τιμῆσαι. ἴσως δ' ἂν δυναίμην ἐκτεῖσαι ὑμῖν που μνᾶν ἀργυρίου· τοσούτου οὖν τιμῶμαι.

Πλάτων δὲ ὅδε, ὦ ἄνδρες Ἀθηναῖοι, καὶ Κρίτων καὶ Κριτόβουλος καὶ Ἀπολλόδωρος κελεύουσί με τριάκοντα μνῶν τιμήσασθαι, αὐτοὶ δ' ἐγγυᾶσθαι· τιμῶμαι οὖν τοσούτου, ἐγγυηταὶ δὲ ὑμῖν ἔσονται τοῦ ἀργυρίου οὗτοι ἀξιόχρεῳ.

XXVIII

Ma forse qualcuno potrebbe obiettare: «O Socrate, possibile che tu non sia capace, andandotene via da noi, di vivere mantenendo il silenzio e stando tranquillo?». Questa è in effetti la cosa più difficile da far capire ad alcuni di voi. Infatti se io dico che questo sarebbe disubbidire al dio e che questo è il motivo per cui [38a] non posso starmene tranquillo, voi non mi credereste, come se parlassi facendo dell'ironia; se invece io dico che questo è poi anche il bene più grande, cioè il fare ogni giorno discorsi intorno alla virtù e agli altri temi sui quali mi avete sentito parlare e interrogare me stesso e gli altri, e che non ha senso per l'uomo vivere senza interrogarsi, se dunque questo vi dicessi, mi credereste ancora di meno. Invece le cose stanno proprio come io dico, cittadini, anche se sono difficili da far capire. Nello stesso tempo io non sono disposto a ritenermi meritevole di alcun male. [38b] Se avessi del denaro, mi sarei dichiarato meritevole di una pena pecuniaria, corrispondente a quanto potessi pagare, perché non ne avrei alcun danno; invece, nello specifico, denaro io non ne ho proprio, a meno che voi non vogliate multarmi tanto quanto io sono in grado di pagare. Allora potrei forse pagarvi una mina d'argento:[56] questa è dunque la valutazione della pena che vi propongo.

Ma il qui presente Platone, e Critone, e Critobulo, e Apollodoro mi consigliano di proporvi trenta mine, facendosene garanti: a tanto dunque vi propongo di condannarmi, e saranno loro ad assicurarvi la solvibilità della multa.

---

56 *una mina d'argento*: sappiamo da Senofonte che, per quanto irrisoria, una mina d'argento (che valeva dieci dracme) era la cifra corrispondente a un quinto di tutto il patrimonio di Socrate.

XXIX

[38c] Οὐ πολλοῦ γ' ἕνεκα χρόνου, ὦ ἄνδρες Ἀθηναῖοι, ὄνομα ἕξετε καὶ αἰτίαν ὑπὸ τῶν βουλομένων τὴν πόλιν λοιδορεῖν ὡς Σωκράτη ἀπεκτόνατε, ἄνδρα σοφόν — φήσουσι γὰρ δὴ σοφὸν εἶναι, εἰ καὶ μή εἰμι, οἱ βουλόμενοι ὑμῖν ὀνειδίζειν — εἰ γοῦν περιεμείνατε ὀλίγον χρόνον, ἀπὸ τοῦ αὐτομάτου ἂν ὑμῖν τοῦτο ἐγένετο· ὁρᾶτε γὰρ δὴ τὴν ἡλικίαν ὅτι πόρρω ἤδη ἐστὶ τοῦ βίου θανάτου δὲ ἐγγύς. λέγω δὲ τοῦτο οὐ [38d] πρὸς πάντας ὑμᾶς, ἀλλὰ πρὸς τοὺς ἐμοῦ καταψηφισαμένους θάνατον. λέγω δὲ καὶ τόδε πρὸς τοὺς αὐτοὺς τούτους. ἴσως με οἴεσθε, ὦ ἄνδρες Ἀθηναῖοι, ἀπορίᾳ λόγων ἑαλωκέναι τοιούτων οἷς ἂν ὑμᾶς ἔπεισα, εἰ ᾤμην δεῖν ἅπαντα ποιεῖν καὶ λέγειν ὥστε ἀποφυγεῖν τὴν δίκην. πολλοῦ γε δεῖ. ἀλλ' ἀπορίᾳ μὲν ἑάλωκα, οὐ μέντοι λόγων, ἀλλὰ τόλμης καὶ ἀναισχυντίας καὶ τοῦ μὴ ἐθέλειν λέγειν πρὸς ὑμᾶς τοιαῦτα οἷ' ἂν ὑμῖν μὲν ἥδιστα ἦν ἀκούειν θρηνοῦντός τέ μου καὶ ὀδυρομένου καὶ ἄλλα ποιοῦντος καὶ [38e] λέγοντος πολλὰ καὶ ἀνάξια ἐμοῦ, ὡς ἐγώ φημι, οἷα δὴ καὶ εἴθισθε ὑμεῖς τῶν ἄλλων ἀκούειν. ἀλλ' οὔτε τότε ᾠήθην δεῖν ἕνεκα τοῦ κινδύνου πρᾶξαι οὐδὲν ἀνελεύθερον, οὔτε νῦν μοι μεταμέλει οὕτως ἀπολογησαμένῳ, ἀλλὰ πολὺ μᾶλλον αἱροῦμαι ὧδε ἀπολογησάμενος τεθνάναι ἢ ἐκείνως ζῆν. οὔτε γὰρ ἐν δίκῃ οὔτ'

Dopo la condanna a morte

XXIX

[38c] Io credo che, a causa del tempo troppo breve che abbiamo avuto a disposizione, cittadini Ateniesi, per colpa di coloro che vogliono gettare discredito sulla città, ricadranno su di voi la fama e l'accusa di aver ucciso Socrate, un uomo sapiente: coloro infatti che vi vogliono attaccare diranno infatti sicuramente che io sono un sapiente, anche se non è vero. Se aveste avuto la pazienza di aspettare poco tempo, la cosa si sarebbe verificata da sé: vedete la mia età, ormai molto in là nella vita, prossima alla morte. Dico ciò [38d] espressamente non a tutti voi, ma soltanto a quelli che hanno votato la mia condanna. A questi stessi dico poi: credete forse che io, cittadini, sia stato condannato per la mancanza di parole capaci di persuadervi se avessi creduto che bisognava fare o dire qualunque cosa pur di sfuggire alla condanna? Siamo molto lontani da ciò. Io, piuttosto, da un'altra mancanza ho avuto le mani legate, non certo di parole, ma di sfrontatezza e di impudenza: non ho voluto dirvi ciò che vi avrebbe fatto molto piacere ascoltare, non ho voluto farmi vedere in lacrime e pieno di afflizione e fare e [38e] dire molte altre cose del genere, che io affermo essere indegne di me, le cose che di sicuro vi siete abituati ad ascoltare dagli altri. Ma né io prima del giudizio ho

ἐν πολέμῳ οὔτ' ἐμὲ οὔτ' ἄλλον οὐδένα δεῖ [39a] τοῦτο μηχανᾶσθαι, ὅπως ἀποφεύξεται πᾶν ποιῶν θάνατον. καὶ γὰρ ἐν ταῖς μάχαις πολλάκις δῆλον γίγνεται ὅτι τό γε ἀποθανεῖν ἄν τις ἐκφύγοι καὶ ὅπλα ἀφεὶς καὶ ἐφ' ἱκετείαν τραπόμενος τῶν διωκόντων· καὶ ἄλλαι μηχαναὶ πολλαί εἰσιν ἐν ἑκάστοις τοῖς κινδύνοις ὥστε διαφεύγειν θάνατον, ἐάν τις τολμᾷ πᾶν ποιεῖν καὶ λέγειν. ἀλλὰ μὴ οὐ τοῦτ' ᾖ χαλεπόν, ὦ ἄνδρες, θάνατον ἐκφυγεῖν, ἀλλὰ πολὺ χαλεπώτερον πονηρίαν· [39b] θᾶττον γὰρ θανάτου θεῖ. καὶ νῦν ἐγὼ μὲν ἅτε βραδὺς ὢν καὶ πρεσβύτης ὑπὸ τοῦ βραδυτέρου ἑάλων, οἱ δ' ἐμοὶ κατήγοροι ἅτε δεινοὶ καὶ ὀξεῖς ὄντες ὑπὸ τοῦ θάττονος, τῆς κακίας. καὶ νῦν ἐγὼ μὲν ἄπειμι ὑφ' ὑμῶν θανάτου δίκην ὀφλών, οὗτοι δ' ὑπὸ τῆς ἀληθείας ὠφληκότες μοχθηρίαν καὶ ἀδικίαν. καὶ ἐγώ τε τῷ τιμήματι ἐμμένω καὶ οὗτοι. ταῦτα μέν που ἴσως οὕτως καὶ ἔδει σχεῖν, καὶ οἶμαι αὐτὰ μετρίως ἔχειν.

XXX

[39c] Τὸ δὲ δὴ μετὰ τοῦτο ἐπιθυμῶ ὑμῖν χρησμῳδῆσαι, ὦ καταψηφισάμενοί μου· καὶ γάρ εἰμι ἤδη ἐνταῦθα ἐν ᾧ μάλιστα ἄνθρωποι χρησμῳδοῦσιν, ὅταν μέλλωσιν ἀποθανεῖσθαι. φημὶ γάρ, ὦ ἄνδρες οἳ ἐμὲ ἀπεκτόνατε, τιμωρίαν ὑμῖν ἥξειν εὐθὺς μετὰ τὸν ἐμὸν θάνατον πολὺ χαλεπωτέραν νὴ Δία ἢ οἵαν ἐμὲ ἀπεκτόνατε· νῦν γὰρ τοῦτο εἴργα-

pensato che si dovesse compiere qualunque bassezza di fronte al pericolo, né ora mi pento di essermi difeso come mi sono difeso, ma preferisco decisamente morire dopo una simile difesa che vivere in quel modo. Infatti in un processo come in guerra non si deve – e ciò vale per me come per qualsiasi altro – [39a] cercare a ogni costo la maniera di sfuggire alla morte. Anche nelle battaglie in realtà si verifica spesso in modo evidente che uno potrebbe evitare di morire gettando via le armi e volgendosi a supplicare il nemico che lo insegue, e in altre situazioni di pericolo ci sono varie opportunità di sfuggire alla morte, se uno è disposto a fare o dire qualsiasi cosa. Ma non questa, cittadini, io penso sia la cosa difficile, sfuggire appunto alla morte, ma, piuttosto, sfuggire alla malvagità. Più veloce infatti è il suo passo. Infatti io, vecchio e quindi lento, sono stato raggiunto dalla cosa più lenta, mentre i miei accusatori, che sono pieni di vigore e quindi agili, sono stati raggiunti [39b] dalla cosa più veloce, cioè dalla malvagità. Ora io me ne vado a pagare la pena di morte di cui son debitore per opera vostra, a costoro resta invece da pagare un debito d'infamia e di ingiustizia per opera della verità. E io come loro dobbiamo assumercene la pena. Forse bisognava che andasse così e io credo che così vada bene.

XXX

[39c] Su ciò che avverrà dopo, desidero farvi una profezia, uomini che mi avete condannato alla pena capitale: sono infatti arrivato al punto in cui gli uomini peculiarmente fanno predizioni, cioè in punto di morte. Dico, o cittadini che mi state uccidendo, che dopo la mia morte vi piomberà subito addosso un castigo molto più grave,

σθε οἰόμενοι μὲν ἀπαλλάξεσθαι τοῦ διδόναι ἔλεγχον τοῦ βίου, τὸ δὲ ὑμῖν πολὺ ἐναντίον ἀποβήσεται, ὡς ἐγώ φημι. πλείους ἔσονται ὑμᾶς [39d] οἱ ἐλέγχοντες, οὓς νῦν ἐγὼ κατεῖχον, ὑμεῖς δὲ οὐκ ᾐσθάνεσθε· καὶ χαλεπώτεροι ἔσονται ὅσῳ νεώτεροί εἰσιν, καὶ ὑμεῖς μᾶλλον ἀγανακτήσετε. εἰ γὰρ οἴεσθε ἀποκτείνοντες ἀνθρώπους ἐπισχήσειν τοῦ ὀνειδίζειν τινὰ ὑμῖν ὅτι οὐκ ὀρθῶς ζῆτε, οὐ καλῶς διανοεῖσθε· οὐ γάρ ἐσθ' αὕτη ἡ ἀπαλλαγὴ οὔτε πάνυ δυνατὴ οὔτε καλή, ἀλλ' ἐκείνη καὶ καλλίστη καὶ ῥᾴστη, μὴ τοὺς ἄλλους κολούειν ἀλλ' ἑαυτὸν παρασκευάζειν ὅπως ἔσται ὡς βέλτιστος. ταῦτα μὲν οὖν ὑμῖν τοῖς καταψηφισαμένοις μαντευσάμενος ἀπαλλάττομαι.

XXXI

[39e] Τοῖς δὲ ἀποψηφισαμένοις ἡδέως ἂν διαλεχθείην ὑπὲρ τοῦ γεγονότος τουτουῒ πράγματος, ἐν ᾧ οἱ ἄρχοντες ἀσχολίαν ἄγουσι καὶ οὔπω ἔρχομαι οἷ ἐλθόντα με δεῖ τεθνάναι. ἀλλά μοι, ὦ ἄνδρες, παραμείνατε τοσοῦτον χρόνον· οὐδὲν γὰρ κωλύει διαμυθολογῆσαι πρὸς ἀλλήλους ἕως ἔξεστιν. ὑμῖν [40a] γὰρ ὡς φίλοις οὖσιν ἐπιδεῖξαι ἐθέλω τὸ νυνί μοι συμβεβηκὸς τί ποτε νοεῖ. ἐμοὶ γάρ, ὦ ἄνδρες δικασταί — ὑμᾶς γὰρ δικαστὰς καλῶν ὀρθῶς ἂν καλοίην — θαυμάσιόν τι γέγονεν. ἡ γὰρ εἰωθυῖά μοι μαντικὴ ἡ τοῦ δαιμονίου ἐν μὲν τῷ πρόσθεν χρόνῳ παντὶ πάνυ πυκνὴ ἀεὶ ἦν καὶ πάνυ ἐπὶ σμικροῖς ἐναντιουμένη, εἴ τι μέλλοιμι μὴ ὀρθῶς πράξειν. νυνὶ δὲ συμβέβηκέ μοι ἅπερ ὁρᾶτε καὶ αὐτοί, ταυτὶ ἅ γε δὴ οἰηθείη ἄν τις καὶ νομίζεται ἔσχατα κακῶν εἶναι· ἐμοὶ δὲ [40b] οὔτε ἐξιόντι ἕωθεν οἴκο-

per Giove, di quello che mi avete inflitto: voi infatti ora vi siete comportati così pensando di liberarvi dall'obbligo di rendere conto della vostra vita, ma vi succederà tutto il contrario, io affermo. Aumenteranno di numero [39d] i vostri accusatori, che finora io riuscivo a trattenere senza che voi ve ne accorgeste; e questi vi risulteranno tanto più molesti in quanto sono giovani, e vi daranno molte più tribolazioni. Se credete infatti con l'eliminazione fisica di dissuadere qualcuno dal biasimarvi perché non vivete rettamente, vi sbagliate: cercare di sbarazzarsi in questo modo di questi non è né possibile né onesto; la cosa più facile e più pulita da realizzare è invece non far del male agli altri e disporsi a diventare il meglio possibile. Con questa predizione rivolta a quelli tra voi che mi hanno condannato, vi lascio.

XXXI

[39e] Parlerei volentieri di tutta la faccenda che qui si è svolta con quelli che mi hanno assolto, intanto che i magistrati sono occupati e io non devo ancora andare dove bisogna che io vada per morire. Fermatevi ancora, cittadini, per questo po' di tempo: nulla, fintanto che si può, ci impedisce di parlare tra noi. Voglio infatti farvi capire, [40a] come a persone che mi sono amiche, che significato abbia mai ciò che ora mi è accaduto. A me infatti, o giudici – e così chiamandovi penso di definirvi correttamente – è capitato qualcosa di straordinario. Infatti la voce profetica a me familiare, quella del dio, in tutto il tempo precedente si faceva sentire assai spesso e mi si parava contro in tante piccole occasioni, quando stavo per assumere un comportamento non orientato a un giusto esito; ora invece mi è

θεν ἠναντιώθη τὸ τοῦ θεοῦ σημεῖον, οὔτε ἡνίκα ἀνέβαινον ἐνταυθοῖ ἐπὶ τὸ δικαστήριον, οὔτε ἐν τῷ λόγῳ οὐδαμοῦ μέλλοντί τι ἐρεῖν. καίτοι ἐν ἄλλοις λόγοις πολλαχοῦ δή με ἐπέσχε λέγοντα μεταξύ· νῦν δὲ οὐδαμοῦ περὶ ταύτην τὴν πρᾶξιν οὔτ' ἐν ἔργῳ οὐδενὶ οὔτ' ἐν λόγῳ ἠναντίωταί μοι. τί οὖν αἴτιον εἶναι ὑπολαμβάνω; ἐγὼ ὑμῖν ἐρῶ· κινδυνεύει γάρ μοι τὸ συμβεβηκὸς τοῦτο ἀγαθὸν γεγονέναι, καὶ οὐκ ἔσθ' ὅπως ἡμεῖς ὀρθῶς ὑπολαμβάνομεν, [40c] ὅσοι οἰόμεθα κακὸν εἶναι τὸ τεθνάναι. μέγα μοι τεκμήριον τούτου γέγονεν· οὐ γὰρ ἔσθ' ὅπως οὐκ ἠναντιώθη ἄν μοι τὸ εἰωθὸς σημεῖον, εἰ μή τι ἔμελλον ἐγὼ ἀγαθὸν πράξειν.

XXXII

Ἐννοήσωμεν δὲ καὶ τῇδε ὡς πολλὴ ἐλπίς ἐστιν ἀγαθὸν αὐτὸ εἶναι. δυοῖν γὰρ θάτερόν ἐστιν τὸ τεθνάναι· ἢ γὰρ οἷον μηδὲν εἶναι μηδὲ αἴσθησιν μηδεμίαν μηδενὸς ἔχειν τὸν τεθνεῶτα, ἢ κατὰ τὰ λεγόμενα μεταβολή τις τυγχάνει οὖσα καὶ μετοίκησις τῇ ψυχῇ τοῦ τόπου τοῦ ἐνθένδε εἰς ἄλλον τόπον. καὶ εἴτε δὴ μηδεμία αἴσθησίς ἐστιν ἀλλ' [40d] οἷον ὕπνος ἐπειδάν τις καθεύδων μηδ' ὄναρ μηδὲν ὁρᾷ, θαυμάσιον κέρδος ἂν εἴη ὁ θάνατος — ἐγὼ γὰρ ἂν οἶμαι, εἴ τινα ἐκλεξάμενον δέοι ταύτην τὴν νύκτα ἐν ᾗ οὕτω κατέδαρθεν ὥστε μηδὲ ὄναρ ἰδεῖν, καὶ τὰς ἄλλας νύκτας τε καὶ ἡμέρας τὰς τοῦ βίου τοῦ ἑαυτοῦ ἀντιπα-

accaduto ciò che voi stessi vedete e che qualcuno potrebbe ritenere – e in realtà è ritenuto dai più – l'estremo dei mali. [40b] Ebbene, non si è manifestata con nessun segno l'opposizione del dio, né questa mattina quando sono uscito di casa, né quando sono salito qui in tribunale, né mai in mezzo al discorso quando stavo per dire qualcosa; eppure in occasione di altre conversazioni sono stato più volte trattenuto mentre stavo parlando; insomma, durante tutto il corso di questo processo la voce non ha dato segno di opposizione né in merito ad alcuna azione né in merito ad alcuna argomentazione. Quale io penso che ne sia la causa? Ve lo dirò: sembra proprio che ciò che mi è capitato sia stato un bene; e non siamo affatto nel giusto [40c] se pensiamo che il morire sia un male. Di ciò mi è stata data una grande prova: non è infatti possibile che non mi si sia opposto il solito segno se non fossi stato sul punto di fare qualcosa di buono.

XXXII

Ma consideriamo anche per un'altra via come ci sia da sperare che la morte sia un bene. Essa è infatti una di queste due possibilità: o la morte coincide con il nulla e dopo che si è morti non si ha più alcuna sensazione di niente, oppure, stando a quanto si dice, consiste in una sorta di cambiamento e di trasmigrazione dell'anima da questa sede in un'altra. Se non vi è dunque alcuna sensazione, ma [40d] una specie di sonno, simile a quello di chi dorme senza fare alcun sogno, con la morte si farebbe uno straordinario guadagno. Se infatti uno, scelta una notte in cui avesse dormito così bene da non aver nemmeno fatto dei sogni e, confrontati

ραθέντα ταύτῃ τῇ νυκτὶ δέοι σκεψάμενον εἰπεῖν πόσας ἄμεινον καὶ ἥδιον ἡμέρας καὶ νύκτας ταύτης τῆς νυκτὸς βεβίωκεν ἐν τῷ ἑαυτοῦ βίῳ, οἶμαι ἂν μὴ ὅτι ἰδιώτην τινά, ἀλλὰ τὸν μέγαν βασιλέα εὐαριθμήτους [40e] ἂν εὑρεῖν αὐτὸν ταύτας πρὸς τὰς ἄλλας ἡμέρας καὶ νύκτας — εἰ οὖν τοιοῦτον ὁ θάνατός ἐστιν, κέρδος ἔγωγε λέγω· καὶ γὰρ οὐδὲν πλείων ὁ πᾶς χρόνος φαίνεται οὕτω δὴ εἶναι ἢ μία νύξ. εἰ δ' αὖ οἷον ἀποδημῆσαί ἐστιν ὁ θάνατος ἐνθένδε εἰς ἄλλον τόπον, καὶ ἀληθῆ ἐστιν τὰ λεγόμενα, ὡς ἄρα ἐκεῖ εἰσι πάντες οἱ τεθνεῶτες, τί μεῖζον ἀγαθὸν τούτου εἴη ἄν, ὦ ἄνδρες δικασταί; εἰ γάρ τις [41a] ἀφικόμενος εἰς Ἅιδου, ἀπαλλαγεὶς τουτωνὶ τῶν φασκόντων δικαστῶν εἶναι, εὑρήσει τοὺς ὡς ἀληθῶς δικαστάς, οἵπερ καὶ λέγονται ἐκεῖ δικάζειν, Μίνως τε καὶ Ῥαδάμανθυς καὶ Αἰακὸς καὶ Τριπτόλεμος καὶ ἄλλοι ὅσοι τῶν ἡμιθέων δίκαιοι ἐγένοντο ἐν τῷ ἑαυτῶν βίῳ, ἆρα φαύλη ἂν εἴη ἡ ἀποδημία; ἢ αὖ Ὀρφεῖ συγγενέσθαι καὶ Μουσαίῳ καὶ Ἡσιόδῳ καὶ Ὁμήρῳ ἐπὶ πόσῳ ἄν τις δέξαιτ' ἂν ὑμῶν; ἐγὼ μὲν γὰρ πολλάκις ἐθέλω τεθνάναι εἰ ταῦτ' ἔστιν ἀληθῆ.

a quella notte le altre notti e gli altri giorni della sua vita, dovesse ripensarci e dire quanti altri giorni e quante altre notti avesse vissuto nella sua esistenza con più soddisfazione e piacere di quella notte, sono disposto a credere che non solo un cittadino qualunque, ma il Gran Re stesso[57] [40e] troverebbe che questi giorni e queste notti si possono contare sulle dita in confronto a tutti gli altri. Se tale è dunque la morte, io la definisco senz'altro un guadagno: in questo modo infatti tutto il tempo sembra non sia più che un'unica notte. Se invece la morte è una sorta di trasmigrazione da questa vita a un altro luogo ed è vero quel che si dice, cioè che in quel luogo si radunano tutti i morti, quale bene potrebbe essere più grande di questo, signori giudici? Infatti se uno, [41a] giunto nell'Ade,[58] dopo essersi liberato da questi che si dicono giudici, vi trovasse quelli che lo sono veramente, dei quali si dice che lì esercitano la giustizia, vale a dire i vari Minosse, Radamanto, Eaco, Trittolemo e altri, semidei che in vita agirono secondo giustizia, si tratterebbe forse di un viaggio di poco conto? Quanto chiunque di voi non sarebbe disposto a pagare pur di venirsi a trovare con Orfeo, con Museo, con Esiodo o con Omero?[59] Io davvero vorrei morire più volte, se tutto ciò è vero, [41b] perché specialmente per me quel soggiorno sarebbe meraviglioso,

---

[57] *Gran Re stesso*: i Greci ancora al tempo di Socrate chiamavano «Gran Re» il re di Persia, popolarmente considerato per la potenza e le immense ricchezze il più felice degli uomini.

[58] *Ade*: per i Greci nell'aldilà, l'Ade (dal nome del dio che ne aveva il regno), operavano come giustizieri: Minosse, re di Creta; Radamanto, che regnò sulle isole Cicladi; Eaco, sovrano dell'isola di Egina. Questi tre semidei erano figli di Zeus. Platone vi aggiunge Trittolemo, leggendario re degli Eleusini, presentato dal mito come colui che aveva dato il via al processo di civilizzazione in Attica con l'aiuto della dea Demetra.

[59] *Orfeo... Omero*: dopo i divini custodi della giustizia, Platone cita i grandi poeti (di cui solo Esiodo è fuori dalla leggenda e storicamente connotato) altrettanto, anche se diversamente, vicini al divino.

ἐπεὶ [41b] ἔμοιγε καὶ αὐτῷ θαυμαστὴ ἂν εἴη ἡ διατριβὴ αὐτόθι, ὁπότε ἐντύχοιμι Παλαμήδει καὶ Αἴαντι τῷ Τελαμῶνος καὶ εἴ τις ἄλλος τῶν παλαιῶν διὰ κρίσιν ἄδικον τέθνηκεν, ἀντιπαραβάλλοντι τὰ ἐμαυτοῦ πάθη πρὸς τὰ ἐκείνων ὡς ἐγὼ οἶμαι, οὐκ ἂν ἀηδὲς εἴη καὶ δὴ τὸ μέγιστον, τοὺς ἐκεῖ ἐξετάζοντα καὶ ἐρευνῶντα ὥσπερ τοὺς ἐνταῦθα διάγειν, τίς αὐτῶν σοφός ἐστιν καὶ τίς οἴεται μέν, ἔστιν δ' οὔ. ἐπὶ πόσῳ δ' ἄν τις, ὦ ἄνδρες δικασταί, δέξαιτο ἐξετάσαι τὸν ἐπὶ Τροίαν ἀγαγόντα [41c] τὴν πολλὴν στρατιὰν ἢ Ὀδυσσέα ἢ Σίσυφον ἢ ἄλλους μυρίους ἄν τις εἴποι καὶ ἄνδρας καὶ γυναῖκας, οἷς ἐκεῖ διαλέγεσθαι καὶ συνεῖναι καὶ ἐξετάζειν ἀμήχανον ἂν εἴη εὐδαιμονίας; πάντως οὐ δήπου τούτου γε ἕνεκα οἱ ἐκεῖ ἀποκτείνουσι· τά τε γὰρ ἄλλα εὐδαιμονέστεροί εἰσιν οἱ ἐκεῖ τῶν ἐνθάδε, καὶ ἤδη τὸν λοιπὸν χρόνον ἀθάνατοί εἰσιν, εἴπερ γε τὰ λεγόμενα ἀληθῆ.

XXXIII

Ἀλλὰ καὶ ὑμᾶς χρή, ὦ ἄνδρες δικασταί, εὐέλπιδας εἶναι πρὸς τὸν θάνατον, καὶ ἕν τι τοῦτο διανοεῖσθαι ἀληθές, ὅτι [41d] οὐκ ἔστιν ἀνδρὶ ἀγαθῷ κακὸν οὐδὲν οὔτε ζῶντι οὔτε τελευτήσαντι, οὐδὲ ἀμελεῖται ὑπὸ θεῶν τὰ τούτου πράγματα· οὐδὲ τὰ ἐμὰ νῦν ἀπὸ τοῦ αὐτομάτου γέγονεν, ἀλλά μοι δῆλόν ἐστι τοῦτο, ὅτι ἤδη τεθνάναι καὶ ἀπηλλάχθαι πραγμάτων [41e] βέλτιον ἦν μοι. διὰ τοῦτο καὶ ἐμὲ οὐδαμοῦ ἀπέτρεψεν τὸ σημεῖον, καὶ ἔγωγε τοῖς καταψηφισαμένοις μου καὶ τοῖς κατηγόροις οὐ πάνυ χαλεπαίνω. καίτοι οὐ ταύτῃ τῇ διανοίᾳ κατεψηφίζοντό μου καὶ κατηγόρουν, ἀλλ' οἰόμενοι βλάπτειν· τοῦτο αὐτοῖς ἄξιον

consentendomi di incontrarmi con Palamede, con Aiace Telamonio e con chiunque altro tra gli antichi morì a causa di un giudizio ingiusto;[60] io penso infatti che mi sarebbe di conforto paragonare le mie con le loro sciagure. E sarebbe anche estremamente piacevole passare il tempo a esaminare e interrogare coloro che si trovano là, come ho fatto con gli uomini di questa vita, per arrivare a scoprire chi di loro è sapiente e chi invece crede di esserlo ma non lo è. Quanto poi chiunque di voi, signori giudici, non sarebbe disposto a pagare pur di esaminare colui che condusse a Troia [41c] il famoso grande esercito, o Ulisse, o Sisifo,[61] o gli infiniti uomini e donne che si potrebbero citare? Conversare in quel luogo con loro, stare insieme ed esaminarli sarebbe il colmo della felicità. Almeno gli abitanti di quel mondo è certo che non condannano a morte per questo: loro infatti, in tutto il resto, sono più felici di quelli che vivono qui, e per tutto il tempo a venire, se è vero quanto si dice, sono immortali.

XXXIII

Bisogna dunque che anche voi, signori giudici, siate ben disposti alla speranza nei confronti della morte, e solo questo pensiate, [41d] che nessun male può colpire l'uomo retto né quando vive, né quando è morto, e che le sue azioni

---

60 *Palamede... ingiusto*: Palamede, figlio di Nauplio, venne lapidato dai Greci in seguito a false accuse mossegli da Ulisse; Aiace impazzì e si uccise perché non gli furono assegnate le armi di Achille, che invece gli sarebbero spettate secondo giustizia, essendogli stato preferito lo stesso Ulisse.

61 *colui... Sisifo*: il capo dell'esercito greco contro Troia fu Agamennone; di Sisifo, mitico fondatore di Corinto, si ricordi che era noto tra l'altro per la sua astuzia fraudolenta. Indipendentemente dalle connotazioni morali, in generale i personaggi qui ricordati vogliono essere rappresentativi della grande epopea nazionale greca, cui Omero aveva dato un'illustre sistemazione.

μέμφεσθαι. τοσόνδε μέντοι αὐτῶν δέομαι· τοὺς ὑεῖς μου, ἐπειδὰν ἡβήσωσι, τιμωρήσασθε, ὦ ἄνδρες, ταὐτὰ ταῦτα λυποῦντες ἅπερ ἐγὼ ὑμᾶς ἐλύπουν, ἐὰν ὑμῖν δοκῶσιν ἢ χρημάτων ἢ ἄλλου του πρότερον ἐπιμελεῖσθαι ἢ ἀρετῆς, καὶ ἐὰν δοκῶσί τι εἶναι μηδὲν ὄντες, ὀνειδίζετε αὐτοῖς ὥσπερ ἐγὼ ὑμῖν, ὅτι οὐκ ἐπιμελοῦνται ὧν δεῖ, καὶ οἴονταί τι εἶναι ὄντες οὐδενὸς ἄξιοι. καὶ ἐὰν [42a] ταῦτα ποιῆτε, δίκαια πεπονθὼς ἐγὼ ἔσομαι ὑφ' ὑμῶν αὐτός τε καὶ οἱ ὑεῖς. ἀλλὰ γὰρ ἤδη ὥρα ἀπιέναι, ἐμοὶ μὲν ἀποθανουμένῳ, ὑμῖν δὲ βιωσομένοις· ὁπότεροι δὲ ἡμῶν ἔρχονται ἐπὶ ἄμεινον πρᾶγμα, ἄδηλον παντὶ πλὴν ἢ τῷ θεῷ.

non riguardano gli dèi. Anche ciò che ora è accaduto a me non è accaduto a caso: questo mi è ormai chiarissimo, che morire a questo punto e liberarmi [41e] di tutti i fastidi era per me la cosa migliore. Per questo non mi ha mai fermato un segno divino e, da parte mia, non sono molto in collera con coloro che mi hanno condannato e con quelli che mi hanno accusato. Tuttavia, mi hanno condannato e accusato con un diverso intendimento, credendo di farmi un danno e questo fa ricadere su di loro un giusto rimprovero. Ciò nonostante, di questo li prego: uomini, punite i miei figli, quando avranno raggiunto la pubertà, molestandoli allo stesso modo in cui io molestavo voi, se vi sembrerà che si curino della ricchezza o di qualsiasi altra cosa prima della virtù; e se essi dovessero sembrare a se stessi di un qualche valore senza invece valere nulla, rimproverateli come io ho rimproverato voi perché non si applicano a cose di cui vale la pena e credono di contare qualcosa mentre non contano nulla. Se [42a] farete questo, avremo avuto giustizia da voi, io e i miei figli. Ma ormai è ora di andare: per me alla morte, per voi alla vita. Chi poi di noi si incammini verso la meta migliore, è ignoto a tutti, tranne che al dio.

Simposio
Συμπόσιον

Personaggi
(*in ordine di menzione*)

APOLLODORO Discepolo di Socrate, ricordato anche nell'*Apologia di Socrate* e nel *Fedone*.

AMICO

AGATONE Poeta tragico. Nel 416 a.C., con la sua prima tragedia ottenne la vittoria al concorso tragico, festeggiata qui nel «simposio» tenutosi nella sua casa.

SOCRATE È il noto filosofo (470/469-399 a.C).

ALCIBIADE Celebre uomo politico ateniese: all'epoca del dialogo aveva circa trent'anni.

GLAUCONE Si tratta probabilmente di uno dei fratelli di Platone.

ARISTODEMO Discepolo di Socrate.

ERISSIMACO Medico rinomato, menzionato anche nel *Protagora* e nel *Fedro*.

PAUSANIA Retore, menzionato anche nel *Protagora*.

FEDRO Oratore, lo stesso personaggio cui è dedicato l'omonimo dialogo.

ARISTOFANE Noto commediografo greco (450-385 a.C.): nella commedia *Le Nuvole* aveva fatto una maligna caricatura di Socrate, apparentandolo ai Sofisti.

DIOTIMA Sacerdotessa di Mantinea, piccola *polis* greca. È un personaggio, creato da Platone, che non risulta da altre fonti storiche.

I

ΑΠΟΛ. [172a] Δοκῶ μοι περὶ ὧν πυνθάνεσθε οὐκ ἀμελέτητος εἶναι. καὶ γὰρ ἐτύγχανον πρῴην εἰς ἄστυ οἴκοθεν ἀνιὼν Φαληρόθεν· τῶν οὖν γνωρίμων τις ὄπισθεν κατιδών με πόρρωθεν ἐκάλεσε, καὶ παίζων ἅμα τῇ κλήσει· "Ὦ Φαληρεύς," ἔφη, "οὗτος Ἀπολλόδωρος, οὐ περιμένεις;" Κἀγὼ ἐπιστὰς περιέμεινα. Καὶ ὅς, "Ἀπολλόδωρε," ἔφη, "καὶ μὴν καὶ ἔναγχός σε ἐζήτουν βουλόμενος διαπυθέσθαι τὴν Ἀγάθωνος συνουσίαν [172b] καὶ Σωκράτους καὶ Ἀλκιβιάδου καὶ τῶν ἄλλων τῶν τότε ἐν τῷ συνδείπνῳ παραγενομένων, περὶ τῶν ἐρωτικῶν λόγων τίνες ἦσαν· ἄλλος γάρ τίς μοι διηγεῖτο ἀκηκοὼς Φοίνικος τοῦ Φιλίππου, ἔφη δὲ καὶ σὲ εἰδέναι. ἀλλὰ γὰρ οὐδὲν εἶχε σαφὲς λέγειν. σὺ οὖν μοι διήγησαι· δικαιότατος γὰρ εἶ τοὺς τοῦ ἑταίρου λόγους ἀπαγγέλλειν. πρότερον δέ μοι," ἦ δ᾽ ὅς, "εἰπέ, σὺ αὐτὸς παρεγένου τῇ συνουσίᾳ ταύτῃ ἢ οὔ;" Κἀγὼ εἶπον ὅτι "Παντάπασιν ἔοικέ σοι οὐδὲν διηγεῖσθαι [172c] σαφὲς ὁ διηγούμενος, εἰ νεωστὶ ἡγῇ τὴν συνουσίαν γεγονέναι ταύτην ἣν ἐρωτᾷς, ὥστε καὶ ἐμὲ παραγενέσθαι." "Ἐγώ γε δή," ἔφη. "Πόθεν, ἦν δ᾽ ἐγώ, ὦ Γλαύκων; οὐκ οἶσθ᾽ ὅτι πολλῶν ἐτῶν Ἀγάθων ἐνθάδε οὐκ ἐπιδεδήμηκεν, ἀφ᾽ οὗ δ᾽ ἐγὼ Σωκράτει συνδιατρίβω καὶ ἐπιμελὲς πεποίημαι ἑκάστης ἡμέρας εἰδέναι ὅτι ἂν λέγῃ ἢ πράττῃ, οὐδέπω τρία ἔτη ἐστίν; [173a] πρὸ τοῦ δὲ περιτρέχων ὅπῃ τύχοιμι καὶ οἰόμενος τὶ ποιεῖν ἀθλιώτερος ἦ ὁτουοῦν, οὐχ ἧττον ἢ σὺ νυνί, οἰόμενος δεῖν πάντα μᾶλλον πράττειν ἢ φιλοσοφεῖν." Καὶ ὅς, "Μὴ σκῶπτ᾽," ἔφη, ἀλλ᾽ εἰπέ μοι πότε ἐγένετο ἡ συνουσία αὕτη." Κἀγὼ εἶπον ὅτι "Παίδων ὄντων ἡμῶν ἔτι, ὅτε τῇ πρώτῃ τραγῳδίᾳ ἐνίκησεν Ἀγάθων, τῇ ὑστεραίᾳ ᾗ ᾗ τὰ ἐπινίκια ἔθυεν αὐτός τε καὶ οἱ χορευταί." "Πάνυ," ἔφη, "ἄρα πάλαι, ὡς ἔοικεν. ἀλλὰ τίς σοι διηγεῖτο; ἢ αὐτὸς Σω-

I

APOLLODORO [172a] Su quanto vi preme di sapere non sono impreparato, almeno così mi pare. In effetti uno o due giorni fa stavo salendo in città dal Falero, dove abito. Ed ecco che un tipo di mia conoscenza, riconosciutomi da dietro, si mette a chiamarmi da lontano, con un tono scherzosamente solenne: «Ehi tu, Apollodoro falereo, non mi vuoi aspettare?». E io mi fermo per aspettarlo. «Apollodoro» mi fa «lo sai che stavo proprio cercando te? Volevo sapere qualcosa di preciso riguardo alla riunione che c'è stata tra Agatone, [172b] Socrate, Alcibiade e gli altri che hanno preso parte alla tavolata e dei discorsi che hanno fatto sull'amore (*eros*). Per essere sincero me ne ha fatto parola anche qualcun altro, informato a sua volta da Fenice, il figlio di Filippo, e mi ha detto che anche tu ne eri al corrente. Ma purtroppo non ha saputo dirmi niente di sicuro. Raccontami dunque tu come sono andate le cose, perché nessuno più di te è adatto a riferire le idee del tuo amatissimo amico. Incomincia col dirmi» prosegue «se eri o no presente di persona al convegno...» «Mi pare proprio che» gli rispondo «chi ti ha fatto il resoconto non abbia saputo [172c] essere abbastanza chiaro, se pensi che la riunione di cui sei curioso si sia tenuta in un tempo abbastanza recente perché potessi esserci anch'io.» «Così pensavo» mi dice. «Ma in base a che cosa, Glaucone? Non sai che da un sacco di anni Agatone non abita più qui e che, da quando io passo tutto il mio tempo in compagnia di Socrate, perché mi interessa molto sapere quel che dice e fa ogni giorno, non sono ancora passati tre anni? [173a] Prima giravo in tondo a caso, convinto di fare chissà che, davvero più miserabile di chiunque, non meno di te in

κράτης;" [173b] "Οὐ μὰ τὸν Δία," ἦν δ' ἐγώ, "ἀλλ' ὅσπερ Φοίνικι. Ἀριστόδημος ἦν τις, Κυδαθηναιεύς, σμικρός, ἀνυπόδητος ἀεί· παρεγεγόνει δ' ἐν τῇ συνουσίᾳ, Σωκράτους ἐραστὴς ὢν ἐν τοῖς μάλιστα τῶν τότε, ὡς ἐμοὶ δοκεῖ. οὐ μέντοι ἀλλὰ καὶ Σωκράτη γε ἔνια ἤδη ἀνηρόμην ὧν ἐκείνου ἤκουσα, καί μοι ὡμολόγει καθάπερ ἐκεῖνος διηγεῖτο." "Τί οὖν," ἔφη, "οὐ διηγήσω μοι; πάντως δὲ ἡ ὁδὸς ἡ εἰς ἄστυ ἐπιτηδεία πορευομένοις καὶ λέγειν καὶ ἀκούειν."

Οὕτω δὴ ἰόντες ἅμα τοὺς λόγους περὶ αὐτῶν ἐποιούμεθα, [173c] ὥστε, ὅπερ ἀρχόμενος εἶπον, οὐκ ἀμελετήτως ἔχω. εἰ οὖν δεῖ καὶ ὑμῖν διηγήσασθαι, ταῦτα χρὴ ποιεῖν. καὶ γὰρ ἔγωγε καὶ ἄλλως, ὅταν μέν τινας περὶ φιλοσοφίας λόγους ἢ αὐτὸς ποιῶμαι ἢ ἄλλων ἀκούω, χωρὶς τοῦ οἴεσθαι ὠφελεῖσθαι ὑπερφυῶς ὡς χαίρω· ὅταν δὲ ἄλλους τινάς, ἄλλως τε καὶ τοὺς ὑμετέρους τοὺς τῶν πλουσίων καὶ χρηματιστικῶν, αὐτός τε ἄχθομαι ὑμᾶς τε τοὺς ἑταίρους ἐλεῶ, ὅτι οἴεσθε τὶ ποιεῖν [173d] οὐδὲν ποιοῦντες. καὶ ἴσως αὖ ὑμεῖς ἐμὲ ἡγεῖσθε κακοδαίμονα εἶναι, καὶ οἴομαι ὑμᾶς ἀληθῆ οἴεσθαι· ἐγὼ μέντοι ὑμᾶς οὐκ οἴομαι ἀλλ' εὖ οἶδα.

Εταi. Ἀεὶ ὅμοιος εἶ, ὦ Ἀπολλόδωρε· ἀεὶ γὰρ σαυτόν τε κακηγορεῖς καὶ τοὺς ἄλλους, καὶ δοκεῖς μοι ἀτεχνῶς πάντας ἀθλίους ἡγεῖσθαι πλὴν Σωκράτους, ἀπὸ σαυτοῦ ἀρξάμενος. καὶ ὁπόθεν ποτὲ ταύτην τὴν ἐπωνυμίαν ἔλαβες τὸ μαλακὸς καλεῖσθαι, οὐκ οἶδα ἔγωγε· ἐν μὲν γὰρ τοῖς λόγοις ἀεὶ τοιοῦτος εἶ· σαυτῷ τε καὶ τοῖς ἄλλοις ἀγριαίνεις πλὴν Σωκράτους.

Απολ. [173e] Ὦ φίλτατε, καὶ δῆλόν γε δὴ ὅτι οὕτω διανοούμενος καὶ περὶ ἐμαυτοῦ καὶ περὶ ὑμῶν μαίνομαι καὶ παραπαίω;

Εταi. Οὐκ ἄξιον περὶ τούτων, Ἀπολλόδωρε, νῦν ἐρίζειν· ἀλλ' ὅπερ ἐδεόμεθά σου, μὴ ἄλλως ποιήσῃς, ἀλλὰ διήγησαι τίνες ἦσαν οἱ λόγοι.

questo momento, che sei disposto a fare qualsiasi cosa tranne che filosofare!» «Non scherzare» mi replica. «Dimmi piuttosto quando c'è stata questa riunione.» «Quando noi due eravamo ancora ragazzi» gli dico. «Fu quando Agatone risultò vincitore nell'agone tragico con la sua prima opera e il giorno dopo celebrò il dovuto sacrificio con i suoi coreuti.» «Allora» prosegue lui «è passato davvero un sacco di tempo! Ma chi te ne ha parlato? Socrate in persona?» E io sbotto: [173b] «No, santo cielo! Proprio lo stesso uomo che ne ha parlato a Fenice: un certo Aristodemo di Cidatene, un poveraccio, sempre a piedi nudi. Era presente alla riunione come innamorato di Socrate, di cui a quei tempi era, a quanto pare, uno degli ammiratori più assidui. Ciò non toglie, per dire come stanno le cose, che io più tardi non abbia fatto qualche domanda a Socrate su quello che l'altro mi aveva raccontato, e lui me ne ha confermato il racconto». Mi ribatte: «Ma come? E tu adesso non vuoi passarmi queste informazioni? Tanto più che la strada che va in città è l'ideale per parlare e ascoltare mentre si cammina».

Ecco come, continuando a camminare, abbiamo affrontato l'argomento, [173c] e così, come vi dicevo all'inizio, non mi sento al riguardo preso alla sprovvista. Per questo, se devo fare una relazione anche a voi, sono pronto. Del resto è un fatto che per me parlare personalmente di filosofia o ascoltare altri che ne parlano, anche lasciando stare che sono convinto di guadagnarci, è un grandissimo piacere. Stare invece a sentire altri discorsi, specialmente i vostri, quelli soliti dei ricconi e dei mercanti, questo sì che mi pesa! E voi, gente mia, mi fate pena, perché credete di fare qualcosa d'importante, mentre [173d] non fate un bel niente! In compenso, sono io quello che voi probabilmen-

ΑΠΟΛ. Ἦσαν τοίνυν ἐκεῖνοι τοιοίδε τινές — μᾶλλον δ' [174a] ἐξ ἀρχῆς ὑμῖν ὡς ἐκεῖνος διηγεῖτο καὶ ἐγὼ πειράσομαι διηγήσασθαι.

II

Ἔφη γάρ οἱ Σωκράτη ἐντυχεῖν λελουμένον τε καὶ τὰς βλαύτας ὑποδεδεμένον, ἃ ἐκεῖνος ὀλιγάκις ἐποίει· καὶ ἐρέσθαι αὐτὸν ὅποι ἴοι οὕτω καλὸς γεγενημένος.

Καὶ τὸν εἰπεῖν ὅτι Ἐπὶ δεῖπνον εἰς Ἀγάθωνος. χθὲς γὰρ αὐτὸν διέφυγον τοῖς ἐπινικίοις, φοβηθεὶς τὸν ὄχλον· ὡμολόγησα δ' εἰς τήμερον παρέσεσθαι. ταῦτα δὴ ἐκαλλωπι-

te giudicate un poveraccio, e posso essere d'accordo che, pensando ciò, abbiate ragione. Ma è sicuro che io, di voi, non *lo penso*: *lo so*, e con assoluta certezza.

AMICO Sei sempre il solito, Apollodoro! In effetti tu parli male sul conto degli altri come sul tuo e ho l'impressione che per te, a cominciare da te stesso, gli uomini in blocco siano tutti dei poveracci, Socrate escluso. Ma dove diavolo sei andato a prendere l'appellativo di tenero che ti porti addosso? Io non riesco proprio a capirlo perché, nei tuoi discorsi, appari sempre quello che ti sei mostrato ora: duro e aggressivo verso te stesso come verso gli altri, Socrate a parte.

APOLLODORO [173e] Dunque, amico mio, dato che la penso così sul mio conto come sul vostro conto, sarei evidentemente un pazzo furioso, un uomo fuori di testa...

AMICO Su questa faccenda, Apollodoro, oggi non vale la pena di discutere. Invece, a proposito di quello che ti avevamo chiesto, non è bello che tu faccia delle storie! Raccontaci per bene che discorsi si fecero quella volta.

APOLLODORO D'accordo! Ecco pressappoco quali furono... Ma sarà meglio che vi cominci il racconto dall'inizio [174a], come ha fatto con me Aristodemo.

II

Mi ha riferito di aver incontrato Socrate tutto lustro, con i sandali (il che succedeva di rado!) e di avergli domandato dove mai andasse per essersi messo così in tiro.

«A cena da Agatone» gli rispose. «Ieri infatti, in occasione della cerimonia celebrativa per la sua vittoria, ho svicolato per timore della ressa, ma oggi gli ho promesso di esserci.

σάμην, ἵνα καλὸς παρὰ καλὸν ἴω. ἀλλὰ σύ, ἦ δ᾽ ὅς, πῶς [174b] ἔχεις πρὸς τὸ ἐθέλειν ἂν ἰέναι ἄκλητος ἐπὶ δεῖπνον;

Κἀγώ, ἔφη, εἶπον ὅτι Οὕτως ὅπως ἂν σὺ κελεύῃς.

Ἕπου τοίνυν, ἔφη, ἵνα καὶ τὴν παροιμίαν διαφθείρωμεν μεταβάλλοντες, ὡς ἄρα καὶ Ἀγαθῶν ἐπὶ δαῖτας ἴασιν αὐτόματοι ἀγαθοί. Ὅμηρος μὲν γὰρ κινδυνεύει οὐ μόνον διαφθεῖραι ἀλλὰ καὶ ὑβρίσαι εἰς ταύτην τὴν παροιμίαν· ποιήσας γὰρ τὸν Ἀγαμέμνονα διαφερόντως ἀγαθὸν ἄνδρα [174c] τὰ πολεμικά, τὸν δὲ Μενέλεων "μαλθακὸν αἰχμητήν," θυσίαν ποιουμένου καὶ ἑστιῶντος τοῦ Ἀγαμέμνονος ἄκλητον ἐποίησεν ἐλθόντα τὸν Μενέλεων ἐπὶ τὴν θοίνην, χείρω ὄντα ἐπὶ τὴν τοῦ ἀμείνονος.

Ταῦτ᾽ ἀκούσας εἰπεῖν ἔφη Ἴσως μέντοι κινδυνεύσω καὶ ἐγὼ οὐχ ὡς σὺ λέγεις, ὦ Σώκρατες, ἀλλὰ καθ᾽ Ὅμηρον φαῦλος ὢν ἐπὶ σοφοῦ ἀνδρὸς ἰέναι θοίνην ἄκλητος. ὅρα οὖν ἄγων μέ τι ἀπολογήσῃ, ὡς ἐγὼ μὲν οὐχ ὁμολογήσω ἄκλητος [174d] ἥκειν, ἀλλ᾽ ὑπὸ σοῦ κεκλημένος.

"Σύν τε δύ᾽," ἔφη, ἐρχομένω πρὸ ὁδοῦ" βουλευσόμεθα ὅτι ἐροῦμεν. ἀλλ᾽ ἴωμεν.

Τοιαῦτ᾽ ἄττα σφᾶς ἔφη διαλεχθέντας ἰέναι. τὸν οὖν Σωκράτη ἑαυτῷ πως προσέχοντα τὸν νοῦν κατὰ τὴν ὁδὸν πορεύεσθαι ὑπολειπόμενον, καὶ περιμένοντος οὗ κελεύειν προϊέναι εἰς τὸ πρόσθεν. ἐπειδὴ δὲ γενέσθαι ἐπὶ τῇ οἰκίᾳ [174e] τῇ Ἀγάθωνος, ἀνεῳγμένην καταλαμβάνειν τὴν θύραν, καί τι ἔφη αὐτόθι γελοῖον παθεῖν. οἷ μὲν γὰρ εὐθὺς παῖδά τινα τῶν ἔνδοθεν ἀπαντήσαντα ἄγειν οὗ κατέκειντο οἱ ἄλλοι, καὶ καταλαμβάνειν ἤδη μέλλοντας δειπνεῖν· εὐθὺς δ᾽ οὖν ὡς ἰδεῖν τὸν Ἀγάθωνα, Ὦ, φάναι, Ἀριστόδημε, εἰς καλὸν ἥκεις ὅπως συνδειπνήσῃς· εἰ δ᾽ ἄλλου τινὸς ἕνεκα ἦλθες, εἰς αὖθις ἀναβαλοῦ, ὡς καὶ χθὲς ζητῶν σε ἵνα καλέσαιμι οὐχ οἷός τ᾽ ἦ ἰδεῖν. ἀλλὰ Σωκράτη ἡμῖν πῶς οὐκ ἄγεις;

Ecco perché mi sono messo in tiro: per essere bello, visto che sto andando a casa di un bello. Ma a te» aggiunse [174b] «non andrebbe di partecipare a questo banchetto senza essere stato invitato?» «Farò come vuoi tu» gli rispose.

«Bene, in questo caso, vieni con me» proseguì Socrate. «Così, forzandolo un po', faremo dire al proverbio che "ai banchetti dei nobili, i nobili si presentano spontaneamente".[1] Anche Omero, si dà il caso, non solo lo ha forzato un po', ma ha proprio fatto violenza a questo detto. Presenta infatti Agamennone come un uomo eccezionalmente valoroso [174c] in battaglia e Menelao come un "molle guerriero";[2] poi però, quando Agamennone in occasione di un sacrificio offre un banchetto, racconta che Menelao si presenta alla festa senza essere stato invitato:[3] un uomo di valore mediocre alla tavola di un uomo dal valore assai più grande.»

Aristodemo mi disse di aver commentato a questo punto: «Mi sa che l'interpretazione del nostro caso, per quanto mi riguarda, non sarà quella che prospetti tu, o Socrate, ma, proprio come accade in Omero, quella per cui io, uomo da nulla, mi presento al banchetto di un uomo tanto distinto senza essere stato invitato. Dato dunque che mi ci porti tu, tocca a te trovare una giustificazione, perché da parte mia non acconsentirò mai a dire di essermi presentato senza essere stato invitato [174d] e dirò invece di essere stato invitato da te».

E Socrate: «"Dal momento che facciamo la strada

---

[1] *ai banchetti... spontaneamente*: il testo greco contiene un gioco di parole tra il nome proprio «Agatone» e il sostantivo *agathoi*, «nobili». È probabile che il proverbio modificato da Socrate suonasse in origine così: «ai banchetti degli inferiori i nobili si presentano spontaneamente».

[2] Omero, *Iliade* XVII, 588.

[3] Omero, *Iliade* II, 408.

Καὶ ἐγώ, ἔφη, μεταστρεφόμενος οὐδαμοῦ ὁρῶ Σωκράτη ἑπόμενον· εἶπον οὖν ὅτι καὶ αὐτὸς μετὰ Σωκράτους ἥκοιμι, κληθεὶς ὑπ᾽ ἐκείνου δεῦρ᾽ ἐπὶ δεῖπνον.

Καλῶς γ᾽, ἔφη, ποιῶν σύ· ἀλλὰ ποῦ ἔστιν οὗτος;

[175a] Ὄπισθεν ἐμοῦ ἄρτι εἰσῄει· ἀλλὰ θαυμάζω καὶ αὐτὸς ποῦ ἂν εἴη.

Οὐ σκέψῃ, ἔφη, παῖ, φάναι τὸν Ἀγάθωνα, καὶ εἰσάξεις Σωκράτη; σὺ δ᾽, ἦ δ᾽ ὅς, Ἀριστόδημε, παρ᾽ Ἐρυξίμαχον κατακλίνου.

insieme",[4] potremo decidere insieme che cosa dire. Per il momento, mettiamoci in cammino!».

Nel proseguire il suo racconto Aristodemo mi disse come, dopo qualche altro scambio di battute di questo tipo, si avviarono. Durante il cammino Socrate, completamente assorto in una sua meditazione interiore, tendeva a restare indietro e, siccome Aristodemo si fermava regolarmente ad aspettarlo, gli disse di andare pure avanti al suo passo. E così, Aristodemo arrivò alla casa [174e] di Agatone. Ne trovò la porta principale aperta e lì gli successe, così raccontò, una cosa buffa. Subito dall'interno della casa gli era venuto incontro un servo, che lo accompagnò dove si erano accomodati gli altri invitati, ormai sul punto di iniziare a mangiare. Appena Agatone lo vide: «Aristodemo» esclamò «arrivi benvenuto al momento giusto: siediti a tavola con noi! Se ti ha portato qui un altro motivo, mettilo da parte per dopo, perché anche ieri ti cercavo per invitarti e non mi è riuscito di rintracciarti. Ma com'è che non ci porti Socrate?».

Voltatosi – così continuava a rievocare l'episodio Aristodemo – non vide alcuna traccia di Socrate alle sue spalle. «Eppure» disse «sono appunto venuto qui alla cena con Socrate, che mi ha invitato.»

«Bravo, hai fatto benissimo» intervenne Agatone. «Ma lui dov'è?»

[175a] «Un attimo fa camminava dietro di me... Sono il primo a essere meravigliato e mi chiedo dove mai si sia cacciato.»

«Ehi, ragazzo!» ordinò Agatone. «Corri a cercare Socrate e portalo qui con noi! Intanto tu, Aristodemo» aggiunse «stenditi là, vicino a Erissimaco.»

---

[4] Omero, *Iliade* X, 224.

III

Καὶ ἓ μὲν ἔφη ἀπονίζειν τὸν παῖδα ἵνα κατακέοιτο· ἄλλον δέ τινα τῶν παίδων ἥκειν ἀγγέλλοντα ὅτι "Σωκράτης οὗτος ἀναχωρήσας ἐν τῷ τῶν γειτόνων προθύρῳ ἕστηκεν, κἀμοῦ καλοῦντος οὐκ ἐθέλει εἰσιέναι."

Ἄτοπόν γ', ἔφη, λέγεις· οὔκουν καλεῖς αὐτὸν καὶ μὴ ἀφήσεις;

[175b] καὶ ὃς ἔφη εἰπεῖν Μηδαμῶς, ἀλλ' ἐᾶτε αὐτόν. ἔθος γάρ τι τοῦτ' ἔχει· ἐνίοτε ἀποστὰς ὅποι ἂν τύχῃ ἕστηκεν. ἥξει δ' αὐτίκα, ὡς ἐγὼ οἶμαι. μὴ οὖν κινεῖτε, ἀλλ' ἐᾶτε.

Ἀλλ' οὕτω χρὴ ποιεῖν, εἰ σοὶ δοκεῖ, ἔφη φάναι τὸν Ἀγάθωνα. ἀλλ' ἡμᾶς, ὦ παῖδες, τοὺς ἄλλους ἑστιᾶτε. πάντως παρατίθετε ὅτι ἂν βούλησθε, ἐπειδάν τις ὑμῖν μὴ ἐφεστήκῃ — ὃ ἐγὼ οὐδεπώποτε ἐποίησα — νῦν οὖν, νομίζοντες καὶ ἐμὲ ὑφ' ὑμῶν κεκλῆσθαι ἐπὶ δεῖπνον καὶ τούσδε τοὺς [175c] ἄλλους, θεραπεύετε, ἵν' ὑμᾶς ἐπαινῶμεν.

Μετὰ ταῦτα ἔφη σφᾶς μὲν δειπνεῖν, τὸν δὲ Σωκράτη οὐκ εἰσιέναι. τὸν οὖν Ἀγάθωνα πολλάκις κελεύειν μεταπέμψασθαι τὸν Σωκράτη, ἓ δὲ οὐκ ἐᾶν. ἥκειν οὖν αὐτὸν οὐ πολὺν χρόνον ὡς εἰώθει διατρίψαντα, ἀλλὰ μάλιστα σφᾶς μεσοῦν δειπνοῦντας. τὸν οὖν Ἀγάθωνα — τυγχάνειν γὰρ ἔσχατον κατακείμενον μόνον — Δεῦρ', ἔφη φάναι, Σώκρατες, παρ' ἐμὲ κατάκεισο, ἵνα καὶ τοῦ σοφοῦ ἁπτόμενός σου [175d] ἀπολαύσω, ὅ σοι προσέστη ἐν τοῖς προθύροις. δῆλον γὰρ ὅτι ηὗρες αὐτὸ καὶ ἔχεις· οὐ γὰρ ἂν προαπέστης.

Καὶ τὸν Σωκράτη καθίζεσθαι καὶ εἰπεῖν ὅτι Εὖ ἂν ἔχοι, φάναι, ὦ Ἀγάθων, εἰ τοιοῦτον εἴη ἡ σοφία ὥστ' ἐκ τοῦ πληρεστέρου εἰς τὸ κενώτερον ῥεῖν ἡμῶν, ἐὰν ἁπτώμεθα ἀλλήλων, ὥσπερ τὸ ἐν ταῖς κύλιξιν ὕδωρ τὸ διὰ τοῦ ἐρίου

III

Un ragazzo stava dunque servendolo perché si ripulisse prima di andare a tavola, quando arrivò un altro servo ad annunciare: «Il vostro Socrate si è rincantucciato nel vestibolo dei vicini e se ne sta lì in piedi senza muoversi. Io ho avuto un bel chiamarlo, ma lui non si decide a entrare».

«Va' ancora a chiamarlo, non desistere!» esclamò Agatone.

[175b] «Lasciate perdere» intervenne allora Aristodemo. «Lasciatelo in pace, perché gli capita spesso di isolarsi in questo modo e restarsene lì immobile, dove capita. Del resto tra un po' si farà vedere, immagino.»

«E va bene» si rassegnò Agatone. «Se tu sei di questo parere, facciamo così... Intanto, forza, ragazzi! Fate mangiare almeno noi! Mettete sempre in tavola quello che piace a voi quando nessuno vi sorveglia, e questo è ciò che non mi sono mai sognato di fare. Ebbene: immaginate oggi che in questo banchetto io e gli altri [175c] ospiti presenti siamo vostri invitati e trattateci così da meritare i nostri complimenti.»

A questo punto, raccontò Aristodemo, si apprestarono a mangiare senza che Socrate fosse ancora arrivato. Agatone manifestò più volte il desiderio che lo si andasse a chiamare, ma Aristodemo lo dissuase. Finalmente arrivò, con meno ritardo del suo solito, ma comunque circa a metà della cena. Agatone allora (era infatti l'unico occupante dell'ultimo posto): «Qui, Socrate!» disse. «Stenditi vicino a me, cosicché, per contatto, [175d] approfitti anch'io del pieno di sapienza che hai fatto nel vestibolo dei vicini. Perché l'hai fatta, è chiaro, una provvista di sapienza, e ce l'hai con te. Altrimenti non ti saresti più mosso dal vestibolo.»

«Sarebbe bello» disse Socrate accomodandosi «se la sa-

ῥέον ἐκ τῆς πληρεστέρας εἰς τὴν κενωτέραν. εἰ γὰρ οὕτως ἔχει καὶ ἡ [175e] σοφία, πολλοῦ τιμῶμαι τὴν παρὰ σοὶ κατάκλισιν· οἶμαι γάρ με παρὰ σοῦ πολλῆς καὶ καλῆς σοφίας πληρωθήσεσθαι. ἡ μὲν γὰρ ἐμὴ φαύλη τις ἂν εἴη, ἢ καὶ ἀμφισβητήσιμος ὥσπερ ὄναρ οὖσα, ἡ δὲ σὴ λαμπρά τε καὶ πολλὴν ἐπίδοσιν ἔχουσα, ἥ γε παρὰ σοῦ νέου ὄντος οὕτω σφόδρα ἐξέλαμψεν καὶ ἐκφανὴς ἐγένετο πρῴην ἐν μάρτυσι τῶν Ἑλλήνων πλέον ἢ τρισμυρίοις.

Ὑβριστὴς εἶ, ἔφη, ὦ Σώκρατες, ὁ Ἀγάθων. καὶ ταῦτα μὲν καὶ ὀλίγον ὕστερον διαδικασόμεθα ἐγώ τε καὶ σὺ περὶ τῆς σοφίας, δικαστῇ χρώμενοι τῷ Διονύσῳ· νῦν δὲ πρὸς τὸ δεῖπνον πρῶτα τρέπου.

IV

[176a] Μετὰ ταῦτα, ἔφη, κατακλινέντος τοῦ Σωκράτους καὶ δειπνήσαντος καὶ τῶν ἄλλων, σπονδάς τε σφᾶς ποιήσασθαι, καὶ ᾄσαντας τὸν θεὸν καὶ τἆλλα τὰ νομιζόμενα, τρέπεσθαι πρὸς τὸν πότον· τὸν οὖν Παυσανίαν ἔφη λόγου τοιούτου τινὸς κατάρχειν. Εἶεν, ἄνδρες, φάναι, τίνα τρόπον ῥᾷστα πιόμεθα; ἐγὼ μὲν οὖν λέγω ὑμῖν ὅτι τῷ ὄντι πάνυ χαλεπῶς ἔχω ὑπὸ τοῦ χθὲς πότου καὶ δέομαι ἀναψυχῆς τινός — οἶμαι δὲ καὶ ὑμῶν τοὺς πολλούς· παρῆστε γὰρ χθές — σκοπεῖσθε [176b] οὖν τίνι τρόπῳ ἂν ὡς ῥᾷστα πίνοιμεν.

Τὸν οὖν Ἀριστοφάνη εἰπεῖν, Τοῦτο μέντοι εὖ λέγεις, ὦ

pienza fosse di tale natura per cui potesse scorrere, toccandosi l'uno con l'altro, da quello di noi che ne è più pieno a quello che ne è più vuoto, proprio come nelle coppe l'acqua cola attraverso il filo di lana dalla più piena alla più vuota. Se è così anche per la [175e] sapienza, giudico per quanto mi riguarda un grande vantaggio l'onore di essere disteso al tuo fianco: dato che tu ne sei la fonte, una grande e bella sapienza arriverà a riempirmi! La mia, in realtà, è una sapienza che vale ben poco o, peggio ancora, di qualità discutibile, come i sogni; invece la tua è fulgida e capace di accrescersi nel tempo, questa sapienza che hai fatto risplendere con tanto vigore pur essendo così giovane e che due giorni fa si è resa manifesta di fronte a più di trentamila Greci come testimoni.»

«Stai partendo d'attacco» lo bloccò Agatone. «Questa disputa sulla sapienza io e te ce la giocheremo un po' più tardi, e sarà Dioniso a farci da giudice! Per il momento, pensa a mangiare!»

IV

[176a] Nel racconto di Aristodemo dopo questo scambio di battute, una volta che Socrate si fu disteso per partecipare con gli altri invitati alla cena, si fecero i brindisi, si intonò il canto in onore del dio e si espletarono tutti gli altri riti del caso. A questo punto si disposero a bere. Il primo a dire la sua fu Pausania, più o meno in questi termini: «Ebbene, gente, troveremo una maniera di bere più leggera del solito? Sinceramente, da parte mia accuso ancora i postumi della bevuta di ieri e davvero ho bisogno di riprendere un po' di fiato. Questo è il caso, mi pare, anche della maggior parte

Παυσανία, τὸ παντὶ τρόπῳ παρασκευάσασθαι ῥᾳστώνην τινὰ τῆς πόσεως· καὶ γὰρ αὐτός εἰμι τῶν χθὲς βεβαπτισμένων.

Ἀκούσαντα οὖν αὐτῶν ἔφη Ἐρυξίμαχον τὸν Ἀκουμενοῦ Ἦ καλῶς, φάναι, λέγετε. καὶ ἔτι ἑνὸς δέομαι ὑμῶν ἀκοῦσαι πῶς ἔχει πρὸς τὸ ἐρρῶσθαι πίνειν, Ἀγάθων‹ος›.

Οὐδαμῶς, φάναι, οὐδ᾽ αὐτὸς ἔρρωμαι.

[176c] Ἕρμαιον ἂν εἴη ἡμῖν, ἦ δ᾽ ὅς, ὡς ἔοικεν, ἐμοί τε καὶ Ἀριστοδήμῳ καὶ Φαίδρῳ καὶ τοῖσδε, εἰ ὑμεῖς οἱ δυνατώτατοι πίνειν νῦν ἀπειρήκατε· ἡμεῖς μὲν γὰρ ἀεὶ ἀδύνατοι. Σωκράτη δ᾽ ἐξαιρῶ λόγου· ἱκανὸς γὰρ καὶ ἀμφότερα, ὥστ᾽ ἐξαρκέσει αὐτῷ ὁπότερ᾽ ἂν ποιῶμεν. ἐπειδὴ οὖν μοι δοκεῖ οὐδεὶς τῶν παρόντων προθύμως ἔχειν πρὸς τὸ πολὺν πίνειν οἶνον, ἴσως ἂν ἐγὼ περὶ τοῦ μεθύσκεσθαι οἷόν ἐστι τἀληθῆ λέγων ἧττον ἂν εἴην ἀηδής. ἐμοὶ γὰρ δὴ τοῦτό γε οἶμαι [176d] κατάδηλον γεγονέναι ἐκ τῆς ἰατρικῆς, ὅτι χαλεπὸν τοῖς ἀνθρώποις ἡ μέθη ἐστίν· καὶ οὔτε αὐτὸς ἑκὼν εἶναι πόρρω ἐθελήσαιμι ἂν πιεῖν οὔτε ἄλλῳ συμβουλεύσαιμι, ἄλλως τε καὶ κραιπαλῶντα ἔτι ἐκ τῆς προτεραίας.

Ἀλλὰ μήν, ἔφη φάναι ὑπολαβόντα Φαῖδρον τὸν Μυρρινούσιον, ἔγωγέ σοι εἴωθα πείθεσθαι ἄλλως τε καὶ ἅττ᾽ ἂν περὶ ἰατρικῆς λέγῃς· νῦν δ᾽, ἂν εὖ βουλεύωνται, καὶ οἱ λοιποί. [176e] ταῦτα δὴ ἀκούσαντας συγχωρεῖν πάντας μὴ διὰ μέθης ποιήσασθαι τὴν ἐν τῷ παρόντι συνουσίαν, ἀλλ᾽ οὕτω πίνοντας πρὸς ἡδονήν.

di voi, perché anche voi ieri eravate della partita. Pensate dunque [176b] a quale potrebbe essere il modo più leggero di bere».

«Hai proprio parlato molto bene, Pausania» disse allora Aristofane «a proposito della necessità di avere la mano leggera nel bere... Sono anch'io tra quelli che ieri hanno fatto il pieno!»

«Parole sante!» continuò, dopo averli sentiti parlare così, Erissimaco, figlio di Acumeno. «Ma ce n'è un altro, tra voi, di cui mi interessa conoscere il parere: Agatone, come sei messo quanto a resistenza al bere?»

«Non reggo più, proprio più nemmeno io» fu la sua risposta.

[176c] «È un'insperata fortuna per noi, senza dubbio, per me come per Aristodemo, per Fedro, per tutta la compagnia il fatto che voi, che siete i bevitori più forti, abbiate dichiarato partita vinta! Noi altri, in effetti, a questo proposito siamo sempre stati dei dilettanti. Quanto a Socrate, non lo metto nemmeno in conto perché, in un caso come nell'altro, è sempre così perfettamente all'altezza delle circostanze che, qualunque decisione dovessimo prendere, vi si adatterà benissimo. Insomma, dal momento che, fra quelli che si trovano qui, non mi pare ci sia nessuno che abbia molta voglia di tracannare vino a fiumi, forse questa volta non vi seccherò troppo se vi dico come stanno effettivamente le cose sul fatto di ubriacarsi: ci troviamo infatti di fronte a una verità [176d] risultata evidente dalla pratica della medicina, ed è quella per cui ubriacarsi fa molto male agli uomini. Per questo né consentirei a me personalmente di esagerare con il vino, né lo consiglierei a un altro, soprattutto se si è alzato la mattina con la testa ancora pesante dal giorno prima.»

«Quanto a me» lo interruppe Fedro di Mirrinunte «sono

V

Ἐπειδὴ τοίνυν, φάναι τὸν Ἐρυξίμαχον, τοῦτο μὲν δέδοκται, πίνειν ὅσον ἂν ἕκαστος βούληται, ἐπάναγκες δὲ μηδὲν εἶναι, τὸ μετὰ τοῦτο εἰσηγοῦμαι τὴν μὲν ἄρτι εἰσελθοῦσαν αὐλητρίδα χαίρειν ἐᾶν, αὐλοῦσαν ἑαυτῇ ἢ ἂν βούληται ταῖς γυναιξὶ ταῖς ἔνδον, ἡμᾶς δὲ διὰ λόγων ἀλλήλοις συνεῖναι τὸ τήμερον· καὶ δι᾽ οἵων λόγων, εἰ βούλεσθε, ἐθέλω ὑμῖν εἰσηγήσασθαι.

[177a] Φάναι δὴ πάντας καὶ βούλεσθαι καὶ κελεύειν αὐτὸν εἰσηγεῖσθαι. εἰπεῖν οὖν τὸν Ἐρυξίμαχον ὅτι Ἡ μέν μοι ἀρχὴ τοῦ λόγου ἐστὶ κατὰ τὴν Εὐριπίδου Μελανίππην· οὐ γὰρ ἐμὸς ὁ μῦθος, ἀλλὰ Φαίδρου τοῦδε, ὃν μέλλω λέγειν. Φαῖδρος γὰρ ἑκάστοτε πρός με ἀγανακτῶν λέγει Οὐ δεινόν, φησίν, ὦ Ἐρυξίμαχε, ἄλλοις μέν τισι θεῶν ὕμνους καὶ παίωνας εἶναι ὑπὸ τῶν ποιητῶν πεποιημένους, τῷ δὲ Ἔρωτι, τηλικούτῳ ὄντι καὶ τοσούτῳ θεῷ, μηδὲ ἕνα πώποτε τοσούτων [177b] γεγονότων ποιητῶν πεποιηκέναι μηδὲν ἐγκώμιον; εἰ δὲ βούλει αὖ σκέψασθαι τοὺς χρηστοὺς σοφιστάς, Ἡρακλέους μὲν καὶ ἄλλων ἐπαίνους καταλογάδην συγγράφειν, ὥσπερ ὁ βέλτιστος Πρόδικος — καὶ τοῦτο μὲν ἧττον καὶ θαυμαστόν, ἀλλ᾽ ἔγωγε ἤδη τινὶ ἐνέτυχον βιβλίῳ ἀνδρὸς σοφοῦ, ἐν ᾧ ἐνῆσαν ἅλες ἔπαινον θαυμάσιον ἔχοντες πρὸς ὠφελίαν,

sempre disposto a ubbidirti, particolarmente se parli di medicina, ma questo è quello che oggi, se ci rifletteranno bene, faranno anche gli altri.» [176e] Ascoltando queste osservazioni convennero tutti di non puntare in quella riunione a ubriacarsi, ma di bere soltanto per il piacere di stare in compagnia.

Erissimaco

V

«Allora» concluse Erissimaco «dal momento che abbiamo deciso che ciascuno può bere quanto vuole, senza costrizione alcuna, faccio una proposta: mandiamo via la flautista, che è appena entrata; potrà andare a suonare per sé o, se le va, per le donne della casa. Noi potremo così oggi, stando in compagnia, dedicare il nostro tempo alla conversazione. Su che argomento? In proposito, se non avete obiezioni, avrei da fare un'altra proposta.»

[177a] Tutti si dichiararono d'accordo e lo invitarono a dire quello che voleva dire. «Per introdurre il discorso» continuò allora Erissimaco «mi rifaccio alla *Melanippe* di Euripide: "No, non sono mie le parole che sto per dire",[5] ma di Fedro che è qui con noi. Tutte le volte che ne ha l'occasione, Fedro sbotta indignato: "Non è uno scandalo, Erissimaco, che il tale o il tal altro dio abbiano ispirato ai poeti la composizione di inni e canti trionfali, mentre per Amore (*Eros*), che è un dio così antico, così importante, non si è mai trovato un solo poeta fra quelli [177b] che si sono fatti un nome che gli dedicasse un encomio? Se poi,

[5] Euripide, *Melanippe saggia*, frammento 484 dell'edizione Kannicht (*Tragicorum Graecorum Fragmenta*, 2004).

καὶ ἄλλα τοιαῦτα [177c] συχνὰ ἴδοις ἂν ἐγκεκωμιασμένα — τὸ οὖν τοιούτων μὲν πέρι πολλὴν σπουδὴν ποιήσασθαι, Ἔρωτα δὲ μηδένα πω ἀνθρώπων τετολμηκέναι εἰς ταυτηνὶ τὴν ἡμέραν ἀξίως ὑμνῆσαι· ἀλλ᾽ οὕτως ἠμέληται τοσοῦτος θεός. ταῦτα δή μοι δοκεῖ εὖ λέγειν Φαῖδρος. ἐγὼ οὖν ἐπιθυμῶ ἅμα μὲν τούτῳ ἔρανον εἰσενεγκεῖν καὶ χαρίσασθαι, ἅμα δ᾽ ἐν τῷ παρόντι πρέπον μοι δοκεῖ εἶναι ἡμῖν τοῖς παροῦσι κοσμῆσαι τὸν θεόν. εἰ οὖν [177d] συνδοκεῖ καὶ ὑμῖν, γένοιτ᾽ ἂν ἡμῖν ἐν λόγοις ἱκανὴ διατριβή· δοκεῖ γάρ μοι χρῆναι ἕκαστον ἡμῶν λόγον εἰπεῖν ἔπαινον Ἔρωτος ἐπὶ δεξιὰ ὡς ἂν δύνηται κάλλιστον, ἄρχειν δὲ Φαῖδρον πρῶτον, ἐπειδὴ καὶ πρῶτος κατάκειται καὶ ἔστιν ἅμα πατὴρ τοῦ λόγου.

Οὐδείς σοι, ὦ Ἐρυξίμαχε, φάναι τὸν Σωκράτη, ἐναντία ψηφιεῖται. οὔτε γὰρ ἄν που ἐγὼ ἀποφήσαιμι, ὃς οὐδέν φημι ἄλλο ἐπίστασθαι ἢ τὰ ἐρωτικά, οὔτε που Ἀγάθων καὶ [177e] Παυσανίας, οὐδὲ μὴν Ἀριστοφάνης, ᾧ περὶ Διόνυσον καὶ Ἀφροδίτην πᾶσα ἡ διατριβή, οὐδὲ ἄλλος οὐδεὶς τουτωνὶ ὧν ἐγὼ ὁρῶ. καίτοι οὐκ ἐξ ἴσου γίγνεται ἡμῖν τοῖς ὑστάτοις κατακειμένοις· ἀλλ᾽ ἐὰν οἱ πρόσθεν ἱκανῶς καὶ καλῶς εἴπωσιν, ἐξαρκέσει ἡμῖν. ἀλλὰ τύχῃ ἀγαθῇ καταρχέτω Φαῖδρος καὶ ἐγκωμιαζέτω τὸν Ἔρωτα.

Ταῦτα δὴ καὶ οἱ ἄλλοι πάντες ἄρα συνέφασάν τε καὶ [178a] ἐκέλευον ἅπερ ὁ Σωκράτης. πάντων μὲν οὖν ἃ ἕκαστος εἶπεν, οὔτε πάνυ ὁ Ἀριστόδημος ἐμέμνητο οὔτ᾽ αὖ ἐγὼ ἃ ἐκεῖνος ἔλεγε πάντα· ἃ δὲ μάλιστα καὶ ὧν ἔδοξέ μοι ἀξιομνημόνευτον, τούτων ὑμῖν ἐρῶ ἑκάστου τὸν λόγον.

d'altro canto, vai a guardare i sofisti di valore, scopri che è degli altri dèi che scrivono i loro elogi in prosa, per esempio Eracle, come ha fatto l'ottimo Prodico.[6] E questa non è ancora la cosa più strana. Pensa che mi è capitato in mano il libro di un sapiente che conteneva un sorprendente elogio del sale, in quanto è una sostanza molto utile. [177c] E non è il solo esempio di discorso celebrativo di questo genere. Ebbene, tanta fatica spesa per la gloria di simili soggetti e nessun uomo, fino a oggi, che se la sia sentita di celebrare Amore in maniera degna di lui! Ecco fino a che punto si è trascurata una divinità così grande!". A me sembra che Fedro abbia perfettamente ragione di parlare così; desidero dunque farlo contento con il mio personale contributo e nel contempo penso che a tutti noi qui presenti competa, in questa occasione, di celebrare il dio. Perciò, se [177d] anche voi siete d'accordo, son convinto che avremo abbastanza da dire per passare il nostro tempo in conversazione. Secondo la mia proposta, procedendo da destra, ciascuno di noi dovrà pronunciare un elogio di Amore, il più bello possibile; il primo a parlare sarà Fedro, perché non solo occupa il primo posto, ma per così dire gli spetta la paternità dell'argomento.»

«Nessuno, Erissimaco,» intervenne allora Socrate «voterà contro la tua proposta, certo non io, che sostengo di non conoscere altro che le cose d'amore, né, penso, Agatone e [177e] Pausania; figuriamoci poi Aristofane, che passa tutto il suo tempo a coltivare Dioniso e Afrodite... Insomma, nessuno di quelli che vedo qui. A dire il vero, il compito non sarà di pari difficoltà per noi che occupiamo gli ultimi posti. Ma se quelli che devono parlare prima di

[6] *Prodico*: si tratta di Prodico di Ceo, sofista contemporaneo di Socrate.

VI

Πρῶτον μὲν γάρ, ὥσπερ λέγω, ἔφη Φαῖδρον ἀρξάμενον ἐνθένδε ποθὲν λέγειν, ὅτι μέγας θεὸς εἴη ὁ Ἔρως καὶ θαυμαστὸς ἐν ἀνθρώποις τε καὶ θεοῖς, πολλαχῇ μὲν καὶ ἄλλῃ, οὐχ ἥκιστα δὲ κατὰ τὴν γένεσιν. τὸ γὰρ ἐν τοῖς πρεσβύτατον [178b] εἶναι τῶν θεῶν, τίμιον, ἦ δ' ὅς, τεκμήριον δὲ τούτου· γονῆς γὰρ Ἔρωτος οὔτ' εἰσὶν οὔτε λέγονται ὑπ' οὐδενὸς οὔτε ἰδιώτου οὔτε ποιητοῦ, ἀλλ' Ἡσίοδος πρῶτον μὲν Χάος φησὶ γενέσθαι —

αὐτὰρ ἔπειτα
Γαῖ' εὐρύστερνος, πάντων ἕδος ἀσφαλὲς αἰεί,
ἠδ' Ἔρος

Ἡσιόδῳ δὲ καὶ Ἀκουσίλεως σύμφησιν μετὰ τὸ Χάος δύο τούτω γενέσθαι, Γῆν τε καὶ Ἔρωτα. Παρμενίδης δὲ τὴν γένεσιν λέγει —

πρώτιστον μὲν Ἔρωτα θεῶν μητίσατο πάντων.

noi lo avranno fatto in modo conveniente ed esauriente ci accontenteremo. A questo punto, buona fortuna a Fedro, il primo cui tocca celebrare la gloria di Amore.»

Queste parole raccolsero, pare, l'approvazione di tutti, che [178a] ribadirono l'invito di Socrate. Naturalmente la memoria di Aristodemo non ha dettagliatamente registrato tutto quello che disse ciascuno dei presenti, né io, a mia volta, mi rammento tutto quello che mi ha raccontato lui. Ma esporrò comunque la sostanza degli interventi di ciascuno e ciò che, a mio giudizio, meritava di essere trattenuto dalla memoria.

VI

Ecco il primo intervento, quello che, come ho detto, fece Fedro, il quale prese le mosse più o meno in questi termini: «Amore è, tanto per gli uomini quanto per gli dèi, una grande e mirabile divinità, e ciò per molte ragioni ma soprattutto per la sua nascita. [178b] Questa ne è la prova: non esiste una genealogia di Amore! Nessuno scrittore, nessun poeta gli attribuisce dei genitori. Al contrario, da Esiodo sappiamo che il primo a nascere fu Caos:

> ... poi
> Gea dal largo petto, a sostenere il tutto sempre salda
> e Amore...[7]

Acusilao è d'accordo con Esiodo nell'affermare che, dopo Caos, questi furono i due numi a nascere per primi: Gea e Amore. Parmenide, dal canto suo, si esprime così a

[7] Esiodo, *Teogonia* 116-117, 120.

[178c] οὕτω πολλαχόθεν ὁμολογεῖται ὁ Ἔρως ἐν τοῖς πρεσβύτατος εἶναι. πρεσβύτατος δὲ ὢν μεγίστων ἀγαθῶν ἡμῖν αἴτιός ἐστιν. οὐ γὰρ ἔγωγ᾽ ἔχω εἰπεῖν ὅτι μεῖζόν ἐστιν ἀγαθὸν εὐθὺς νέῳ ὄντι ἢ ἐραστὴς χρηστὸς καὶ ἐραστῇ παιδικά. ὃ γὰρ χρὴ ἀνθρώποις ἡγεῖσθαι παντὸς τοῦ βίου τοῖς μέλλουσι καλῶς βιώσεσθαι, τοῦτο οὔτε συγγένεια οἵα τε ἐμποιεῖν οὕτω καλῶς οὔτε τιμαὶ οὔτε πλοῦτος οὔτ᾽ ἄλλο [178d] οὐδὲν ὡς ἔρως. λέγω δὲ δὴ τί τοῦτο; τὴν ἐπὶ μὲν τοῖς αἰσχροῖς αἰσχύνην, ἐπὶ δὲ τοῖς καλοῖς φιλοτιμίαν· οὐ γὰρ ἔστιν ἄνευ τούτων οὔτε πόλιν οὔτε ἰδιώτην μεγάλα καὶ καλὰ ἔργα ἐξεργάζεσθαι. φημὶ τοίνυν ἐγὼ ἄνδρα ὅστις ἐρᾷ, εἴ τι αἰσχρὸν ποιῶν κατάδηλος γίγνοιτο ἢ πάσχων ὑπό του δι᾽ ἀνανδρίαν μὴ ἀμυνόμενος, οὔτ᾽ ἂν ὑπὸ πατρὸς ὀφθέντα οὕτως ἀλγῆσαι οὔτε ὑπὸ ἑταίρων οὔτε ὑπ᾽ ἄλλου [178e] οὐδενὸς ὡς ὑπὸ παιδικῶν. ταὐτὸν δὲ τοῦτο καὶ τὸν ἐρώμενον ὁρῶμεν, ὅτι διαφερόντως τοὺς ἐραστὰς αἰσχύνεται, ὅταν ὀφθῇ ἐν αἰσχρῷ τινι ὤν. εἰ οὖν μηχανή τις γένοιτο ὥστε πόλιν γενέσθαι ἢ στρατόπεδον ἐραστῶν τε καὶ παιδικῶν, οὐκ ἔστιν ὅπως ἂν ἄμεινον οἰκήσειαν τὴν ἑαυτῶν ἢ ἀπεχόμενοι πάντων τῶν αἰσχρῶν καὶ φιλοτιμούμενοι πρὸς [179a] ἀλλήλους, καὶ μαχόμενοί γ᾽ ἂν μετ᾽ ἀλλήλων οἱ τοιοῦτοι νικῷεν ἂν ὀλίγοι ὄντες ὡς ἔπος εἰπεῖν πάντας ἀνθρώπους. ἐρῶν γὰρ ἀνὴρ ὑπὸ παιδικῶν ὀφθῆναι ἢ λιπὼν τάξιν ἢ ὅπλα ἀποβαλὼν ἧττον ἂν δήπου δέξαιτο ἢ ὑπὸ πάντων τῶν ἄλλων, καὶ πρὸ τούτου τεθνάναι ἂν πολλάκις ἕλοιτο. καὶ μὴν ἐγκαταλιπεῖν γε τὰ παιδικὰ ἢ μὴ βοηθῆσαι κινδυνεύοντι — οὐδεὶς οὕτω κακὸς ὅντινα οὐκ ἂν αὐτὸς ὁ Ἔρως ἔνθεον ποιήσειε πρὸς ἀρετήν, ὥστε ὅμοιον εἶναι τῷ ἀρίστῳ φύσει· [179b] καὶ ἀτεχνῶς, ὃ ἔφη Ὅμηρος, μένος ἐμπνεῦσαι ἐνίοις τῶν ἡρώων τὸν θεόν, τοῦτο ὁ Ἔρως τοῖς ἐρῶσι παρέχει γιγνόμενον παρ᾽ αὐτοῦ.

proposito della sua origine: "Amore è la prima divinità che la Dea inventò".[8] [178c] Così più fonti concordano nell'affermare che Amore è la divinità comparsa prima di tutte. E lui, così antico, è anche quello che ci dispensa i beni più grandi. Da parte mia io non sarei infatti capace di nominare un solo bene superiore a quello di avere, fin dalla prima giovinezza, un nobile amante, e, per l'amante, un fanciullo da amare. Perché, quando si vuole condurre in modo bello la vita, nulla può indicarne la costante linea direttrice, né i rapporti di parentela, né gli onori, né la ricchezza, nient'altro [178d] insomma meglio di Amore. In che senso può esser direttiva di una vita intera? Perché suscita vergogna di fronte alle azioni vili e desiderio ardente di compierne di onorevoli, e, se non si provano sentimenti come questi, non è possibile, né per uno Stato né per il singolo, essere artefici di nessuna grande e bella opera. Di ogni uomo che ama io non esito ad affermare che, se venisse sorpreso a compiere una brutta azione o a subirla da un altro senza avere il coraggio di difendersi, non proverebbe altrettanto dolore a essere visto dal padre, o dagli amici, o da chiunque altro, quanto lo proverebbe a essere visto da colui che ama. Ed è la stessa cosa che succede a chi è amato: non si vergogna davanti a nessuno [178e] come davanti agli amanti quando viene sorpreso a commettere qualche brutta azione. Se ci fosse la maniera di costituire uno Stato o un esercito di amanti e di amati non ci sarebbe una forma di organizzazione migliore, perché tutti si asterrebbero dal compiere azioni vili e gareggerebbero [179a] nel desiderio di farsi onore: sarebbe

---

8 *Amore... inventò*: Parmenide, frammento 13 dell'edizione Diels-Kranz (*Die Fragmente der Vorsokratiker*, 1903). Nel sistema di pensiero di Parmenide, un filosofo e non un poeta o un mitografo, per «Dea» è da intendersi *Dike*, il principio originario della Giustizia.

VII

Καὶ μὴν ὑπεραποθνῄσκειν γε μόνοι ἐθέλουσιν οἱ ἐρῶντες, οὐ μόνον ὅτι ἄνδρες, ἀλλὰ καὶ αἱ γυναῖκες. τούτου δὲ καὶ ἡ Πελίου θυγάτηρ Ἄλκηστις ἱκανὴν μαρτυρίαν παρέχεται ὑπὲρ τοῦδε τοῦ λόγου εἰς τοὺς Ἕλληνας, ἐθελήσασα μόνη ὑπὲρ τοῦ αὑτῆς ἀνδρὸς ἀποθανεῖν, ὄντων αὐτῷ πατρός τε [179c] καὶ μητρός· οὓς ἐκείνη τοσοῦτον ὑπερεβάλετο τῇ φιλίᾳ διὰ τὸν ἔρωτα, ὥστε ἀποδεῖξαι αὐτοὺς ἀλλοτρίους ὄντας τῷ ὑεῖ καὶ ὀνόματι μόνον προσήκοντας, καὶ τοῦτ᾽ ἐργασαμένη τὸ ἔργον οὕτω καλὸν ἔδοξεν ἐργάσασθαι οὐ μόνον ἀνθρώποις ἀλλὰ καὶ θεοῖς, ὥστε πολλῶν πολλὰ καὶ καλὰ ἐργασαμένων εὐαριθμήτοις δή τισιν ἔδοσαν τοῦτο γέρας οἱ θεοί, ἐξ Ἅιδου ἀνεῖναι πάλιν τὴν ψυχήν, ἀλλὰ τὴν ἐκείνης ἀνεῖσαν ἀγασθέντες

infatti impossibile che uomini animati da tali sentimenti, combattendo gli uni a fianco degli altri, non riportassero vittoria sull'umanità intera, per pochi che siano. In effetti per uno che ama l'esser visto dall'amato mentre lascia il suo posto o abbandona le armi sarebbe senza dubbio più difficile da sopportare che se di ciò fosse testimone chiunque altro, e piuttosto di quello preferirebbe cento volte morire. Quanto poi ad abbandonare l'amato sul campo o a non recargli soccorso nel pericolo, non c'è uomo così vigliacco che, sotto l'influsso di Amore, non acquisti per una sorta di divina possessione tanto coraggio da apparire simile a chi per temperamento è il più ardito di tutti. [179b] In realtà ciò che Omero ha spesso definito furor bellico ispirato a taluni eroi dalla divinità, è ciò che Amore procura agli amanti, qualcosa di cui Amore stesso è la fonte.

VII

«E aggiungo: solo quelli che amano sono disposti a morire per un altro, e non gli uomini soltanto, ma anche le donne. La vicenda di Alcesti, figlia di Pelia, rende una probante testimonianza di fronte ai Greci tutti di quanto sto dicendo: lei fu la sola disposta a morire in luogo del suo sposo, benché questi avesse ancora un padre [179c] e una madre.[9] La sua devozione, accesa dall'amore, la innalzò talmente

[9] *La vicenda di Alcesti... madre*: a Admeto, re di Tessaglia, le Moire consentono di vivere oltre il limite per lui stabilito a patto che qualcuno muoia al suo posto. I vecchi genitori, attaccati alla vita, non accettano lo scambio, mentre si offre la moglie Alcesti. Nella tragedia di Euripide, è il semidio Eracle a strappare la regina alla morte lottando con Thanatos; mentre Fedro segue un'altra tradizione, secondo la quale Persefone, commossa dal sacrificio compiuto, la restituisce al mondo dei vivi.

[179d] τῷ ἔργῳ· οὕτω καὶ θεοὶ τὴν περὶ τὸν ἔρωτα σπουδήν τε καὶ ἀρετὴν μάλιστα τιμῶσιν. Ὀρφέα δὲ τὸν Οἰάγρου ἀτελῆ ἀπέπεμψαν ἐξ Ἅιδου, φάσμα δείξαντες τῆς γυναικὸς ἐφ᾽ ἣν ἧκεν, αὐτὴν δὲ οὐ δόντες, ὅτι μαλθακίζεσθαι ἐδόκει, ἅτε ὢν κιθαρῳδός, καὶ οὐ τολμᾶν ἕνεκα τοῦ ἔρωτος ἀποθνήσκειν ὥσπερ Ἄλκηστις, ἀλλὰ διαμηχανᾶσθαι ζῶν εἰσιέναι εἰς Ἅιδου. τοιγάρτοι διὰ ταῦτα δίκην αὐτῷ ἐπέθεσαν, καὶ ἐποίησαν τὸν θάνατον αὐτοῦ ὑπὸ γυναικῶν [179e] γενέσθαι, οὐχ ὥσπερ Ἀχιλλέα τὸν τῆς Θέτιδος ὑὸν ἐτίμησαν καὶ εἰς μακάρων νήσους ἀπέπεμψαν, ὅτι πεπυσμένος παρὰ τῆς μητρὸς ὡς ἀποθανοῖτο ἀποκτείνας Ἕκτορα, μὴ ποιήσας δὲ τοῦτον οἴκαδ᾽ ἐλθὼν γηραιὸς τελευτήσοι, ἐτόλμησεν ἑλέσθαι βοηθήσας τῷ ἐραστῇ Πατρόκλῳ καὶ [180a] τιμωρήσας οὐ μόνον ὑπεραποθανεῖν ἀλλὰ καὶ ἐπαποθανεῖν τετελευτηκότι· ὅθεν δὴ καὶ ὑπεραγασθέντες οἱ θεοὶ διαφερόντως αὐτὸν ἐτίμησαν, ὅτι τὸν ἐραστὴν οὕτω περὶ πολλοῦ ἐποιεῖτο. Αἰσχύλος δὲ φλυαρεῖ φάσκων Ἀχιλλέα Πατρόκλου ἐρᾶν, ὃς ἦν καλλίων οὐ μόνον Πατρόκλου ἀλλ᾽ ἅμα καὶ τῶν ἡρώων ἁπάντων, καὶ ἔτι ἀγένειος, ἔπειτα νεώτερος πολύ, ὥς φησιν Ὅμηρος. ἀλλὰ γὰρ τῷ ὄντι μάλιστα μὲν ταύτην τὴν ἀρετὴν οἱ θεοὶ τιμῶσιν τὴν περὶ [180b] τὸν ἔρωτα, μᾶλλον μέντοι θαυμάζουσιν καὶ ἄγανται καὶ εὖ ποιοῦσιν ὅταν ὁ ἐρώμενος τὸν ἐραστὴν ἀγαπᾷ, ἢ ὅταν ὁ ἐραστὴς τὰ παιδικά. θειότερον γὰρ ἐραστὴς παιδικῶν· ἔνθεος γάρ ἐστι. διὰ ταῦτα καὶ τὸν Ἀχιλλέα τῆς Ἀλκήστιδος μᾶλλον ἐτίμησαν, εἰς μακάρων νήσους ἀποπέμψαντες.

Οὕτω δὴ ἔγωγέ φημι Ἔρωτα θεῶν καὶ πρεσβύτατον καὶ τιμιώτατον καὶ κυριώτατον εἶναι εἰς ἀρετῆς καὶ εὐδαιμονίας κτῆσιν ἀνθρώποις καὶ ζῶσι καὶ τελευτήσασιν.

al di sopra di costoro da farli sembrare rispetto al figlio degli estranei, aventi con lui il solo legame del nome. Avendo dunque compiuto questo gesto, il suo modo di agire fu giudicato talmente bello non solamente dagli uomini ma anche dagli dèi che – benché sia folta la schiera dei personaggi che hanno compiuto molte belle imprese, ma davvero pochi a contarsi quelli alle cui anime gli dèi hanno accordato il privilegio di poter ritornare alla luce dall'Ade e lei è fra questi – sono pieni di ammirazione [179d] per il gesto di questa donna e così hanno lasciato risalire la sua anima. Ciò prova che gli dèi tengono in sommo grado la devozione e la virtù suscitate dall'amore. Al contrario Orfeo, figlio di Eagro, l'hanno fatto tornare dalla dimora di Ade dopo avergli consentito di vedere solo l'ombra di colei per cui vi si era recato, senza che la potesse riportare con sé: a loro giudizio infatti aveva agito da debole, come si addice a un suonatore di cetra, e invece di mostrare, come Alcesti, il coraggio di morire per amore, si era solo adoperato per entrare vivo nel regno dei morti. Proprio per questo lo punirono e fecero in modo che morisse [179e] per mano di donne.[10] Onorarono invece Achille, figlio di Teti, inviandolo alle Isole dei Beati. Infatti, anche se avvertito dalla madre che, se avesse ucciso Ettore, sarebbe morto a sua volta, mentre se non l'avesse fatto sarebbe tornato in patria per viverci fino alla vecchiaia, mantenne coraggiosamente la determinazione di soccorrere e vendicare l'amante Patroclo [180a] e non solo di morire per lui, ma persino di seguirlo nella morte. Ecco perché gli dèi, pieni di ammirazione, gli hanno riservato onori speciali, in ragione del grado altissimo in cui aveva tenuto l'amante.

[10] *Proprio... donne*: riferimento alla versione del mito di Orfeo, secondo cui il cantore fu dilaniato dalle baccanti seguaci di Dioniso.

VIII

[180c] Φαῖδρον μὲν τοιοῦτόν τινα λόγον ἔφη εἰπεῖν, μετὰ δὲ Φαῖδρον ἄλλους τινὰς εἶναι ὧν οὐ πάνυ διεμνημόνευεν· οὓς παρεὶς τὸν Παυσανίου λόγον διηγεῖτο. εἰπεῖν δ' αὐτὸν ὅτι Οὐ καλῶς μοι δοκεῖ, ὦ Φαῖδρε, προβεβλῆσθαι ἡμῖν ὁ λόγος, τὸ ἁπλῶς οὕτως παρηγγέλθαι ἐγκωμιάζειν Ἔρωτα. εἰ μὲν γὰρ εἷς ἦν ὁ Ἔρως, καλῶς ἂν εἶχε, νῦν δὲ οὐ γάρ ἐστιν εἷς· μὴ ὄντος δὲ ἑνὸς ὀρθότερόν ἐστι πρότερον προρρηθῆναι [180d] ὁπότερον δεῖ ἐπαινεῖν. ἐγὼ οὖν πειράσομαι τοῦτο ἐπανορθώσασθαι, πρῶτον μὲν Ἔρωτα φράσαι ὃν δεῖ ἐπαινεῖν, ἔπειτα ἐπαινέσαι ἀξίως τοῦ θεοῦ.

Sulla vicenda Eschilo dice un'assurdità, pretendendo che, tra Patroclo e Achille, fosse Achille l'amante: Achille, più bello non solo di Patroclo, ma di tutti gli eroi senza eccezione, e ancora imberbe, per cui assai più giovane d'età, come attesta Omero! La verità è che gli dèi, pur onorando al di sopra di ogni altra cosa una condotta [180b] ispirata da Amore, ancor più tuttavia provano meraviglia e ammirazione, e quindi concedono benefici più grandi, quando è l'amato a mostrare abnegazione per l'amante piuttosto che l'amante per l'amato, poiché c'è nel primo più divinità che nel secondo, essendo posseduto dal dio. E questa è la ragione per cui hanno onorato Achille più di Alcesti, inviandolo alle Isole dei Beati.

E così, per quanto mi riguarda, io vigorosamente affermo che, tra gli dèi, Amore è il più antico, il più degno di essere venerato, il più potente per la conquista della virtù e della felicità da parte degli uomini, sia nel corso della loro vita sia dopo la morte».

VIII

[180c] Aristodemo raccontava che tale fu, in linea di massima, il discorso pronunciato da Fedro. Dopo Fedro parlarono altri, di cui non si ricordava bene; perciò, tralasciando i loro interventi, mi riferì quello di Pausania, che disse quanto segue: «Personalmente penso, Fedro, che non ci è stato proposto il tema in modo adeguato, chiedendoci semplicemente di celebrare Amore. Niente da dire, se Amore fosse unico, ma il fatto è che non è tale. Per cui, dal momento che le cose stanno così, sarebbe stato più corretto [180d] dire nelle premesse di quale tipo d'amore si debbano tessere le

πάντες γὰρ ἴσμεν ὅτι οὐκ ἔστιν ἄνευ Ἔρωτος Ἀφροδίτη. μιᾶς μὲν οὖν οὔσης εἷς ἂν ἦν Ἔρως· ἐπεὶ δὲ δὴ δύο ἐστόν, δύο ἀνάγκη καὶ Ἔρωτε εἶναι. πῶς δ᾽ οὐ δύο τὼ θεά; ἡ μέν γέ που πρεσβυτέρα καὶ ἀμήτωρ Οὐρανοῦ θυγάτηρ, ἣν δὴ καὶ Οὐρανίαν ἐπονομάζομεν· ἡ δὲ νεωτέρα Διὸς καὶ Διώνης, [180e] ἣν δὴ Πάνδημον καλοῦμεν. ἀναγκαῖον δὴ καὶ Ἔρωτα τὸν μὲν τῇ ἑτέρᾳ συνεργὸν Πάνδημον ὀρθῶς καλεῖσθαι, τὸν δὲ Οὐράνιον. ἐπαινεῖν μὲν οὖν δεῖ πάντας θεούς, ἃ δ᾽ οὖν ἑκάτερος εἴληχε πειρατέον εἰπεῖν. πᾶσα γὰρ πρᾶξις ὧδ᾽ ἔχει· αὐτὴ ἐφ᾽ ἑαυτῆς πραττομένη οὔτε καλὴ οὔτε αἰσχρά. [181a] οἷον ὃ νῦν ἡμεῖς ποιοῦμεν, ἢ πίνειν ἢ ᾄδειν ἢ διαλέγεσθαι, οὐκ ἔστι τούτων αὐτὸ καλὸν οὐδέν, ἀλλ᾽ ἐν τῇ πράξει, ὡς ἂν πραχθῇ, τοιοῦτον ἀπέβη· καλῶς μὲν γὰρ πραττόμενον καὶ ὀρθῶς καλὸν γίγνεται, μὴ ὀρθῶς δὲ αἰσχρόν. οὕτω δὴ καὶ τὸ ἐρᾶν καὶ ὁ Ἔρως οὐ πᾶς ἐστι καλὸς οὐδὲ ἄξιος ἐγκωμιάζεσθαι, ἀλλὰ ὁ καλῶς προτρέπων ἐρᾶν.

lodi. Mi sforzerò dunque io di far chiarezza: in primo luogo, spiegando quale Amore debba essere celebrato; in secondo luogo, celebrandolo in modo degno del dio. Tutti sappiamo bene che Amore è inseparabile da Afrodite. Detto ciò, se Afrodite fosse unica, unico sarebbe anche Amore, ma, visto che ci sono due Afroditi, necessariamente ci sono anche due Amori. Come infatti si potrebbe negare l'esistenza di due dee? La prima, senza dubbio la più antica, che non ha madre ed è figlia di Urano, il Cielo, è quella che noi chiamiamo Urania, celeste; ce n'è poi una seconda, figlia di Zeus e di Dione, [180e] quella che noi chiamiamo Pandemia, volgare. La medesima cosa deve anche valere per Amore stesso: a quello che opera con la seconda Afrodite converrà a pieno titolo il nome di Pandemio, come all'altro quello di Uranio. Dunque, benché ogni divinità abbia diritto di essere celebrata, bisogna in questo caso sforzarsi di definire le prerogative di ciascuna delle due di cui stiamo parlando. Di ogni azione in realtà possiamo osservare come di per se stessa non sia né bella né brutta. [181a] Nessuna delle azioni che, per esempio, noi stiamo facendo ora, come bere, cantare o conversare, è per il suo solo compiersi una bella azione, ma è piuttosto il modo di compierla che le attribuisce tale carattere. Quanto viene compiuto in modo bello e retto acquista bellezza o, se non accade così, bruttezza. Lo stesso vale per l'amare: non è ogni Amore a essere bello, ma quell'Amore che ci sprona ad amare in modo bello.

IX

Ὁ μὲν οὖν τῆς Πανδήμου Ἀφροδίτης ὡς ἀληθῶς πάνδημός [181b] ἐστι καὶ ἐξεργάζεται ὅτι ἂν τύχῃ· καὶ οὗτός ἐστιν ὃν οἱ φαῦλοι τῶν ἀνθρώπων ἐρῶσιν. ἐρῶσι δὲ οἱ τοιοῦτοι πρῶτον μὲν οὐχ ἧττον γυναικῶν ἢ παίδων, ἔπειτα ὧν καὶ ἐρῶσι τῶν σωμάτων μᾶλλον ἢ τῶν ψυχῶν, ἔπειτα ὡς ἂν δύνωνται ἀνοητοτάτων, πρὸς τὸ διαπράξασθαι μόνον βλέποντες, ἀμελοῦντες δὲ τοῦ καλῶς ἢ μή· ὅθεν δὴ συμβαίνει αὐτοῖς ὅτι ἂν τύχωσι τοῦτο πράττειν, ὁμοίως μὲν ἀγαθόν, ὁμοίως δὲ τοὐναντίον. ἔστι γὰρ καὶ ἀπὸ τῆς θεοῦ νεωτέρας [181c] τε οὔσης πολὺ ἢ τῆς ἑτέρας, καὶ μετεχούσης ἐν τῇ γενέσει καὶ θήλεος καὶ ἄρρενος. ὁ δὲ τῆς Οὐρανίας πρῶτον μὲν οὐ μετεχούσης θήλεος ἀλλ᾽ ἄρρενος μόνον — καὶ ἔστιν οὗτος ὁ τῶν παίδων ἔρως — ἔπειτα πρεσβυτέρας, ὕβρεως ἀμοίρου· ὅθεν δὴ ἐπὶ τὸ ἄρρεν τρέπονται οἱ ἐκ τούτου τοῦ ἔρωτος ἔπιπνοι, τὸ φύσει ἐρρωμενέστερον καὶ νοῦν μᾶλλον ἔχον ἀγαπῶντες. καί τις ἂν γνοίη καὶ ἐν αὐτῇ τῇ παιδεραστίᾳ τοὺς εἰλικρινῶς [181d] ὑπὸ τούτου τοῦ ἔρωτος ὡρμημένους· οὐ γὰρ ἐρῶσι παίδων, ἀλλ᾽ ἐπειδὰν ἤδη ἄρχωνται νοῦν ἴσχειν, τοῦτο δὲ πλησιάζει τῷ γενειάσκειν. παρεσκευασμένοι γὰρ οἶμαί εἰσιν οἱ ἐντεῦθεν ἀρχόμενοι ἐρᾶν ὡς τὸν βίον ἅπαντα συνεσόμενοι καὶ κοινῇ συμβιωσόμενοι, ἀλλ᾽ οὐκ ἐξαπατήσαντες, ἐν ἀφροσύνῃ λαβόντες ὡς νέον, καταγελάσαντες οἰχήσεσθαι ἐπ᾽ ἄλλον ἀποτρέχοντες. χρῆν δὲ καὶ νόμον εἶναι μὴ ἐρᾶν [181e] παίδων, ἵνα μὴ εἰς ἄδηλον πολλὴ σπουδὴ ἀνηλίσκετο· τὸ γὰρ τῶν παίδων τέλος ἄδηλον οἷ τελευτᾷ κακίας καὶ ἀρετῆς ψυχῆς τε πέρι καὶ σώματος. οἱ μὲν οὖν ἀγαθοὶ τὸν νόμον τοῦτον αὐτοὶ αὑτοῖς ἑκόντες τίθενται, χρῆν δὲ καὶ τούτους τοὺς πανδήμους ἐραστὰς προσαναγκάζειν τὸ τοιοῦτον, ὥσπερ καὶ τῶν ἐλευθέρων

IX

«L'Amore di Afrodite Pandemia è a sua volta davvero [181b] volgare e agisce a casaccio: è la forma d'amore che praticano, fra gli uomini, quelli dappoco. Costoro, in primo luogo, amano le donne non meno dei giovinetti; in secondo luogo amano più il corpo che l'anima della persona amata; infine, per quanto possono, ricercano gli esseri più insulsi, perché puntano esclusivamente al compimento dell'atto, senza curarsi che si compia in modo bello o brutto. Ne consegue che essi fanno la cosa indifferentemente, come capita, bene o male che sia. Questo Amore ha le sue radici in quella delle due dee [181c] che è di gran lunga più giovane dell'altra e nella cui nascita hanno avuto parte sia femmina sia maschio. L'altro Amore, invece, viene da Afrodite Urania, quella in cui, innanzi tutto, non gioca ruolo la femmina, ma solo il maschio – da qui l'amore per i giovinetti – e che, secondariamente, è la più antica, estranea alla passione violenta; perciò chi trae ispirazione da questo Amore si volge decisamente al maschile, riversando affetto su quel sesso che è di tempra più forte e di mente più penetrante. Aggiungo che si possono perfettamente riconoscere, anche nell'amore per i fanciulli, quelli che incontaminatamente [181d] ricevono impulso da questo Amore: amano infatti i giovinetti solo a partire da quando la loro mente incomincia ad aprirsi, il che accade più o meno in concomitanza con la comparsa della barba. Se dunque non vado errato, coloro che hanno atteso questo momento per amare sono intimamente decisi a trascorrere con l'amato la vita intera, in totale comunione, e non già a ingannarlo, dopo aver approfittato della sua spensierata ingenuità per poi filarsela e, facendosi beffe di lui, correre dietro a un altro. Dovrebbe proprio esserci una

γυναικῶν προσαναγκάζομεν αὐτοὺς καθ᾽ [182a] ὅσον δυνάμεθα μὴ ἐρᾶν. οὗτοι γάρ εἰσιν οἱ καὶ τὸ ὄνειδος πεποιηκότες, ὥστε τινὰς τολμᾶν λέγειν ὡς αἰσχρὸν χαρίζεσθαι ἐρασταῖς· λέγουσι δὲ εἰς τούτους ἀποβλέποντες, ὁρῶντες αὐτῶν τὴν ἀκαιρίαν καὶ ἀδικίαν, ἐπεὶ οὐ δή που κοσμίως γε καὶ νομίμως ὁτιοῦν ‹πρᾶγμα› πραττόμενον ψόγον ἂν δικαίως φέροι.

Καὶ δὴ καὶ ὁ περὶ τὸν ἔρωτα νόμος ἐν μὲν ταῖς ἄλλαις πόλεσι νοῆσαι ῥᾴδιος, ἁπλῶς γὰρ ὥρισται· ὁ δ᾽ ἐνθάδε [182b] καὶ ἐν Λακεδαίμονι ποικίλος. ἐν Ἤλιδι μὲν γὰρ καὶ ἐν Βοιωτοῖς, καὶ οὗ μὴ σοφοὶ λέγειν, ἁπλῶς νενομοθέτηται καλὸν τὸ χαρίζεσθαι ἐρασταῖς, καὶ οὐκ ἄν τις εἴποι οὔτε νέος οὔτε παλαιὸς ὡς αἰσχρόν, ἵνα οἶμαι, μὴ πράγματ᾽ ἔχωσιν λόγῳ πειρώμενοι πείθειν τοὺς νέους, ἅτε ἀδύνατοι λέγειν· τῆς δὲ Ἰωνίας καὶ ἄλλοθι πολλαχοῦ αἰσχρὸν νενόμισται, ὅποι ὑπὸ βαρβάροις οἰκοῦσιν. τοῖς γὰρ βαρβάροις διὰ τὰς τυραννίδας αἰσχρὸν τοῦτό γε καὶ ἥ γε [182c] φιλοσοφία καὶ ἡ φιλογυμναστία· οὐ γὰρ οἶμαι συμφέρει τοῖς ἄρχουσι φρονήματα μεγάλα ἐγγίγνεσθαι τῶν ἀρχομένων, οὐδὲ φιλίας ἰσχυρὰς καὶ κοινωνίας, ὃ δὴ μάλιστα φιλεῖ τά τε ἄλλα πάντα καὶ ὁ ἔρως ἐμποιεῖν. ἔργῳ δὲ τοῦτῳ ἔμαθον καὶ οἱ ἐνθάδε τύραννοι· ὁ γὰρ Ἀριστογείτονος ἔρως καὶ ἡ Ἁρμοδίου φιλία βέβαιος γενομένη κατέλυσεν αὐτῶν τὴν ἀρχήν. οὕτως οὗ μὲν αἰσχρὸν ἐτέθη [182d] χαρίζεσθαι ἐρασταῖς, κακίᾳ τῶν θεμένων κεῖται, τῶν μὲν ἀρχόντων πλεονεξίᾳ, τῶν δὲ ἀρχομένων ἀνανδρίᾳ· οὗ δὲ καλὸν ἁπλῶς ἐνομίσθη, διὰ τὴν τῶν θεμένων τῆς ψυχῆς ἀργίαν. ἐνθάδε δὲ πολὺ τούτων κάλλιον νενομοθέτηται, καὶ ὅπερ εἶπον, οὐ ῥᾴδιον κατανοῆσαι.

legge che proibisse di amare [181e] i fanciulli per evitare che, in vista di una speranza incerta, si spendessero inutilmente troppe energie: dai fanciulli infatti non si può sapere che effetti sortiranno, in bene o in male, questa o quella predisposizione dell'anima o del corpo. Senza dubbio è una legge cui le persone di qualità ubbidiscono già autonomamente e spontaneamente, ma sugli amanti di tipo volgare tale legge dovrebbe esercitare una costrizione simile a quella per cui, [182a] nei limiti del possibile, proibiamo che consumino rapporti amorosi con le donne libere. Questi uomini infatti sono responsabili del discredito che spinge perfino alcuni a sostenere che è vergogna compiacere gli amanti. Lo sostengono perché il loro pensiero va a costoro e ne hanno sotto gli occhi la scorrettezza e la slealtà. Non c'è cosa invece che, a patto d'esser compiuta decorosamente e nel rispetto delle regole, possa far giustamente meritare disapprovazione.

A riguardo delle disposizioni concernenti l'amore, dalle altre parti sono facili da capire, perché stabilite in modo semplice. Qui da noi invece, [182b] come a Sparta, le norme sono più complicate. In effetti nell'Elide e in Beozia, e in generale dove gli uomini sono rozzi nell'esprimersi, si è fissata la regola molto semplice che è una bella cosa assecondare il desiderio di un amante, e non c'è nessuno, né giovane né vecchio, cui verrebbe in mente di sostenere che è vergogna farlo: io penso che sia così perché coloro che hanno difficoltà a parlare non trovino intoppi nel tentativo di convincere i giovani con bei discorsi. Nella Ionia invece, e in un certo numero di altre regioni, dominate dai barbari, vale il principio che è una cosa brutta. E la cosa è brutta per i barbari, esattamente come lo sono [182c] l'amore per la sapienza e l'attività fisica, a causa del regime tirannico. Non conviene infatti, io credo, a coloro che detengono il potere lasciare che nascano pensieri elevati

X

Ἐνθυμηθέντι γὰρ ὅτι λέγεται κάλλιον τὸ φανερῶς ἐρᾶν τοῦ λάθρᾳ, καὶ μάλιστα τῶν γενναιοτάτων καὶ ἀρίστων, κἂν αἰσχίους ἄλλων ὦσι, καὶ ὅτι αὖ ἡ παρακέλευσις τῷ ἐρῶντι παρὰ πάντων θαυμαστή, οὐχ ὥς τι αἰσχρὸν ποιοῦντι, καὶ ἑλόντι τε καλὸν δοκεῖ εἶναι [182e] καὶ μὴ ἑλόντι αἰσχρόν, καὶ πρὸς τὸ ἐπιχειρεῖν ἑλεῖν ἐξουσίαν ὁ νόμος δέδωκε τῷ ἐραστῇ θαυμαστὰ ἔργα ἐργαζομένῳ ἐπαινεῖσθαι, ἃ εἴ τις τολμῴη ποιεῖν ἄλλ᾽ ὁτιοῦν διώκων καὶ [183a] βουλόμενος διαπράξασθαι πλὴν τοῦτο, †φιλοσοφίας, τὰ μέγιστα καρποῖτ᾽ ἂν ὀνείδη — εἰ γὰρ ἢ χρήματα βουλόμενος παρά του λαβεῖν ἢ ἀρχὴν ἄρξαι ἤ τινα ἄλλην δύναμιν ἐθέλοι ποιεῖν οἷάπερ οἱ ἐρασταὶ πρὸς τὰ παιδικά, ἱκετείας τε καὶ ἀντιβολήσεις ἐν ταῖς δεήσεσιν ποιούμενοι, καὶ ὅρκους ὀμνύντες, καὶ κοιμήσεις ἐπὶ θύραις, καὶ ἐθέλοντες δουλείας δουλεύειν οἵας οὐδ᾽ ἂν δοῦλος

nei sudditi, né amicizie forti o saldi legami, proprio ciò che suole far nascere l'amore più di ogni altra cosa. L'hanno imparato alla prova dei fatti anche i tiranni di casa nostra, perché l'amore di Aristogitone e l'attaccamento fattosi per lui saldissimo di Armodio hanno distrutto il loro dominio.[11] Così dunque, là dove è stato stabilito che è una brutta cosa [182d] concedersi agli amanti, ciò è conseguente alla bassezza di chi ha stabilito il principio, da una parte i dominatori arroganti, dall'altra i sudditi vili. Dove al contrario vige in assoluto la norma che è una bella cosa, ciò è conseguente alla pigrizia d'animo di chi l'ha stabilita. Presso di noi invece la regola stabilita è molto migliore delle precedenti e, come ho detto, non facile da capire nelle sue sfumature.

X

«Si rifletta: è ritenuto più bello amare apertamente che in segreto e soprattutto amare i più nobili e i migliori, anche se sono più brutti degli altri; e ancora a chi ama vengono da tutti rivolti straordinari incoraggiamenti, che non si rivolgerebbero certo a chi facesse qualcosa di vergognoso; si pensa che sia una bella cosa se ha fatto una conquista, [182e] una brutta cosa se ha mancato l'obiettivo; quanto all'esecuzione di un progetto di conquista, nel nostro costume all'amante che compie cose strabilianti è riconosciu-

[11] *L'hanno... dominio*: Aristogitone e Armodio erano due nobili ateniesi che nel 514 a.C. tramarono l'uccisione di Ippia e Ipparco, tiranni d'Atene, dei quali il secondo si era invaghito di Armodio. L'azione, considerata poi come un atto eroico in difesa della libertà, sarebbe stata dunque ispirata anche da motivi strettamente privati. Sta di fatto che l'attentato fallì, vi morirono Ipparco e Armodio e Aristogitone venne poi giustiziato, ma la disperata impresa fu comunque determinante a minare la stabilità dell'istituto politico tirannico.

οὐδείς, ἐμποδίζοιτο ἂν μὴ πράττειν οὕτω τὴν πρᾶξιν καὶ ὑπὸ φίλων καὶ ὑπὸ ἐχθρῶν, [183b] τῶν μὲν ὀνειδιζόντων κολακείας καὶ ἀνελευθερίας, τῶν δὲ νουθετούντων καὶ αἰσχυνομένων ὑπὲρ αὐτῶν — τῷ δ᾽ ἐρῶντι πάντα ταῦτα ποιοῦντι χάρις ἔπεστι, καὶ δέδοται ὑπὸ τοῦ νόμου ἄνευ ὀνείδους πράττειν, ὡς πάγκαλόν τι πρᾶγμα διαπραττομένου· ὃ δὲ δεινότατον, ὥς γε λέγουσιν οἱ πολλοί, ὅτι καὶ ὀμνύντι μόνῳ συγγνώμη παρὰ θεῶν ἐκβάντι τῶν ὅρκων — ἀφροδίσιον γὰρ ὅρκον οὔ φασιν εἶναι· οὕτω [183c] καὶ οἱ θεοὶ καὶ οἱ ἄνθρωποι πᾶσαν ἐξουσίαν πεποιήκασι τῷ ἐρῶντι, ὡς ὁ νόμος φησὶν ὁ ἐνθάδε — ταύτῃ μὲν οὖν οἰηθείη ἄν τις πάγκαλον νομίζεσθαι ἐν τῇδε τῇ πόλει καὶ τὸ ἐρᾶν καὶ τὸ φίλους γίγνεσθαι τοῖς ἐρασταῖς. ἐπειδὰν δὲ παιδαγωγοὺς ἐπιστήσαντες οἱ πατέρες τοῖς ἐρωμένοις μὴ ἐῶσι διαλέγεσθαι τοῖς ἐρασταῖς, καὶ τῷ παιδαγωγῷ ταῦτα προστεταγμένα ᾖ, ἡλικιῶται δὲ καὶ ἑταῖροι ὀνειδίζωσιν ἐάν τι ὁρῶσιν τοιοῦτον γιγνόμενον, καὶ τοὺς ὀνειδίζοντας αὖ οἱ [183d] πρεσβύτεροι μὴ διακωλύωσι μηδὲ λοιδορῶσιν ὡς οὐκ ὀρθῶς λέγοντας, εἰς δὲ ταῦτά τις αὖ βλέψας ἡγήσαιτ᾽ ἂν πάλιν αἴσχιστον τὸ τοιοῦτον ἐνθάδε νομίζεσθαι. τὸ δὲ οἶμαι ὧδ᾽ ἔχει· οὐχ ἁπλοῦν ἐστιν, ὅπερ ἐξ ἀρχῆς ἐλέχθη, οὔτε καλὸν εἶναι αὐτὸ καθ᾽ αὑτὸ οὔτε αἰσχρόν, ἀλλὰ καλῶς μὲν πραττόμενον καλόν, αἰσχρῶς δὲ αἰσχρόν. αἰσχρῶς μὲν οὖν ἐστι πονηρῷ τε καὶ πονηρῶς χαρίζεσθαι, καλῶς δὲ χρηστῷ τε καὶ καλῶς. πονηρὸς δ᾽ ἐστὶν ἐκεῖνος ὁ ἐραστὴς ὁ πάνδημος, [183e] ὁ τοῦ σώματος μᾶλλον ἢ τῆς ψυχῆς ἐρῶν· καὶ γὰρ οὐδὲ μόνιμός ἐστιν, ἅτε οὐ μονίμου ἐρῶν πράγματος. ἅμα γὰρ τῷ τοῦ σώματος ἄνθει λήγοντι, οὗπερ ἤρα, “οἴχεται ἀποπτάμενος,” πολλοὺς λόγους καὶ ὑποσχέσεις καταισχύνας· ὁ δὲ τοῦ ἤθους χρηστοῦ ὄντος ἐραστὴς διὰ βίου μένει, ἅ τε μονίμῳ συντακείς. τούτους δὴ βούλεται ὁ [184a] ἡμέτερος

to il diritto di essere lodato, mentre chi compisse le stesse cose in vista e [183a] per realizzare un altro fine qualunque tranne questo si attirerebbe i più gravi rimproveri della filosofia. Quando infatti, allo scopo di farsi dare del denaro oppure di ottenere una magistratura o qualche altra carica, si inducesse a fare proprio quello che fanno gli amanti con i fanciulli amati, vale a dire ad accompagnare la richiesta con suppliche smaniose, a profondersi in giuramenti, a dormire sdraiato sulla porta di casa, a dichiararsi disposto a una schiavitù che non sarebbe accettabile nemmeno per uno schiavo vero, di fronte a una condotta simile da parte sia degli amici sia dei nemici sarebbero frapposti degli ostacoli, [183b] rimproverando questi ultimi l'adulazione e il servilismo, facendo rimostranze e sentendosi umiliati per la vergogna i primi. Quando invece tutto ciò è fatto dall'amante, è visto di buon occhio e ad esso nel nostro costume è riconosciuto il diritto di comportarsi così senza suscitare biasimo, come se compisse una bellissima impresa. Ma è ancora più straordinario, se si guarda al detto popolare, che è il solo, quando giura e non mantiene poi il giuramento, che può ottenere il perdono degli dèi: un giuramento d'amore, si dice infatti, non è un giuramento. In questo modo [183c] gli dèi, al pari degli uomini, hanno concesso all'amante una libertà totale, stando a quanto si ricava dalla legge in vigore presso di noi. E così per queste considerazioni verrebbe da pensare che, nella nostra città, è ritenuta cosa magnifica l'essere amante e rendersi disponibili verso colui che ama. D'altra parte però, quando si vedono i precettori scelti dai padri che impediscono i contatti tra gli amanti e i ragazzi e che a un precettore è assegnato questo preciso compito; quando si vedono ragazzi della stessa età e compagni che, dal canto

νόμος εὖ καὶ καλῶς βασανίζειν, καὶ τοῖς μὲν χαρίσασθαι, τοὺς δὲ διαφεύγειν. διὰ ταῦτα οὖν τοῖς μὲν διώκειν παρακελεύεται, τοῖς δὲ φεύγειν, ἀγωνοθετῶν καὶ βασανίζων, ποτέρων ποτέ ἐστιν ὁ ἐρῶν καὶ ποτέρων ὁ ἐρώμενος. οὕτω δὴ ὑπὸ ταύτης τῆς αἰτίας πρῶτον μὲν τὸ ἁλίσκεσθαι ταχὺ αἰσχρὸν νενόμισται, ἵνα χρόνος ἐγγένηται, ὃς δὴ δοκεῖ τὰ πολλὰ καλῶς βασανίζειν, ἔπειτα τὸ ὑπὸ χρημάτων καὶ ὑπὸ πολιτικῶν δυνάμεων ἁλῶναι αἰσχρόν, [184b] ἐάν τε κακῶς πάσχων πτήξῃ καὶ μὴ καρτερήσῃ, ἄν τ᾽ εὐεργετούμενος εἰς χρήματα ἢ εἰς διαπράξεις πολιτικὰς μὴ καταφρονήσῃ· οὐδὲν γὰρ δοκεῖ τούτων οὔτε βέβαιον οὔτε μόνιμον εἶναι, χωρὶς τοῦ μηδὲ πεφυκέναι ἀπ᾽ αὐτῶν γενναίαν φιλίαν. μία δὴ λείπεται τῷ ἡμετέρῳ νόμῳ ὁδός, εἰ μέλλει καλῶς χαριεῖσθαι ἐραστῇ παιδικά. ἔστι γὰρ ἡμῖν νόμος, ὥσπερ ἐπὶ τοῖς ἐρασταῖς ἦν δουλεύειν ἐθέλοντα [184c] ἡντινοῦν δουλείαν παιδικοῖς μὴ κολακείαν εἶναι μηδὲ ἐπονείδιστον, οὕτω δὴ καὶ ἄλλη μία μόνη δουλεία ἑκούσιος λείπεται οὐκ ἐπονείδιστος· αὕτη δ᾽ ἐστὶν ἡ περὶ τὴν ἀρετήν.

loro, li rimproverano se vedono che succede qualcosa di simile; quando infine si vede che i [183d] più maturi d'età non trattengono quelli che esprimono i rimproveri e non li biasimano per il linguaggio non giusto che usano, allora verrebbe al contrario da pensare che ciò di cui stiamo parlando abbia presso di noi la reputazione di quanto c'è di peggio. Ecco come la penso io in proposito. L'ho detto all'inizio: non si possono fare affermazioni assolute, perché la cosa in sé e per sé non è né bella né brutta, ma sarà bella se sarà bello il modo in cui la si compie, brutta, al contrario, se il modo sarà brutto. Ora, il modo è brutto quando si accondiscende ai desideri di un uomo volgare, e volgarmente; bello, quando si accondiscende a un uomo di valore, e nobilmente. Volgare è quel tipo di amante di cui ho parlato, comune nella massa, [183e] che ama più il corpo dell'anima; egli in realtà non ha costanza, nella misura in cui non è innamorato di una cosa che possa durare perché, appena appassisce il fiore del corpo, proprio quello che lui amava, "se ne va levandosi in volo",[12] senza tener fede ai suoi bei discorsi e alle sue promesse. Ma chi è innamorato di un nobile carattere resta fermo nei suoi sentimenti per tutto il corso della vita, perché si fonde con qualcosa che possiede durata in sé. Sono proprio questi gli amanti sui quali [184a] il nostro costume vuol fare la prova del modo buono e bello, volendo che si compiaccia ai desideri degli uni e che si rifugga dagli altri. Ecco dunque per quali motivi la legge incoraggia gli uni a inseguire e gli altri a sfuggire, presiedendo alla gara e accertando a quale delle due specie appartenga l'amante e a quale l'amato. Ed ecco per quali motivi, in primo luogo, si giudica

[12] Omero, *Iliade* II, 71.

XI

Νενόμισται γὰρ δὴ ἡμῖν, ἐάν τις ἐθέλῃ τινὰ θεραπεύειν ἡγούμενος δι᾿ ἐκεῖνον ἀμείνων ἔσεσθαι ἢ κατὰ σοφίαν τινὰ ἢ κατὰ ἄλλο ὁτιοῦν μέρος ἀρετῆς, αὕτη αὖ ἡ ἐθελοδουλεία οὐκ αἰσχρὰ εἶναι οὐδὲ κολακεία. δεῖ δὴ τὼ νόμω τούτω συμβαλεῖν εἰς ταὐτόν, τόν τε περὶ τὴν παιδεραστίαν καὶ [184d] τὸν περὶ τὴν φιλοσοφίαν τε καὶ τὴν ἄλλην ἀρετήν, εἰ μέλλει συμβῆναι καλὸν γενέσθαι τὸ ἐραστῇ παιδικὰ χαρίσασθαι. ὅταν γὰρ εἰς τὸ αὐτὸ ἔλθωσιν ἐραστής τε καὶ παιδικά, νόμον ἔχων ἑκάτερος, ὁ μὲν χαρισαμένοις παιδικοῖς ὑπηρετῶν ὁτιοῦν δικαίως ἂν ὑπηρετεῖν, ὁ δὲ τῷ

disdicevole cedere troppo in fretta alla conquista: si vuole che passi del tempo, che è nella maggior parte dei casi il modo migliore di mettere alla prova; in secondo luogo si giudica disdicevole il lasciarsi conquistare dalla ricchezza o da mire di potere politico, [184b] sia che, subendo torti, per paura non si sappia opporre resistenza, sia che non si disdegni la prospettiva di benefici economici o di carattere politico: niente di tutto questo infatti possiede stabilità e costanza, senza contare che da ciò non può nascere un sentimento nobile. Ne consegue, dunque, che per la nostra legge c'è una sola via che permette a un giovinetto di concedersi in modo bello ai desideri di un amante. Il criterio è che, come per gli amanti non si considera adulazione né meritevole di biasimo l'accettare [184c] qualsiasi forma di schiavitù rispetto ai fanciulli amati, è altrettanto certo che esiste una e una sola altra forma di schiavitù volontaria, non suscettibile di biasimo, ed è quella che ha per scopo la virtù.

XI

«Da noi è in effetti stabilita la norma per cui, se si accetta di mettersi al servizio di qualcuno nella convinzione che, per mezzo suo, si diventerà migliori, sia in rapporto alla sapienza sia in rapporto a qualsiasi altra virtù, non c'è niente di brutto in questa schiavitù volontaria, niente che abbia a che fare con l'adulazione. Bisogna allora far convergere questi due princìpi: quello che riguarda l'amore per i giovani e quello [184d] che riguarda l'amore per la sapienza e per le altre virtù, se si vuole ottenere che per il giovane risulti una bella cosa il concedersi ai desideri

ποιοῦντι αὐτὸν σοφόν τε καὶ ἀγαθὸν δικαίως αὖ ὁτιοῦν ἂν ὑπουργῶν ‹ὑπουργεῖν›, καὶ ὁ μὲν δυνάμενος εἰς φρόνησιν καὶ τὴν [184e] ἄλλην ἀρετὴν συμβάλλεσθαι, ὁ δὲ δεόμενος εἰς παίδευσιν καὶ τὴν ἄλλην σοφίαν κτᾶσθαι, τότε δὴ τούτων συνιόντων εἰς ταὐτὸν τῶν νόμων μοναχοῦ ἐνταῦθα συμπίπτει τὸ καλὸν εἶναι παιδικὰ ἐραστῇ χαρίσασθαι, ἄλλοθι δὲ οὐδαμοῦ. ἐπὶ τούτῳ καὶ ἐξαπατηθῆναι οὐδὲν αἰσχρόν· ἐπὶ δὲ τοῖς ἄλλοις πᾶσι καὶ ἐξαπατωμένῳ αἰσχύνην φέρει καὶ μή. εἰ γάρ τις [185a] ἐραστῇ ὡς πλουσίῳ πλούτου ἕνεκα χαρισάμενος ἐξαπατηθείη καὶ μὴ λάβοι χρήματα, ἀναφανέντος τοῦ ἐραστοῦ πένητος, οὐδὲν ἧττον αἰσχρόν· δοκεῖ γὰρ ὁ τοιοῦτος τό γε αὑτοῦ ἐπιδεῖξαι, ὅτι ἕνεκα χρημάτων ὁτιοῦν ἂν ὁτῳοῦν ὑπηρετοῖ, τοῦτο δὲ οὐ καλόν. κατὰ τὸν αὐτὸν δὴ λόγον κἂν εἴ τις ὡς ἀγαθῷ χαρισάμενος καὶ αὐτὸς ὡς ἀμείνων ἐσόμενος διὰ τὴν φιλίαν ἐραστοῦ ἐξαπατηθείη, ἀναφανέντος ἐκείνου κακοῦ [185b] καὶ οὐ κεκτημένου ἀρετήν, ὅμως καλὴ ἡ ἀπάτη· δοκεῖ γὰρ αὖ καὶ οὗτος τὸ καθ' αὑτὸν δεδηλωκέναι, ὅτι ἀρετῆς γ' ἕνεκα καὶ τοῦ βελτίων γενέσθαι πᾶν ἂν παντὶ προθυμηθείη, τοῦτο δὲ αὖ πάντων κάλλιστον· οὕτω πᾶν πάντως γε καλὸν ἀρετῆς γ' ἕνεκα χαρίζεσθαι. οὗτός ἐστιν ὁ τῆς οὐρανίας θεοῦ ἔρως καὶ οὐράνιος καὶ πολλοῦ ἄξιος καὶ πόλει καὶ ἰδιώταις, πολλὴν ἐπιμέλειαν ἀναγκάζων ποιεῖσθαι πρὸς ἀρετὴν τόν [185c] τε ἐρῶντα αὐτὸν αὑτοῦ καὶ τὸν ἐρώμενον· οἱ δ' ἕτεροι πάντες τῆς ἑτέρας, τῆς πανδήμου. ταῦτά σοι, ἔφη, ὡς ἐκ τοῦ παραχρῆμα, ὦ Φαῖδρε, περὶ Ἔρωτος συμβάλλομαι.

Παυσανίου δὲ παυσαμένου — διδάσκουσι γάρ με ἴσα λέγειν οὑτωσὶ οἱ σοφοί — ἔφη ὁ Ἀριστόδημος δεῖν μὲν Ἀριστοφάνη λέγειν, τυχεῖν δὲ αὐτῷ τινὰ ἢ ὑπὸ πλησμονῆς ἢ ὑπό τινος ἄλλου λύγγα ἐπιπεπτωκυῖαν καὶ οὐχ οἷόν τε εἶναι λέγειν, [185d] ἀλλ' εἰπεῖν αὐτόν — ἐν τῇ κάτω γὰρ

dell'amante. Quando infatti l'amante e il giovane convergono verso un'unica meta, ciascuno con una propria norma di condotta, il primo di assistere con rettitudine il ragazzo che ha assecondato i suoi desideri in tutte le occasioni che gli si presentino, il secondo di compiacere con analoga rettitudine, quando se ne presentino le occasioni, colui cui è debitore del suo sapere e delle sue virtù; il primo capace di arricchire intellettualmente [184e] e moralmente l'amato, il secondo consapevole di aver bisogno di crescere culturalmente e nelle varie specifiche forme di sapere, allora, solo così e in nessun altro modo, accade, per la convergenza nello stesso punto delle due norme di condotta, che per il giovane risulti una bella cosa concedersi all'amante. In questo caso non c'è nulla di disonorevole se ci si ritrova ingannati, mentre in tutti gli altri casi ne escono disonorati sia chi è ingannato sia chi non lo è. Se uno infatti, [185a] nella prospettiva di vantaggi economici, si concede a un amante che reputa ricco e poi resta ingannato e non riceve denaro, perché l'amante nel frattempo si rivela povero, non si deve per questo vergognare di meno: il giudizio infatti è che un uomo che si comporta in questo modo rivela la sua natura, vale a dire di essere disposto per denaro a rendere qualsiasi servizio a chiunque, il che non è certo cosa onorevole. In base allo stesso ragionamento se, dopo aver ceduto ai desideri di un amante perché lo si reputava virtuoso e nella speranza di diventare migliori grazie al legame con lui, ci si ritrova vittime di un inganno, essendosi l'amante rivelato meschino [185b] e privo di meriti, non è meno vero che l'intenzione era buona perché la vittima, per quanto la riguarda, ha comunque dimostrato che, per amore della virtù e nella prospettiva di diventare migliore, era pronta a impegnarsi verso chiunque e in ogni cosa, il che è, al con-

αὐτοῦ τὸν ἰατρὸν Ἐρυξίμαχον κατακεῖσθαι — "Ὦ Ἐρυξίμαχε, δίκαιος εἶ ἢ παῦσαί με τῆς λυγγὸς ἢ λέγειν ὑπὲρ ἐμοῦ, ἕως ἂν ἐγὼ παύσωμαι." καὶ τὸν Ἐρυξίμαχον εἰπεῖν "Ἀλλὰ ποιήσω ἀμφότερα ταῦτα· ἐγὼ μὲν γὰρ ἐρῶ ἐν τῷ σῷ μέρει, σὺ δ᾽ ἐπειδὰν παύσῃ, ἐν τῷ ἐμῷ. ἐν ᾧ δ᾽ ἂν ἐγὼ λέγω, ἐὰν μέν σοι ἐθέλῃ ἀπνευστὶ ἔχοντι πολὺν χρόνον παύεσθαι ἡ λύγξ· εἰ δὲ μή, ὕδατι [185e] ἀνακογχυλίασον. εἰ δ᾽ ἄρα πάνυ ἰσχυρά ἐστιν, ἀναλαβών τι τοιοῦτον οἵῳ κινήσαις ἂν τὴν ῥῖνα, πτάρε· καὶ ἐὰν τοῦτο ποιήσῃς ἅπαξ ἢ δίς, καὶ εἰ πάνυ ἰσχυρά ἐστι, παύσεται." "Οὐκ ἂν φθάνοις λέγων," φάναι τὸν Ἀριστοφάνη· "ἐγὼ δὲ ταῦτα ποιήσω."

trario del caso precedente, ciò che c'è di più bello. È dunque una bella cosa, in tutto e per tutto, il concedersi al fine di ottenere la virtù. Questo è l'amore che ha a che vedere con Afrodite Urania, celeste a sua volta e di grande valore tanto per una comunità quanto per il singolo, perché vincola [185c] sia l'amante sia l'amato a tendere al massimo, alla perfezione. Gli altri amori, invece, si richiamano tutti all'altra dea, Afrodite Pandemia. Questo, Fedro,» concluse «è il contributo, a dire il vero improvvisato, che ti offro sul tema di Amore».

Avendo così Pausania pausa fatta – parlo così perché ho bene appreso dai sapienti a sfruttare gli artifici della lingua – raccontava Aristodemo che toccava parlare ad Aristofane ma, o perché si era rimpinzato troppo o per qualsiasi altro motivo, in quel momento era in preda al singhiozzo, che non gli permetteva di prendere la parola. [185d] Si rivolse allora a Erissimaco, il medico, che era disteso accanto a lui e gli disse: «Erissimaco, sarà meglio che tu mi faccia passare questo singhiozzo, o che parli al mio posto fino a quando non me ne sarò liberato». «Farò tutte e due le cose» replicò Erissimaco. «Prenderò il tuo posto nel parlare e tu prenderai il mio quando ti sarà passato, ma, mentre parlerò io, tu devi trattenere a lungo il respiro, aspettando che ti passi. Se non succede, fai dei gargarismi [185e] con l'acqua. Se poi non vuol decidersi a passare, prendi qualcosa che ti faccia pizzicare il naso, starnutisci e, quando l'avrai fatto una o due volte, per testardo che possa essere, si deciderà a passare!» «Parla pure senza perder tempo» disse Aristofane. «Per quanto mi riguarda, farò come tu dici.»

XII

Εἰπεῖν δὴ τὸν Ἐρυξίμαχον, Δοκεῖ τοίνυν μοι ἀναγκαῖον εἶναι, ἐπειδὴ Παυσανίας ὁρμήσας ἐπὶ τὸν λόγον καλῶς οὐχ [186a] ἱκανῶς ἀπετέλεσε, δεῖν ἐμὲ πειρᾶσθαι τέλος ἐπιθεῖναι τῷ λόγῳ. τὸ μὲν γὰρ διπλοῦν εἶναι τὸν Ἔρωτα δοκεῖ μοι καλῶς διελέσθαι· ὅτι δὲ οὐ μόνον ἐστὶν ἐπὶ ταῖς ψυχαῖς τῶν ἀνθρώπων πρὸς τοὺς καλοὺς ἀλλὰ καὶ πρὸς ἄλλα πολλὰ καὶ ἐν τοῖς ἄλλοις, τοῖς τε σώμασι τῶν πάντων ζῴων καὶ τοῖς ἐν τῇ γῇ φυομένοις καὶ ὡς ἔπος εἰπεῖν ἐν πᾶσι τοῖς οὖσι, καθεωρακέναι μοι δοκῶ ἐκ τῆς ἰατρικῆς, τῆς ἡμετέρας [186b] τέχνης, ὡς μέγας καὶ θαυμαστὸς καὶ ἐπὶ πᾶν ὁ θεὸς τείνει καὶ κατ᾽ ἀνθρώπινα καὶ κατὰ θεῖα πράγματα. ἄρξομαι δὲ ἀπὸ τῆς ἰατρικῆς λέγων, ἵνα καὶ πρεσβεύωμεν τὴν τέχνην. ἡ γὰρ φύσις τῶν σωμάτων τὸν διπλοῦν Ἔρωτα τοῦτον ἔχει· τὸ γὰρ ὑγιὲς τοῦ σώματος καὶ τὸ νοσοῦν ὁμολογουμένως ἕτερόν τε καὶ ἀνόμοιόν ἐστι, τὸ δὲ ἀνόμοιον ἀνομοίων ἐπιθυμεῖ καὶ ἐρᾷ. ἄλλος μὲν οὖν ὁ ἐπὶ τῷ ὑγιεινῷ ἔρως, ἄλλος δὲ ὁ ἐπὶ τῷ νοσώδει. ἔστιν δή, ὥσπερ ἄρτι Παυσανίας ἔλεγεν τοῖς μὲν ἀγαθοῖς καλὸν χαρίζεσθαι τῶν ἀνθρώπων, [186c] τοῖς δ᾽ ἀκολάστοις αἰσχρόν, οὕτω καὶ ἐν αὐτοῖς τοῖς σώμασιν τοῖς μὲν ἀγαθοῖς ἑκάστου τοῦ σώματος καὶ ὑγιεινοῖς καλὸν χαρίζεσθαι καὶ δεῖ, καὶ τοῦτό ἐστιν ᾧ ὄνομα τὸ ἰατρικόν, τοῖς δὲ κακοῖς καὶ νοσώδεσιν αἰσχρόν τε καὶ δεῖ ἀχαριστεῖν, εἰ μέλλει τις τεχνικὸς εἶναι. ἔστι γὰρ ἰατρική, ὡς ἐν κεφαλαίῳ εἰπεῖν, ἐπιστήμη τῶν τοῦ σώματος ἐρωτικῶν πρὸς πλησμονὴν καὶ κένωσιν, καὶ ὁ διαγιγνώσκων ἐν τούτοις τὸν [186d] καλόν τε καὶ αἰσχρὸν ἔρωτα, οὗτός ἐστιν ὁ ἰατρικώτατος, καὶ ὁ μεταβάλλειν ποιῶν, ὥστε ἀντὶ τοῦ ἑτέρου ἔρωτος τὸν ἕτερον κτᾶσθαι, καὶ οἷς μὴ ἔνεστιν ἔρως, δεῖ δ᾽ ἐγγενέσθαι, ἐπιστάμενος ἐμποιῆσαι

XII

«Ebbene» attaccò allora Erissimaco «visto che Pausania, dopo essere partito così bene per pronunciare il suo intervento, non [186a] è arrivato a una conclusione adeguata, è doveroso da parte mia, io credo, completare il suo discorso. Mi sembra decisamente corretto aver posto la distinzione del duplice Amore. Tuttavia Amore non si manifesta soltanto nelle anime degli uomini, in rapporto ai bei fanciulli, ma anche, in relazione a una grande quantità di oggetti, principalmente nei corpi degli animali, in ciò che spunta sulla terra e, per così dire, in tutto ciò che esiste: l'osservazione nasce, io credo, dalla medicina, la nostra [186b] arte, e dimostra che Amore è un grande dio, un dio meraviglioso, che estende il suo potere su tutto, tanto sul piano umano quanto sul piano divino. Il mio discorso prenderà avvio dalla medicina, anche per rendere a quest'arte l'onore che merita. La natura dei corpi contiene effettivamente i due tipi di amore. Tutti convengono che nel corpo salute e malattia sono distinte e diversissime tra loro. In questa duplicità, il diverso prova attrazione e amore per il diverso, per cui uno è l'amore nel caso del corpo sano e un altro è l'amore nel caso del corpo malato. Per conseguenza, proprio come Pausania diceva poco fa che è una bella cosa cedere al desiderio di un uomo di valore, [186c] e motivo di vergogna compiacere i dissoluti, anche a proposito del corpo è bello assecondare ciò che è valido, intendo dire sano – e questo significa far buona pratica della medicina – e brutto cedere a ciò che non è valido e morboso, che deve anzi essere contrastato, se si vuole essere bravi terapeuti. La medicina infatti è, per dirla in breve, la scienza delle manifestazioni d'amore del corpo relativamente al colmarsi e allo scaricarsi, e chi in questi fenomeni sa distinguere

καὶ ἐνόντα ἐξελεῖν, ἀγαθὸς ἂν εἴη δημιουργός. δεῖ γὰρ δὴ τὰ ἔχθιστα ὄντα ἐν τῷ σώματι φίλα οἷόν τ᾽ εἶναι ποιεῖν καὶ ἐρᾶν ἀλλήλων. ἔστι δὲ ἔχθιστα τὰ ἐναντιώτατα, ψυχρὸν θερμῷ, πικρὸν γλυκεῖ, ξηρὸν ὑγρῷ, [186e] πάντα τὰ τοιαῦτα· τούτοις ἐπιστηθεὶς ἔρωτα ἐμποιῆσαι καὶ ὁμόνοιαν ὁ ἡμέτερος πρόγονος Ἀσκληπιός, ὥς φασιν οἵδε οἱ ποιηταὶ καὶ ἐγὼ πείθομαι, συνέστησεν τὴν ἡμετέραν τέχνην. ἥ τε οὖν ἰατρική, ὥσπερ λέγω, πᾶσα διὰ τοῦ θεοῦ τούτου [187a] κυβερνᾶται, ὡσαύτως δὲ καὶ γυμναστικὴ καὶ γεωργία· μουσικὴ δὲ καὶ παντὶ κατάδηλος τῷ καὶ σμικρὸν προσέχοντι τὸν νοῦν ὅτι κατὰ ταὐτὰ ἔχει τούτοις, ὥσπερ ἴσως καὶ Ἡράκλειτος βούλεται λέγειν, ἐπεὶ τοῖς γε ῥήμασιν οὐ καλῶς λέγει. τὸ ἓν γάρ φησι "διαφερόμενον αὐτὸ αὑτῷ συμφέρεσθαι," "ὥσπερ ἁρμονίαν τόξου τε καὶ λύρας." ἔστι δὲ πολλὴ ἀλογία ἁρμονίαν φάναι διαφέρεσθαι ἢ ἐκ διαφερομένων ἔτι εἶναι. ἀλλὰ ἴσως τόδε ἐβούλετο λέγειν, ὅτι ἐκ διαφερομένων [187b] πρότερον τοῦ ὀξέος καὶ βαρέος, ἔπειτα ὕστερον ὁμολογησάντων γέγονεν ὑπὸ τῆς μουσικῆς τέχνης. οὐ γὰρ δή που ἐκ διαφερομένων γε ἔτι τοῦ ὀξέος καὶ βαρέος ἁρμονία ἂν εἴη. ἡ γὰρ ἁρμονία συμφωνία ἐστί, συμφωνία δὲ ὁμολογία τις — ὁμολογίαν δὲ ἐκ διαφερομένων, ἕως ἂν διαφέρωνται, ἀδύνατον εἶναι· διαφερόμενον δὲ αὖ καὶ μὴ ὁμολογοῦν ἀδύνατον ἁρμόσαι — ὥσπερ γε καὶ ὁ ῥυθμὸς ἐκ τοῦ ταχέος καὶ [187c] βραδέος, ἐκ διενηνεγμένων πρότερον, ὕστερον δὲ ὁμολογησάντων γέγονε. τὴν δὲ ὁμολογίαν πᾶσι τούτοις, ὥσπερ ἐκεῖ ἡ ἰατρική, ἐνταῦθα ἡ μουσικὴ ἐντίθησιν, ἔρωτα καὶ ὁμόνοιαν ἀλλήλων ἐμποιήσασα· καὶ ἔστιν αὖ μουσικὴ περὶ ἁρμονίαν καὶ ῥυθμὸν ἐρωτικῶν ἐπιστήμη. καὶ ἐν μέν γε αὐτῇ τῇ συστάσει ἁρμονίας τε καὶ ῥυθμοῦ οὐδὲν χαλεπὸν τὰ ἐρωτικὰ διαγιγνώσκειν, οὐδὲ ὁ διπλοῦς ἔρως ἐνταῦθά πω ἔστιν· ἀλλ᾽ ἐπειδὰν δέῃ πρὸς τοὺς ἀνθρώπους καταχρῆσθαι [187d] ῥυθμῷ τε καὶ ἁρμονίᾳ ἢ

[186d] l'amore positivo da quello negativo è il migliore dei medici. Chi poi produce un cambiamento naturale con il far subentrare un tipo d'amore all'altro e sa suscitare amore in parti dove non c'è, ma ci dovrebbe essere, è davvero uno che in medicina sa far bene il suo mestiere. Infatti deve essere in grado di conciliare elementi che, nel corpo, sono antagonisti tra loro e di farli diventare amici. Antagonisti per eccellenza sono i contrari assoluti: freddo e caldo, amaro e dolce, secco e umido, [186e] e tutte le opposizioni di questo tipo. Proprio perché in essi fu capace di far sorgere amore e concordia, il nostro antenato Asclepio,[13] come dicono i nostri poeti e io concordo, è il fondatore della nostra arte. Come dunque dicevo, l'intera medicina è governata [187a] da questo dio, e lo stesso si può dire per la ginnastica e l'agricoltura. Quanto alla musica, è chiaro per tutti, anche senza bisogno di rifletterci più di tanto, che opera alla stessa maniera delle arti precedenti, come forse voleva fare intendere anche Eraclito, benché, prendendo le parole alla lettera, l'espressione suoni scorretta. Dice infatti che l'uno «in sé discorde con se stesso si accorda, come l'armonia dell'arco e della lira».[14] Per la verità è una totale incongruenza sostenere che un accordo è un'opposizione, o che deriva da opposizioni che si mantengono. Ma quello che voleva dire è forse che dall'opposizione [187b] precedente di acuto e grave e dalla loro successiva conciliazione l'arte musicale ha creato un'armonia, perché se fossero sussistiti ancora sia l'acuto sia il grave sarebbe stato ovviamente impossibile che ci fosse un accordo. L'accordo musicale è in effetti una consonanza, e la consonanza è una

---

[13] *Proprio... Asclepio*: secondo il mito, Asclepio aveva imparato l'arte della medicina dal centauro Chirone. Ad Asclepio, divinizzato, vennero dedicati templi in luoghi salubri, dove venivano curati i malati.

[14] Eraclito, frammento 51 dell'edizione Diels-Kranz (*Die Fragmente der Vorsokratiker*, 1903).

ποιοῦντα, ὃ δὴ μελοποιίαν καλοῦσιν, ἢ χρώμενον ὀρθῶς τοῖς πεποιημένοις μέλεσί τε καὶ μέτροις, ὃ δὴ παιδεία ἐκλήθη, ἐνταῦθα δὴ καὶ χαλεπὸν καὶ ἀγαθοῦ δημιουργοῦ δεῖ. πάλιν γὰρ ἥκει ὁ αὐτὸς λόγος, ὅτι τοῖς μὲν κοσμίοις τῶν ἀνθρώπων, καὶ ὡς ἂν κοσμιώτεροι γίγνοιντο οἱ μήπω ὄντες, δεῖ χαρίζεσθαι καὶ φυλάττειν τὸν τούτων ἔρωτα, καὶ οὗτός ἐστιν ὁ καλός, ὁ οὐράνιος, ὁ τῆς Οὐρανίας [187e] μούσης Ἔρως· ὁ δὲ Πολυμνίας ὁ πάνδημος, ὃν δεῖ εὐλαβούμενον προσφέρειν οἷς ἂν προσφέρῃ, ὅπως ἂν τὴν μὲν ἡδονὴν αὐτοῦ καρπώσηται, ἀκολασίαν δὲ μηδεμίαν ἐμποιήσῃ, ὥσπερ ἐν τῇ ἡμετέρᾳ τέχνῃ μέγα ἔργον ταῖς περὶ τὴν ὀψοποιικὴν τέχνην ἐπιθυμίαις καλῶς χρῆσθαι, ὥστ᾽ ἄνευ νόσου τὴν ἡδονὴν καρπώσασθαι. καὶ ἐν μουσικῇ δὴ καὶ ἐν ἰατρικῇ καὶ ἐν τοῖς ἄλλοις πᾶσι καὶ τοῖς ἀνθρωπείοις καὶ τοῖς θείοις, καθ᾽ ὅσον παρείκει, φυλακτέον ἑκάτερον τὸν ἔρωτα· ἔνεστον [188a] γάρ.

sorta di conciliazione, ma la conciliazione non può essere il risultato di un'opposizione, almeno fino a quando l'opposizione sussiste: per ribadirlo ancora una volta, ciò che si oppone, e non è giunto a conciliazione, non può dare adito a un accordo. Proprio così nasce il ritmo dal veloce e dal [187c] lento, che prima erano in opposizione tra loro, ma che poi si sono accordati. E in tutti questi casi l'accordo, come prima dalla medicina, è ora operato dalla musica, che realizza amore e concordia reciproca fra gli opposti. Insomma la musica è, a sua volta, nell'ambito dell'armonia e del ritmo, scienza delle manifestazioni d'amore. Inoltre, almeno nella struttura di un'armonia o di un ritmo, non c'è in effetti alcuna difficoltà a riconoscere la manifestazione amorosa, né d'altra parte vi si ritrova l'aspetto duplice dell'amore. Invece quando si debba ricorrere [187d] al ritmo o all'armonia in rapporto agli esseri umani o per creare (ciò che si dice composizione lirica) o per combinare fra loro efficacemente parole e suoni (ciò che si chiama educazione musicale), è la volta che sorgono delle difficoltà e che c'è bisogno di qualcuno che sappia far bene il suo mestiere. In proposito, torna fuori un'altra volta lo stesso discorso: è all'amore degli uomini che ispirano la loro condotta a buone regole e nella speranza, se non è ancora così, di poter imparare a fare altrettanto, che bisogna accondiscendere, adoperandosi altresì per conservarne l'amore; è questo l'amore bello, l'amore celeste, [187e] quello ispirato da Urania. L'amore di Polimnia,[15] invece, è Pandemio, volgare, e lo si dovrà offrire con prudenza a coloro cui capita di offrirlo, se si vuole trarne piacere senza che esso provochi

[15] *Polimnia*: è la Musa della poesia lirica, che qui Erissimaco collega all'amore volgare, probabilmente perché spesso la poesia lirica aveva per tema amori passionali. Analogamente, subito prima, l'amore elevato, celeste, è connesso a Urania, Musa dell'astronomia.

XIII

Ἐπεὶ καὶ ἡ τῶν ὡρῶν τοῦ ἐνιαυτοῦ σύστασις μεστή ἐστιν ἀμφοτέρων τούτων, καὶ ἐπειδὰν μὲν πρὸς ἄλληλα τοῦ κοσμίου τύχῃ ἔρωτος ἃ νυνδὴ ἐγὼ ἔλεγον, τά τε θερμὰ καὶ τὰ ψυχρὰ καὶ ξηρὰ καὶ ὑγρά, καὶ ἁρμονίαν καὶ κρᾶσιν λάβῃ σώφρονα, ἥκει φέροντα εὐετηρίαν τε καὶ ὑγίειαν ἀνθρώποις καὶ τοῖς ἄλλοις ζῴοις τε καὶ φυτοῖς, καὶ οὐδὲν ἠδίκησεν· ὅταν δὲ ὁ μετὰ τῆς ὕβρεως Ἔρως ἐγκρατέστερος περὶ τὰς τοῦ ἐνιαυτοῦ ὥρας γένηται, διέφθειρέν τε πολλὰ καὶ ἠδίκησεν. [188b] οἵ τε γὰρ λοιμοὶ φιλοῦσι γίγνεσθαι ἐκ τῶν τοιούτων καὶ ἄλλα ἀνόμοια πολλὰ νοσήματα καὶ τοῖς θηρίοις καὶ τοῖς φυτοῖς· καὶ γὰρ πάχναι καὶ χάλαζαι καὶ ἐρυσῖβαι ἐκ πλεονεξίας καὶ ἀκοσμίας περὶ ἄλληλα τῶν τοιούτων γίγνεται ἐρωτικῶν, ὧν ἐπιστήμη περὶ ἄστρων τε φορὰς καὶ ἐνιαυτῶν ὥρας ἀστρονομία καλεῖται. ἔτι τοίνυν καὶ θυσίαι πᾶσαι καὶ οἷς μαντικὴ ἐπιστατεῖ — ταῦτα δ᾽ ἐστὶν ἡ περὶ θεούς τε [188c] καὶ ἀνθρώπους πρὸς ἀλλήλους κοινωνία — οὐ περὶ ἄλλο τί ἐστιν ἢ περὶ Ἔρωτος φυλακήν τε καὶ ἴασιν· πᾶσα γὰρ ἀσέβεια φιλεῖ γίγνεσθαι ἐὰν μή τις τῷ κοσμίῳ Ἔρωτι χαρίζηται μηδὲ τιμᾷ τε αὐτὸν καὶ πρεσβεύῃ ἐν παντὶ ἔργῳ, ἀλλὰ τὸν ἕτερον, καὶ περὶ γονέας καὶ ζῶντας καὶ τετελευτηκότας καὶ περὶ θεούς· ἃ

alcuna incontinenza. Allo stesso modo nella nostra arte è molto difficile destreggiarsi bene con i desideri che riguardano i piaceri del palato, perché se ne possa godere senza ritrovarsi ammalati. Così dunque, nella musica come nella medicina, e in generale in tutte le attività, umane o divine che siano, si deve prestare attenzione, per quanto è possibile, ai due tipi di amore, perché vi sono contenuti [188a] entrambi.

XIII

«E nello stesso modo la composizione delle stagioni dell'anno è colma di questi due amori riuniti: quando gli elementi opposti di cui parlavo prima, caldo e freddo, secco e umido, trovano nelle loro reciproche relazioni l'amore ben regolato, riuscendo ad armonizzarsi e a combinarsi opportunamente, ecco allora che portano prosperità e salute agli uomini, a tutti gli altri animali e alle piante, senza far loro alcun danno. Se invece succede che nelle stagioni prevalga l'amore che non si pone limiti, disastri e danni d'ogni genere ne sono le conseguenze: [188b] a ciò infatti sono da ricondurre di norma le epidemie e molte altre svariate malattie, che colpiscono sia gli animali sia i vegetali; in realtà le gelate, le grandinate e la ruggine del grano sono il risultato di squilibrio e mancanza d'ordine nelle reciproche relazioni di tale genere di manifestazioni amorose. Alla scienza che studia questi fenomeni, connessi sia ai moti degli astri sia all'alternanza delle stagioni, si dà il nome di astronomia. Non è ancora tutto: i sacrifici nel loro complesso, assieme alle pratiche divinatorie, fondate sulla comunanza tra loro di dèi [188c] e di uomini, non hanno altro fine che quello di conservare e risanare l'amore. L'empietà si manifesta

δὴ προστέτακται τῇ μαντικῇ ἐπισκοπεῖν τοὺς ἐρῶντας καὶ ἰατρεύειν, καὶ ἔστιν αὖ ἡ [188d] μαντικὴ φιλίας θεῶν καὶ ἀνθρώπων δημιουργὸς τῷ ἐπίστασθαι τὰ κατὰ ἀνθρώπους ἐρωτικά, ὅσα τείνει πρὸς θέμιν καὶ εὐσέβειαν.

Οὕτω πολλὴν καὶ μεγάλην, μᾶλλον δὲ πᾶσαν δύναμιν ἔχει συλλήβδην μὲν ὁ πᾶς Ἔρως, ὁ δὲ περὶ τἀγαθὰ μετὰ σωφροσύνης καὶ δικαιοσύνης ἀποτελούμενος καὶ παρ᾽ ἡμῖν καὶ παρὰ θεοῖς, οὗτος τὴν μεγίστην δύναμιν ἔχει καὶ πᾶσαν ἡμῖν εὐδαιμονίαν παρασκευάζει καὶ ἀλλήλοις δυναμένους ὁμιλεῖν καὶ φίλους εἶναι καὶ τοῖς κρείττοσιν ἡμῶν θεοῖς. ἴσως μὲν [188e] οὖν καὶ ἐγὼ τὸν Ἔρωτα ἐπαινῶν πολλὰ παραλείπω, οὐ μέντοι ἑκών γε. ἀλλ᾽ εἴ τι ἐξέλιπον, σὸν ἔργον, ὦ Ἀριστόφανες, ἀναπληρῶσαι· ἢ εἴ πως ἄλλως ἐν νῷ ἔχεις ἐγκωμιάζειν τὸν θεόν, ἐγκωμίαζε, ἐπειδὴ καὶ τῆς λυγγὸς πέπαυσαι.

[189a] Ἐκδεξάμενον οὖν ἔφη εἰπεῖν τὸν Ἀριστοφάνη ὅτι Καὶ μάλ᾽ ἐπαύσατο, οὐ μέντοι πρίν γε τὸν πταρμὸν προσενεχθῆναι αὐτῇ, ὥστε με θαυμάζειν εἰ τὸ κόσμιον τοῦ σώματος ἐπιθυμεῖ τοιούτων ψόφων καὶ γαργαλισμῶν, οἷον καὶ ὁ πταρμός ἐστι· πάνυ γὰρ εὐθὺς ἐπαύσατο, ἐπειδὴ αὐτῷ τὸν πταρμὸν προσήνεγκα.

Καὶ τὸν Ἐρυξίμαχον, Ὠγαθέ, φάναι, Ἀριστόφανες, ὅρα τί ποιεῖς. γελωτοποιεῖς μέλλων λέγειν, καὶ φύλακά με τοῦ [189b] λόγου ἀναγκάζεις γίγνεσθαι τοῦ σεαυτοῦ, ἐάν τοι γελοῖον εἴπῃς, ἐξόν σοι ἐν εἰρήνῃ λέγειν.

Καὶ τὸν Ἀριστοφάνη γελάσαντα εἰπεῖν Εὖ λέγεις, ὦ Ἐρυξίμαχε, καί μοι ἔστω ἄρρητα τὰ εἰρημένα. ἀλλὰ μή με φύλαττε, ὡς ἐγὼ φοβοῦμαι περὶ τῶν μελλόντων ῥηθήσεσθαι, οὔ τι μὴ γελοῖα εἴπω — τοῦτο μὲν γὰρ ἂν κέρδος εἴη καὶ τῆς ἡμετέρας μούσης ἐπιχώριον — ἀλλὰ μὴ καταγέλαστα.

Βαλών γε, φάναι, ὦ Ἀριστόφανες, οἴει ἐκφεύξεσθαι·

in effetti quando qualcuno, invece di consentire all'amore ben regolato, invece di onorarlo e metterlo al primo posto in ogni cosa che fa, onora e mette al primo posto l'altro amore, regolandosi di conseguenza sia in relazione ai genitori, vivi o defunti che siano, sia in relazione agli dèi. Per questo appunto all'arte divinatoria è stato assegnato il compito di vagliare con cura gli amanti e di curarli. L'arte divinatoria, insomma, [188d] esercita la funzione di far nascere l'amicizia tra gli dèi e gli uomini, perché conosce tutte le manifestazioni d'amore che, da parte degli esseri umani, tendono alla giustizia e al rispetto per gli dèi.

Ecco dunque quali molteplici e grandi poteri, o meglio, in termini assoluti, quale potere universale possiede Amore. Ma l'Amore che con giustizia e misura tende al bene, sia tra noi sia tra gli dèi, è quello dotato della forza più grande e ci procura ogni felicità, dandoci la possibilità di vivere associati e in amicizia, fra di noi e con quelli che ci sono superiori, vale a dire gli dèi. Sì, senza dubbio [188e] nel mio elogio di Amore lascio a mia volta da parte molte cose, anche senza volerlo. Del resto, se ho trascurato qualche aspetto, è compito tuo, Aristofane, colmare le lacune. Oppure, se hai in mente di tessere in qualche altro modo le lodi del dio, fa' il tuo elogio, dal momento che ti è passato il singhiozzo.»

[189a] A questo punto, proseguiva a raccontare Aristodemo, toccava ancora ad Aristofane di prendere la parola. «D'accordo» disse «il singhiozzo mi è passato del tutto, tuttavia non prima d'aver subìto la cura dello starnuto: mi meraviglia proprio che il corpo, per trovare quel famoso equilibrio, abbia necessità di siffatti rumori e pruriti, come quelli in cui consiste lo starnuto. Il singhiozzo si è infatti fermato del tutto con l'applicazione dello starnuto.»

ἀλλὰ πρόσεχε τὸν νοῦν καὶ οὕτως λέγε ὡς δώσων λόγον. [189c] ἴσως μέντοι, ἂν δόξῃ μοι, ἀφήσω σε.

XIV

Καὶ μήν, ὦ Ἐρυξίμαχε, εἰπεῖν τὸν Ἀριστοφάνη, ἄλλῃ γέ πῃ ἐν νῷ ἔχω λέγειν ᾗ ᾗ σύ τε καὶ Παυσανίας εἰπέτην. ἐμοὶ γὰρ δοκοῦσιν ἄνθρωποι παντάπασι τὴν τοῦ ἔρωτος δύναμιν οὐκ ᾐσθῆσθαι, ἐπεὶ αἰσθανόμενοί γε μέγιστ᾽ ἂν αὐτοῦ ἱερὰ κατασκευάσαι καὶ βωμούς, καὶ θυσίας ἂν ποιεῖν μεγίστας, οὐχ ὥσπερ νῦν τούτων οὐδὲν γίγνεται περὶ αὐτόν, δέον πάντων μάλιστα γίγνεσθαι. ἔστι γὰρ θεῶν φιλανθρωπότατος, [189d] ἐπίκουρός τε ὢν τῶν ἀνθρώπων καὶ ἰατρὸς τούτων ὧν ἰαθέντων μεγίστη εὐδαιμονία ἂν τῷ ἀνθρωπείῳ γένει εἴη. ἐγὼ οὖν πειράσομαι ὑμῖν εἰσηγήσασθαι τὴν δύναμιν αὐτοῦ, ὑμεῖς δὲ τῶν ἄλλων διδάσκαλοι ἔσεσθε. δεῖ δὲ πρῶτον ὑμᾶς μαθεῖν τὴν ἀνθρωπίνην φύσιν

«Attento a quello che fai, mio caro Aristofane» ribatté Erissimaco. «Tu vuoi far ridere nel momento in cui ti accingi a parlare e così mi obblighi a stare in guardia [189b] rispetto al tuo discorso, per cogliervi le eventuali burle, mentre ti sarebbe possibile parlare in santa pace.»

«Giusto, Erissimaco!» rispose ridacchiando Aristofane. «Facciamo che, quello che ho detto, sia come non detto. Abbassa dunque la guardia nei miei confronti: la cosa che temo a proposito di ciò che sto per dire non è affatto di far ridere – questo sarebbe un punto a favore e del tutto appropriato alla nostra Musa – ma piuttosto di dire cose ridicole.»

«Bella forza! Una volta lanciato il sasso» intervenne Erissimaco «pretendi, o Aristofane, di poterti tirare indietro! Concentrati, invece, e parla tenendo presente che dovrai renderne conto. [189c] Forse dopo, se ne avrò voglia, ti assolverò.»

XIV

«È proprio vero, Erissimaco,» riprese Aristofane «che intendo parlare in un modo diverso da come avete fatto tu e Pausania. Secondo me, infatti, gli uomini non hanno assolutamente consapevolezza della potenza di Amore perché, se ce l'avessero, gli avrebbero innalzato i templi più imponenti, dedicato altari, offerto i sacrifici più sontuosi, contrariamente a quello che si constata ora: non esiste niente di tutto ciò per lui, mentre sarebbe necessario che esistesse più di ogni altra cosa. Perché, tra gli dèi, non ce n'è nessuno [189d] che sia maggiormente amico degli uomini, come loro protettore e medico di quei mali la cui guarigione costituisce senz'altro per il genere umano la felicità più grande. Cer-

καὶ τὰ παθήματα αὐτῆς. ἡ γὰρ πάλαι ἡμῶν φύσις οὐχ αὐτὴ ἦν ἥπερ νῦν, ἀλλ᾽ ἀλλοία. πρῶτον μὲν γὰρ τρία ἦν τὰ γένη τὰ τῶν ἀνθρώπων, οὐχ ὥσπερ νῦν δύο, ἄρρεν καὶ θῆλυ, [189e] ἀλλὰ καὶ τρίτον προσῆν κοινὸν ὂν ἀμφοτέρων τούτων, οὗ νῦν ὄνομα λοιπόν, αὐτὸ δὲ ἠφάνισται· ἀνδρόγυνον γὰρ ἓν τότε μὲν ἦν καὶ εἶδος καὶ ὄνομα ἐξ ἀμφοτέρων κοινὸν τοῦ τε ἄρρενος καὶ θήλεος, νῦν δὲ οὐκ ἔστιν ἀλλ᾽ ἢ ἐν ὀνείδει ὄνομα κείμενον. ἔπειτα ὅλον ἦν ἑκάστου τοῦ ἀνθρώπου τὸ εἶδος στρογγύλον, νῶτον καὶ πλευρὰς κύκλῳ ἔχον· χεῖρας δὲ τέτταρας εἶχε, καὶ σκέλη τὰ ἴσα ταῖς χερσίν, καὶ πρόσωπα [190a] δύ᾽ ἐπ᾽ αὐχένι κυκλοτερεῖ, ὅμοια πάντῃ· κεφαλὴν δ᾽ ἐπ᾽ ἀμφοτέροις τοῖς προσώποις ἐναντίοις κειμένοις μίαν, καὶ ὦτα τέτταρα, καὶ αἰδοῖα δύο, καὶ τἆλλα πάντα ὡς ἀπὸ τούτων ἄν τις εἰκάσειεν. ἐπορεύετο δὲ καὶ ὀρθὸν ὥσπερ νῦν, ὁποτέρωσε βουληθείη· καὶ ὁπότε ταχὺ ὁρμήσειεν θεῖν, ὥσπερ οἱ κυβιστῶντες καὶ εἰς ὀρθὸν τὰ σκέλη περιφερόμενοι κυβιστῶσι κύκλῳ, ὀκτὼ τότε οὖσι τοῖς μέλεσιν ἀπερειδόμενοι ταχὺ ἐφέροντο κύκλῳ. ἦν δὲ διὰ ταῦτα τρία [190b] τὰ γένη καὶ τοιαῦτα, ὅτι τὸ μὲν ἄρρεν ἦν τοῦ ἡλίου τὴν ἀρχὴν ἔκγονον, τὸ δὲ θῆλυ τῆς γῆς, τὸ δὲ ἀμφοτέρων μετέχον τῆς σελήνης, ὅτι καὶ ἡ σελήνη ἀμφοτέρων μετέχει· περιφερῆ δὲ δὴ ἦν καὶ αὐτὰ καὶ ἡ πορεία αὐτῶν διὰ τὸ τοῖς γονεῦσιν ὅμοια εἶναι. ἦν οὖν τὴν ἰσχὺν δεινὰ καὶ τὴν ῥώμην, καὶ τὰ φρονήματα μεγάλα εἶχον, ἐπεχείρησαν δὲ τοῖς θεοῖς, καὶ ὃ λέγει Ὅμηρος περὶ Ἐφιάλτου τε καὶ Ὤτου, περὶ ἐκείνων λέγεται, τὸ εἰς τὸν οὐρανὸν ἀνάβασιν ἐπιχειρεῖν [190c] ποιεῖν, ὡς ἐπιθησομένων τοῖς θεοῖς.

cherò ora di introdurvi nella conoscenza della potenza di Amore e voi a vostra volta istruirete gli altri. Ebbene, quello che dovete incominciare a imparare riguarda l'originaria natura degli esseri umani e la sua evoluzione, perché in un lontano passato la nostra natura non era propriamente quella attuale, ma si presentava in modo diverso. In primo luogo infatti la specie umana era costituita da tre generi, e non da due come adesso: oltre quelli del maschio e della femmina, [189e] c'era un terzo genere che partecipava di entrambi, di cui resta a tutt'oggi il nome, benché di per sé sia scomparso. A quei tempi in effetti l'androgino esisteva veramente come genere distinto e partecipava, di nome e di fatto, degli altri due insieme, del maschio come della femmina, mentre ciò che resta ora non è che un nome, considerato per di più un insulto. In secondo luogo ciascuno di questi esseri era, quanto alla forma, un blocco d'un pezzo solo, con dorso e fianchi disposti in tondo; aveva quattro mani e gambe di numero uguale a quello delle mani; inoltre, su un collo sempre rotondeggiante, c'erano [190a] due facce del tutto identiche, ma una testa sola a cornice di questi due volti, opposti l'uno all'altro; le orecchie erano quattro, i genitali doppi, e tutto il resto come ci si può figurare partendo da questi dati. Quanto al camminare, potevano procedere diritti, come ora, nella direzione che volevano, oppure, quando andavano di fretta, come gli acrobati quando fanno la ruota, potevano rotolare facendo alternativamente perno sulle estremità, che allora erano otto. Ora, se i generi erano tre [190b] e cosiffatti, la ragione è che, originariamente, il maschio era progenie del sole, la donna della terra e il genere partecipe dell'uno e dell'altra progenie della luna, poiché a sua volta la luna partecipa del sole e della terra insieme. Comprensibilmente, poi, essi erano sferici e procedevano in

XV

Ὁ οὖν Ζεὺς καὶ οἱ ἄλλοι θεοὶ ἐβουλεύοντο ὅτι χρὴ αὐτοὺς ποιῆσαι, καὶ ἠπόρουν· οὔτε γὰρ ὅπως ἀποκτείναιεν εἶχον καὶ ὥσπερ τοὺς γίγαντας κεραυνώσαντες τὸ γένος ἀφανίσαιεν — αἱ τιμαὶ γὰρ αὐτοῖς καὶ ἱερὰ τὰ παρὰ τῶν ἀνθρώπων ἠφανίζετο — οὔτε ὅπως ἐῷεν ἀσελγαίνειν. μόγις δὴ ὁ Ζεὺς ἐννοήσας λέγει ὅτι "Δοκῶ μοι," ἔφη, "ἔχειν μηχανήν, ὡς ἂν εἶέν τε ἄνθρωποι καὶ παύσαιντο τῆς ἀκολασίας ἀσθενέστεροι [190d] γενόμενοι. νῦν μὲν γὰρ αὐτούς, ἔφη, διατεμῶ δίχα ἕκαστον, καὶ ἅμα μὲν ἀσθενέστεροι ἔσονται, ἅμα δὲ χρησιμώτεροι ἡμῖν διὰ τὸ πλείους τὸν ἀριθμὸν γεγονέναι· καὶ βαδιοῦνται ὀρθοὶ ἐπὶ δυοῖν σκελοῖν. ἐὰν δ᾽ ἔτι δοκῶσιν ἀσελγαίνειν καὶ μὴ ἐθέλωσιν ἡσυχίαν ἄγειν, πάλιν αὖ, ἔφη, τεμῶ δίχα, ὥστ᾽ ἐφ᾽ ἑνὸς πορεύσονται σκέλους ἀσκωλιάζοντες." ταῦτα εἰπὼν ἔτεμνε τοὺς ἀνθρώπους δίχα, ὥσπερ οἱ τὰ ὄα τέμνοντες [190e] καὶ μέλλοντες ταριχεύειν, ἢ ὥσπερ οἱ τὰ ᾠὰ ταῖς θριξίν· ὅντινα δὲ τέμοι, τὸν Ἀπόλλω ἐκέλευε τό τε πρόσωπον μεταστρέφειν καὶ τὸ τοῦ αὐχένος ἥμισυ πρὸς τὴν τομήν, ἵνα θεώμενος τὴν αὑτοῦ τμῆσιν κοσμιώτερος εἴη ὁ ἄνθρω-

modo circolare, assomigliando ai genitori. Con la loro forza e il loro vigore straordinari erano molto arroganti. Perciò prepararono un assalto agli dèi, e quanto Omero racconta a proposito di Efialte e di Oto, che avrebbero tentato di dare [190c] la scalata al cielo, si riferisce a quegli uomini e alla loro intenzione di spodestare gli dèi.

XV

«Zeus e gli altri dèi, dunque, si consultavano sul da farsi ed erano molto in difficoltà: infatti non se la sentivano di far perire gli uomini e annientarne la specie fulminandoli, come avevano fatto con i Giganti, perché ciò avrebbe voluto dire la perdita totale, per loro stessi, degli onori e dei sacrifici provenienti dagli uomini, ma neppure potevano lasciar correre tanta impudenza. "Credo proprio" disse infine Zeus dopo essersi a lungo affaticato a riflettere "di avere il mezzo che ci permetta, contemporaneamente, di far continuare a vivere gli uomini e di mettere un termine alla loro sfrenatezza, una volta diventati [190d] più deboli. Ora infatti" proseguì "taglierò in due ciascuno di loro, e così, mentre saranno più deboli, nello stesso tempo ci saranno più utili, visto che cresceranno di numero. Inoltre cammineranno su due piedi, in stazione eretta. Se però continueranno a essere impudenti e non vorranno stare tranquilli" concluse "li taglierò ancora in due, in modo da farli camminare su una gamba sola, a saltelli." Detto ciò, tagliò gli uomini in due, come quelli che tagliano le sorbe [190e] per metterle

πος, καὶ τἆλλα ἰᾶσθαι ἐκέλευεν. ὁ δὲ τό τε πρόσωπον μετέστρεφε, καὶ συνέλκων πανταχόθεν τὸ δέρμα ἐπὶ τὴν γαστέρα νῦν καλουμένην, ὥσπερ τὰ σύσπαστα βαλλάντια, ἓν στόμα ποιῶν ἀπέδει κατὰ μέσην τὴν γαστέρα, ὃ δὴ τὸν ὀμφαλὸν καλοῦσι. καὶ τὰς μὲν ἄλλας ῥυτίδας [191a] τὰς πολλὰς ἐξελέαινε καὶ τὰ στήθη διήρθρου, ἔχων τι τοιοῦτον ὄργανον οἷον οἱ σκυτοτόμοι περὶ τὸν καλάποδα λεαίνοντες τὰς τῶν σκυτῶν ῥυτίδας· ὀλίγας δὲ κατέλιπε, τὰς περὶ αὐτὴν τὴν γαστέρα καὶ τὸν ὀμφαλόν, μνημεῖον εἶναι τοῦ παλαιοῦ πάθους. ἐπειδὴ οὖν ἡ φύσις δίχα ἐτμήθη, ποθοῦν ἕκαστον τὸ ἥμισυ τὸ αὑτοῦ συνῄει, καὶ περιβάλλοντες τὰς χεῖρας καὶ συμπλεκόμενοι ἀλλήλοις, ἐπιθυμοῦντες συμφῦναι, ἀπέθνῃσκον ὑπὸ λιμοῦ καὶ τῆς [191b] ἄλλης ἀργίας διὰ τὸ μηδὲν ἐθέλειν χωρὶς ἀλλήλων ποιεῖν. καὶ ὁπότε τι ἀποθάνοι τῶν ἡμίσεων, τὸ δὲ λειφθείη, τὸ λειφθὲν ἄλλο ἐζήτει καὶ συνεπλέκετο, εἴτε γυναικὸς τῆς ὅλης ἐντύχοι ἡμίσει — ὃ δὴ νῦν γυναῖκα καλοῦμεν — εἴτ᾽ ἀνδρός· καὶ οὕτως ἀπώλλυντο. ἐλεήσας δὲ ὁ Ζεὺς ἄλλην μηχανὴν πορίζεται, καὶ μετατίθησιν αὐτῶν τὰ αἰδοῖα εἰς τὸ πρόσθεν — τέως γὰρ καὶ ταῦτα ἐκτὸς εἶχον, καὶ ἐγέννων [191c] καὶ ἔτικτον οὐκ εἰς ἀλλήλους ἀλλ᾽ εἰς γῆν, ὥσπερ οἱ τέττιγες — μετέθηκέ τε οὖν οὕτω αὐτῶν εἰς τὸ πρόσθεν καὶ διὰ τούτων τὴν γένεσιν ἐν ἀλλήλοις ἐποίησε, διὰ τοῦ ἄρρενος ἐν τῷ θήλει, τῶνδε ἕνεκα, ἵνα ἐν τῇ συμπλοκῇ ἅμα μὲν εἰ ἀνὴρ γυναικὶ ἐντύχοι, γεννῷεν καὶ γίγνοιτο τὸ γένος, ἅμα δ᾽ εἰ καὶ ἄρρην ἄρρενι, πλησμονὴ γοῦν γίγνοιτο τῆς συνουσίας καὶ διαπαύοιντο καὶ ἐπὶ τὰ ἔργα τρέποιντο καὶ τοῦ ἄλλου βίου ἐπιμελοῖντο. ἔστι δὴ οὖν ἐκ τόσου [191d] ὁ ἔρως ἔμφυτος ἀλλήλων τοῖς ἀνθρώποις καὶ τῆς ἀρχαίας φύσεως συναγωγεὺς καὶ ἐπιχειρῶν ποιῆσαι ἓν ἐκ δυοῖν καὶ ἰάσασθαι τὴν φύσιν τὴν ἀνθρωπίνην.

in conserva o quelli che tagliano le uova con un filo di crine. A mano a mano che tagliava un uomo, ordinava ad Apollo di farne ruotare il volto e la metà del collo dal lato del taglio, affinché l'uomo, avendo sotto gli occhi la mutilazione subita, fosse più moderato; inoltre, gli ordinava di risanare tutto il resto. Quello rovesciava i volti e, tirando da tutte le parti la pelle in direzione di ciò che oggi è chiamato ventre, come si tira per chiudere una borsa, la stringeva fortemente verso il centro del ventre, lasciando una sola apertura, che noi oggi chiamiamo precisamente ombelico. Poi, siccome restavano ancora delle pieghe, ne eliminava la maggior parte [191a] spianandole, e foggiava le varie parti del petto con un arnese simile a quello con cui i calzolai lisciano le asperità del cuoio sulla forma della scarpa. Ne lasciò tuttavia un certo numero, proprio quelle che stanno attorno al ventre e all'ombelico, come ricordo dell'antica punizione. Ora, dopo che la natura dell'uomo fu così raddoppiata, ogni metà, avendo nostalgia dell'altra sua metà, la raggiungeva; si abbracciavano l'una con l'altra restando avvinghiate e, per il desiderio di fondersi in un solo essere, morivano di fame e comunque [191b] di inazione, perché rifiutavano di fare qualunque cosa l'una senza l'altra. Inoltre, quando una delle due metà moriva e l'altra le sopravviveva, la superstite cercava un'altra metà e a questa si avvinghiava, sia quando incontrava una metà di donna di un essere tutto donna (la suddetta metà essendo precisamente quello che oggi noi chiamiamo donna), sia quando incontrava una metà di uomo. In questo modo la specie umana andava estinguendosi. E così, impietositosi, Zeus escogita un altro artificio e sposta sul davanti i genitali – fino ad allora infatti avevano anche questi all'esterno [191c] e non era congiungendosi, ma sulla terra, come le cicale, che generavano e si riproducevano. Spostò, diceva-

XVI

Ἕκαστος οὖν ἡμῶν ἐστὶν ἀνθρώπου σύμβολον, ἅτε τετμημένος ὥσπερ αἱ ψῆτται, ἐξ ἑνὸς δύο· ζητεῖ δὴ ἀεὶ τὸ αὑτοῦ ἕκαστος σύμβολον. ὅσοι μὲν οὖν τῶν ἀνδρῶν τοῦ κοινοῦ τμῆμά εἰσιν, ὃ δὴ τότε ἀνδρόγυνον ἐκαλεῖτο, φιλογύναικές τέ εἰσι καὶ οἱ πολλοὶ τῶν μοιχῶν ἐκ τούτου τοῦ γένους γεγόνασιν, καὶ [191e] ὅσαι αὖ γυναῖκες φίλανδροί τε καὶ μοιχεύτριαι, ἐκ τούτου τοῦ γένους γίγνονται. ὅσαι δὲ τῶν γυναικῶν γυναικὸς τμῆμά εἰσιν, οὐ πάνυ αὗται τοῖς ἀνδράσι τὸν νοῦν προσέχουσιν, ἀλλὰ μᾶλλον πρὸς τὰς γυναῖκας τετραμμέναι εἰσί, καὶ αἱ ἑταιρίστριαι ἐκ τούτου τοῦ γένους γίγνονται. ὅσοι δὲ ἄρρενος τμῆμά εἰσι, τὰ ἄρρενα διώκουσι, καὶ τέως μὲν ἂν παῖδες ὦσιν, ἅτε τεμάχια ὄντα τοῦ ἄρρενος, φιλοῦσι τοὺς ἄνδρας καὶ χαίρουσι συγκατακείμενοι καὶ συμπεπλεγμένοι [192a] τοῖς ἀνδράσι, καί εἰσιν οὗτοι βέλτιστοι

mo, i genitali sul davanti e, per mezzo loro, consentì che la generazione fosse il risultato di un loro rapporto, compiendosi nella femmina per l'azione del maschio. Il suo scopo era che, nell'abbraccio, se un uomo si imbatteva in una donna, ci sarebbero stati concepimento e continuazione della razza umana, se invece un maschio si imbatteva in un maschio, si sarebbe comunque appagato a sazietà dell'amplesso e sarebbe tornato all'azione, vale a dire a occuparsi anche degli altri aspetti della vita. Così, è da tempi molto lontani [191d] che si è instaurato nell'uomo l'amore per i suoi simili: è l'amore che ripristina la nostra primitiva natura, quell'amore che, di due esseri, si sforza di farne uno solo, che è come dire che si sforza di guarire la natura umana.

XVI

«Ciascuno di noi è dunque la parte complementare[16] di un uomo perché è stato tagliato, come si fa con le sogliole, da un essere unico per ricavarne due. Pertanto ciascuno cerca sempre il suo complemento. Così tutti quei maschi che derivano da una parte tagliata del genere misto che allora si chiamava appunto androgino desiderano le donne ed è da questo genere che derivano, per la maggior parte, gli adulteri; parimenti, provengono da questo stesso genere [191e] tutte le donne cui piacciono gli uomini, e le adultere. Invece le donne che sono il risultato del taglio operato sulla donna primitiva non hanno alcun interesse

[16] *complementare*: propriamente «contrassegno, contromarca». Il termine greco *symbolon* («simbolo») indicava, in origine, ciascuna delle metà di un oggetto che due parti contraenti dividevano tra loro e che, riaccostate, servivano come segno di riconoscimento.

τῶν παίδων καὶ μειρακίων, ἅτε ἀνδρειότατοι ὄντες φύσει. φασὶ δὲ δή τινες αὐτοὺς ἀναισχύντους εἶναι, ψευδόμενοι· οὐ γὰρ ὑπ᾽ ἀναισχυντίας τοῦτο δρῶσιν ἀλλ᾽ ὑπὸ θάρρους καὶ ἀνδρείας καὶ ἀρρενωπίας, τὸ ὅμοιον αὐτοῖς ἀσπαζόμενοι. μέγα δὲ τεκμήριον· καὶ γὰρ τελεωθέντες μόνοι ἀποβαίνουσιν εἰς τὰ πολιτικὰ ἄνδρες οἱ τοιοῦτοι. ἐπειδὰν δὲ ἀνδρωθῶσι, [192b] παιδεραστοῦσι καὶ πρὸς γάμους καὶ παιδοποιίας οὐ προσέχουσι τὸν νοῦν φύσει, ἀλλ᾽ ὑπὸ τοῦ νόμου ἀναγκάζονται· ἀλλ᾽ ἐξαρκεῖ αὐτοῖς μετ᾽ ἀλλήλων καταζῆν ἀγάμοις. πάντως μὲν οὖν ὁ τοιοῦτος παιδεραστής τε καὶ φιλεραστὴς γίγνεται, ἀεὶ τὸ συγγενὲς ἀσπαζόμενος. ὅταν μὲν οὖν καὶ αὐτῷ ἐκείνῳ ἐντύχῃ τῷ αὐτοῦ ἡμίσει καὶ ὁ παιδεραστὴς καὶ ἄλλος πᾶς, τότε καὶ θαυμαστὰ ἐκπλήττονται φιλίᾳ τε καὶ [192c] οἰκειότητι καὶ ἔρωτι, οὐκ ἐθέλοντες, ὡς ἔπος εἰπεῖν χωρίζεσθαι ἀλλήλων οὐδὲ σμικρὸν χρόνον. καὶ οἱ διατελοῦντες μετ᾽ ἀλλήλων διὰ βίου οὗτοί εἰσιν, οἳ οὐδ᾽ ἂν ἔχοιεν εἰπεῖν ὅτι βούλονται σφίσι παρ᾽ ἀλλήλων γίγνεσθαι. οὐδενὶ γὰρ ἂν δόξειεν τοῦτ᾽ εἶναι ἡ τῶν ἀφροδισίων συνουσία, ὡς ἄρα τούτου ἕνεκα ἕτερος ἑτέρῳ χαίρει συνὼν οὕτως ἐπὶ μεγάλης σπουδῆς· ἀλλ᾽ ἄλλο τι βουλομένη ἑκατέρου ἡ ψυχὴ [192d] δήλη ἐστίν, ὃ οὐ δύναται εἰπεῖν, ἀλλὰ μαντεύεται ὃ βούλεται, καὶ αἰνίττεται. καὶ εἰ αὐτοῖς ἐν τῷ αὐτῷ κατακειμένοις ἐπιστὰς ὁ Ἥφαιστος, ἔχων τὰ ὄργανα, ἔροιτο· "Τί ἔσθ᾽ ὃ βούλεσθε, ὦ ἄνθρωποι, ὑμῖν παρ᾽ ἀλλήλων γενέσθαι;" καὶ εἰ ἀποροῦντας αὐτοὺς πάλιν ἔροιτο· "Ἆρά γε τοῦδε ἐπιθυμεῖτε, ἐν τῷ αὐτῷ γενέσθαι ὅτι μάλιστα ἀλλήλοις, ὥστε καὶ νύκτα καὶ ἡμέραν μὴ ἀπολείπεσθαι ἀλλήλων; εἰ γὰρ τούτου ἐπιθυμεῖτε, θέλω ὑμᾶς συντῆξαι καὶ [192e] συμφυσῆσαι εἰς τὸ αὐτό, ὥστε δύ᾽ ὄντας ἕνα γεγονέναι καὶ ἕως τ᾽ ἂν ζῆτε, ὡς ἕνα ὄντα, κοινῇ ἀμφοτέρους ζῆν,

per gli uomini, ma si volgono piuttosto verso le donne, ed è da questo genere che provengono le lesbiche. Tutti quelli infine che sono il risultato del taglio operato sul maschio originario desiderano i maschi e per tutto il tempo che sono fanciulli, come frammenti del maschio primitivo, amano gli uomini, provano piacere nello stendersi accanto a loro e [192a] nello stare fra le loro braccia: sono, tra i fanciulli e gli adolescenti, i migliori in assoluto, perché per natura sono i più virili. È vero che alcuni sostengono che sono degli spudorati, ma ciò è falso, perché non è per mancanza di pudore che si comportano così, ma, siccome sono coraggiosi, arditi e hanno un temperamento maschio, si attaccano a chi è loro somigliante. Si può efficacemente provarlo: una volta diventati maturi, solo gli uomini di tale natura sanno occuparsi degli affari dello Stato. Inoltre, ormai adulti, [192b] amano i fanciulli e, per natura, non pensano a sposarsi né a procreare dei figli, ma è la legge che li obbliga a farlo, mentre per conto loro sarebbero contenti di passare la vita assieme, senza sposarsi. Dunque, in linea di massima, un tale individuo è ugualmente portato ad amare i fanciulli e a innamorarsi degli amanti, legandosi sempre a ciò che gli è affine. E così, quando gli succede di imbattersi in quella metà di sé di cui stiamo parlando, allora chi ama i fanciulli o qualsiasi altro si sente da quel momento misteriosamente in preda a un forte sentimento di affetto, [192c] d'intimità e d'amore, e si rifiuta, per così dire, di separarsi dall'altro, anche per poco tempo. Eppure costoro che passano insieme la vita dall'inizio alla fine sono persone che non sarebbero nemmeno in grado di dire che cosa desiderano ottenere l'una dall'altra. Nessuno infatti direbbe che sia il mero godimento sessuale la ragione del piacere che ciascuno di loro prova nel vivere accanto

καὶ ἐπειδὰν ἀποθάνητε, ἐκεῖ αὖ ἐν Ἅιδου ἀντὶ δυοῖν ἕνα εἶναι κοινῇ τεθνεῶτε· ἀλλ᾽ ὁρᾶτε εἰ τούτου ἐρᾶτε καὶ ἐξαρκεῖ ὑμῖν ἂν τούτου τύχητε·" ταῦτ᾽ ἀκούσας ἴσμεν ὅτι οὐδ᾽ ἂν εἷς ἐξαρνηθείη οὐδ᾽ ἄλλο τι ἂν φανείη βουλόμενος, ἀλλ᾽ ἀτεχνῶς οἴοιτ᾽ ἂν ἀκηκοέναι τοῦτο ὃ πάλαι ἄρα ἐπεθύμει, συνελθὼν καὶ συντακεὶς τῷ ἐρωμένῳ ἐκ δυοῖν εἷς γενέσθαι. τοῦτο γάρ ἐστι τὸ αἴτιον, ὅτι ἡ ἀρχαία φύσις ἡμῶν ἦν αὕτη καὶ ἦμεν ὅλοι· τοῦ ὅλου οὖν τῇ ἐπιθυμίᾳ [193a] καὶ διώξει ἔρως ὄνομα. καὶ πρὸ τοῦ, ὥσπερ λέγω, ἓν ἦμεν, νυνὶ δὲ διὰ τὴν ἀδικίαν διῳκίσθημεν ὑπὸ τοῦ θεοῦ, καθάπερ Ἀρκάδες ὑπὸ Λακεδαιμονίων· φόβος οὖν ἔστιν, ἐὰν μὴ κόσμιοι ὦμεν πρὸς τοὺς θεούς, ὅπως μὴ καὶ αὖθις διασχισθησόμεθα, καὶ περίιμεν ἔχοντες ὥσπερ οἱ ἐν ταῖς στήλαις καταγραφὴν ἐκτετυπωμένοι, διαπεπρισμένοι κατὰ τὰς ῥῖνας, γεγονότες ὥσπερ λίσπαι. ἀλλὰ τούτων ἕνεκα πάντ᾽ ἄνδρα χρὴ ἅπαντα παρακελεύεσθαι εὐσεβεῖν περὶ [193b] θεούς, ἵνα τὰ μὲν ἐκφύγωμεν, τῶν δὲ τύχωμεν, ὡς ὁ Ἔρως ἡμῖν ἡγεμὼν καὶ στρατηγός. ᾧ μηδεὶς ἐναντία πραττέτω — πράττει δ᾽ ἐναντία ὅστις θεοῖς ἀπεχθάνεται — φίλοι γὰρ γενόμενοι καὶ διαλλαγέντες τῷ θεῷ ἐξευρήσομέν τε καὶ ἐντευξόμεθα τοῖς παιδικοῖς τοῖς ἡμετέροις αὐτῶν, ὃ τῶν νῦν ὀλίγοι ποιοῦσι. καὶ μή μοι ὑπολάβῃ Ἐρυξίμαχος, κωμῳδῶν τὸν λόγον, ὡς Παυσανίαν καὶ Ἀγάθωνα λέγω — ἴσως μὲν [193c] γὰρ καὶ οὗτοι τούτων τυγχάνουσιν ὄντες καί εἰσιν ἀμφότεροι τὴν φύσιν ἄρρενες — λέγω δὲ οὖν ἔγωγε καθ᾽ ἁπάντων καὶ ἀνδρῶν καὶ γυναικῶν, ὅτι οὕτως ἂν ἡμῶν τὸ γένος εὔδαιμον γένοιτο, εἰ ἐκτελέσαιμεν τὸν ἔρωτα καὶ τῶν παιδικῶν τῶν αὑτοῦ ἕκαστος τύχοι εἰς τὴν ἀρχαίαν ἀπελθὼν φύσιν. εἰ δὲ τοῦτο ἄριστον, ἀναγκαῖον καὶ τῶν νῦν παρόντων τὸ τούτου ἐγγυτάτω ἄριστον εἶναι· τοῦτο δ᾽ ἐστὶ παιδικῶν τυχεῖν κατὰ

all'altro con tanta passione. È un'altra la cosa cui, palesemente, l'anima di ciascuno di loro aspira, [192d] una cosa che non sa dire con le parole, un desiderio di cui ha piuttosto un vago presentimento che esprime in forma enigmatica. Figurateveli distesi nello stesso letto, se comparisse davanti a loro Efesto, che, con i suoi strumenti in mano, chiedesse: "Che cosa desiderate di ottenere, uomini, l'uno dall'altro?". E se, di fronte alla loro difficoltà a rispondere, proseguisse: "È di questo, dite, che avete voglia, di unirvi il più possibile l'uno all'altro in modo da non lasciarvi mai, né di notte né di giorno? Se è questo che volete, non ho nessuna difficoltà a fondervi e [192e] a fare di voi un pezzo unico in modo che, da due che siete, diventiate uno e, per tutta la vita, condividiate la stessa esistenza come se foste una persona sola e dopo la morte, giù nella dimora di Ade, invece di essere due, continuiate a essere uno solo, avendo condiviso anche la morte. Guardate dunque se è questo che desiderate appassionatamente, se è ottenere questo che basterebbe a rendervi felici". Non ce ne sarebbe nemmeno uno, possiamo esserne sicurissimi, che, sentendo una tale proposta, la rifiuterebbe o manifesterebbe il desiderio di qualche altra cosa. Essi penserebbero, sicuramente, di aver sentito esprimere ciò che agognavano da molto tempo: congiungersi con l'amato, fondersi con lui, e così, da due che erano, diventare uno solo. Ed ecco la ragione di ciò: la nostra natura primitiva era quella che ho detto, e noi eravamo tutti interi. Così è al desiderio e [193a] alla ricerca di questa interezza che si dà il nome di amore. In altri termini, prima, come ho detto, eravamo un essere unico, ma ora, a causa del nostro comportamento tracotante, la nostra unità è stata spezzata dal dio, nello stesso modo in cui gli Spartani hanno spezzato l'uni-

νοῦν αὐτῷ πεφυκότων· οὗ δὴ τὸν αἴτιον θεὸν ὑμνοῦντες [193d] δικαίως ἂν ὑμνοῖμεν Ἔρωτα, ὃς ἔν τε τῷ παρόντι ἡμᾶς πλεῖστα ὀνίνησιν εἰς τὸ οἰκεῖον ἄγων, καὶ εἰς τὸ ἔπειτα ἐλπίδας μεγίστας παρέχεται, ἡμῶν παρεχομένων πρὸς θεοὺς εὐσέβειαν, καταστήσας ἡμᾶς εἰς τὴν ἀρχαίαν φύσιν καὶ ἰασάμενος μακαρίους καὶ εὐδαίμονας ποιῆσαι.

Οὗτος, ἔφη, ὦ Ἐρυξίμαχε, ὁ ἐμὸς λόγος ἐστὶ περὶ Ἔρωτος, ἀλλοῖος ἢ ὁ σός. ὥσπερ οὖν ἐδεήθην σου, μὴ κωμῳδήσῃς αὐτόν, ἵνα καὶ τῶν λοιπῶν ἀκούσωμεν τί ἕκαστος [193e] ἐρεῖ, μᾶλλον δὲ τί ἑκάτερος· Ἀγάθων γὰρ καὶ Σωκράτης λοιποί.

tà arcadica.[17] C'è da temere, se non ci comportiamo con modestia agli occhi degli dèi, di venire, una volta ancora, spaccati in due, e che ci tocchi di andare in giro, come i personaggi ritratti di profilo in bassorilievo sulle stele, segati a metà lungo la linea del naso, ridotti come dadi tagliati in due. Ecco per quali ragioni c'è una raccomandazione che si deve fare a ogni uomo: manifestare in ogni cosa devoto rispetto [193b] per gli dèi, sia per sfuggire a questo danno, sia per ottenere quel bene al quale Amore ci guida e indirizza. Nessuno agisca in modo da contrastare Amore, e lo contrasta chiunque si rende odioso agli occhi della divinità. Perché, una volta divenuti amici del dio e in pace con lui, incontreremo i nostri amati ed entreremo in relazione con loro, il che accade oggi a ben poche persone. E non mi replichi Erissimaco, volgendo in burla il mio discorso, che io mi riferisco a Pausania e ad Agatone. Ci sono buone probabilità che [193c] essi appartengano proprio alla schiera dei suddetti e che entrambi, in relazione al genere primitivo, siano maschi. Comunque sia, e per quanto mi riguarda, è riferendomi a tutti gli esseri umani, uomini e donne senza eccezione, che affermo che la nostra specie diventerebbe felice se portassimo l'amore al suo compimento, cioè se ciascuno incontrasse per amarlo colui che è veramente la sua metà, ritornando alla sua natura primitiva. E, se quest'ultima è la perfezione, allora quello che più le si avvicina nella realtà che sperimentiamo oggi deve di necessità essere ciò che esiste di meglio. Tale è appunto il legame con la persona amata che coincide per la sua natura con l'oggetto del desiderio. Così dunque, se

---

17 *l'unità arcadica*: il popolo degli Arcadi venne disperso dagli Spartani, dopo che questi ne distrussero il centro politico, la città di Mantinea.

XVII

Ἀλλὰ πείσομαί σοι, ἔφη φάναι τὸν Ἐρυξίμαχον· καὶ γάρ μοι ὁ λόγος ἡδέως ἐρρήθη. καὶ εἰ μὴ συνῄδη Σωκράτει τε καὶ Ἀγάθωνι δεινοῖς οὖσι περὶ τὰ ἐρωτικά, πάνυ ἂν ἐφοβούμην μὴ ἀπορήσωσι λόγων διὰ τὸ πολλὰ καὶ παντοδαπὰ εἰρῆσθαι· νῦν δὲ ὅμως θαρρῶ.

[194a] Τὸν οὖν Σωκράτη εἰπεῖν Καλῶς γὰρ αὐτὸς ἠγώνισαι, ὦ Ἐρυξίμαχε· εἰ δὲ γένοιο οὗ νῦν ἐγώ εἰμι, μᾶλλον δὲ ἴσως οὗ ἔσομαι ἐπειδὰν καὶ Ἀγάθων εἴπῃ εὖ, καὶ μάλ' ἂν φοβοῖο καὶ ἐν παντὶ εἴης ὥσπερ ἐγὼ νῦν.

Φαρμάττειν βούλει με, ὦ Σώκρατες, εἰπεῖν τὸν Ἀγάθωνα, ἵνα θορυβηθῶ διὰ τὸ οἴεσθαι τὸ θέατρον προσδοκίαν μεγάλην ἔχειν ὡς εὖ ἐροῦντος ἐμοῦ. Ἐπιλήσμων μέντἂν εἴην, ὦ Ἀγάθων, εἰπεῖν τὸν Σωκράτη, [194b] εἰ ἰδὼν τὴν σὴν ἀνδρείαν καὶ μεγαλοφροσύνην ἀναβαίνοντος ἐπὶ τὸν ὀκρίβαντα μετὰ τῶν ὑποκριτῶν, καὶ βλέψαντος ἐναντία

vogliamo celebrare quel dio cui siamo debitori di ciò, è [193d] a buon diritto Amore che dovremo celebrare: nel presente ci dona i maggiori benefici, conducendoci verso ciò che ci è più affine; per il futuro ci offre grandissime speranze, se sapremo dimostrare agli dèi devoto rispetto, di renderci beati e felici, ripristinando in noi la natura primitiva e guarendoci.»

«Ecco dunque Erissimaco» si avviò a concludere «il mio discorso sul tema di Amore, di tipo diverso rispetto al tuo; ricordati però che ti ho pregato di non riderci sopra, così che noi si possa stare a sentire quelli che ancora rimangono, vale a dire che cosa dirà ciascuno [193e] dei due che restano, perché manca solo di parlare ad Agatone e a Socrate.»

XVII

«E sia» rispose Erissimaco «ti ubbidirò, perché quello che hai detto mi è molto piaciuto, e anzi, se non sapessi che Socrate e Agatone sono assai esperti in materia d'amore, avrei molto da temere che siano in difficoltà a fare il loro discorso, dopo la varietà e quantità di cose che sono già state dette. Ora invece, nonostante ciò, sono tranquillo.»

[194a] «Anche tu, Erissimaco,» intervenne allora Socrate «hai davvero ben meritato nella nostra gara. Ma se dovessi trovarti adesso al mio posto, o piuttosto nella situazione in cui mi troverò dopo che Agatone avrà fatto anche lui un discorso eccellente, non solo avresti una grande paura, ma ti troveresti altresì in grande imbarazzo, come ora lo sono io.»

«Tu vuoi stregarmi» disse Agatone «affinché, nell'imma-

τοσούτῳ θεάτρῳ, μέλλοντος ἐπιδείξεσθαι σαυτοῦ λόγους, καὶ οὐδ᾽ ὁπωστιοῦν ἐκπλαγέντος, νῦν οἰηθείην σε θορυβήσεσθαι ἕνεκα ἡμῶν ὀλίγων ἀνθρώπων.

Τί δέ, ὦ Σώκρατες; τὸν Ἀγάθωνα φάναι, οὐ δήπου με οὕτω θεάτρου μεστὸν ἡγῇ, ὥστε καὶ ἀγνοεῖν ὅτι νοῦν ἔχοντι ὀλίγοι ἔμφρονες πολλῶν ἀφρόνων φοβερώτεροι;

[194c] Οὐ μέντ᾽ ἂν καλῶς ποιοίην, φάναι τὸν Σωκράτη, ὦ Ἀγάθων, περὶ σοῦ τι ἐγὼ ἄγροικον δοξάζων· ἀλλ᾽ εὖ οἶδα ὅτι εἴ τισιν ἐντύχοις οὓς ἡγοῖο σοφούς, μᾶλλον ἂν αὐτῶν φροντίζοις ἢ τῶν πολλῶν. ἀλλὰ μὴ οὐχ οὗτοι ἡμεῖς ὦμεν — ἡμεῖς μὲν γὰρ καὶ ἐκεῖ παρῆμεν καὶ ἦμεν τῶν πολλῶν — εἰ δὲ ἄλλοις ἐντύχοις σοφοῖς, τάχ᾽ ἂν αἰσχύνοιο αὐτούς, εἴ τι ἴσως οἴοιο αἰσχρὸν ὂν ποιεῖν· ἢ πῶς λέγεις;

Ἀληθῆ λέγεις, φάναι.

Τοὺς δὲ πολλοὺς οὐκ ἂν αἰσχύνοιο εἴ τι οἴοιο αἰσχρὸν ποιεῖν;

[194d] καὶ τὸν Φαῖδρον ἔφη ὑπολαβόντα εἰπεῖν Ὦ φίλε Ἀγάθων, ἐὰν ἀποκρίνῃ Σωκράτει, οὐδὲν ἔτι διοίσει αὐτῷ ὁπῃοῦν τῶν ἐνθάδε ὁτιοῦν γίγνεσθαι, ἐὰν μόνον ἔχῃ ὅτῳ διαλέγηται, ἄλλως τε καὶ καλῷ. ἐγὼ δὲ ἡδέως μὲν ἀκούω Σωκράτους διαλεγομένου, ἀναγκαῖον δέ μοι ἐπιμεληθῆναι τοῦ ἐγκωμίου τῷ Ἔρωτι καὶ ἀποδέξασθαι παρ᾽ ἑνὸς ἑκάστου ὑμῶν τὸν λόγον· ἀποδοὺς οὖν ἑκάτερος τῷ θεῷ οὕτως ἤδη διαλεγέσθω.

[194e] Ἀλλὰ καλῶς λέγεις, ὦ Φαῖδρε, φάναι τὸν Ἀγάθωνα, καὶ οὐδέν με κωλύει λέγειν· Σωκράτει γὰρ καὶ αὖθις ἔσται πολλάκις διαλέγεσθαι.

ginare che questo auditorio sia in febbrile attesa, aspettandosi che io faccia un bel discorso, finisca per confondermi.»

[194b] «Dovrei proprio essere smemorato, Agatone,» replicò Socrate «se, dopo aver avuto una testimonianza del tuo valore quando, con i tuoi attori, ti sei presentato in scena e hai tenuto fermo lo sguardo su una platea così vasta, cui stavi per presentare una tua opera, senza essere minimamente turbato, adesso immaginassi che potresti confonderti per il piccolo pubblico costituito da noi!»

«Che cosa dici, Socrate?» ribatté Agatone. «Non crederai, voglio sperare, che sia a tal punto preso dal teatro da misconoscere che, per chi ha senno, un numero esiguo di persone intelligenti è più temibile di una gran massa di sciocchi!»

[194c] «Sarei sicuramente in grave torto, Agatone» proseguì Socrate «se avessi su di te un'opinione così rozza. Al contrario, so perfettamente che, se ti capitasse di incontrare delle persone da te giudicate sapienti, ne terresti molto più conto che della moltitudine. C'è da credere tuttavia che noi non siamo tali: c'eravamo anche noi là, in platea, e facevamo parte della folla. Ma se ti capitasse di incontrare altre persone, questa volta sapienti davvero, probabilmente davanti a loro saresti preso da vergogna se pensassi di compiere qualcosa di ignobile: non sei d'accordo?»

«È la verità» assentì l'altro.

«Ma non ti vergogneresti anche davanti alla folla se pensassi di compiere qualcosa di ignobile?»

[194d] A questo punto, stando al racconto di Aristodemo, intervenne Fedro: «Se rispondi a Socrate, caro Agatone, egli si disinteresserà del tutto della piega che qui vanno prendendo le cose, pur di avere qualcuno con cui discutere, a maggior ragione se si tratta di un bel ragazzo. Da parte

XVIII

Ἐγὼ δὲ δὴ βούλομαι πρῶτον μὲν εἰπεῖν ὡς χρή με εἰπεῖν, ἔπειτα εἰπεῖν. δοκοῦσι γάρ μοι πάντες οἱ πρόσθεν εἰρηκότες οὐ τὸν θεὸν ἐγκωμιάζειν ἀλλὰ τοὺς ἀνθρώπους εὐδαιμονίζειν τῶν ἀγαθῶν ὧν ὁ θεὸς αὐτοῖς αἴτιος· ὁποῖος δέ τις αὐτὸς ὢν [195a] ταῦτα ἐδωρήσατο, οὐδεὶς εἴρηκεν. εἷς δὲ τρόπος ὀρθὸς παντὸς ἐπαίνου περὶ παντός, λόγῳ διελθεῖν οἷος οἵων αἴτιος ὢν τυγχάνει περὶ οὗ ἂν ὁ λόγος ᾖ. οὕτω δὴ τὸν Ἔρωτα καὶ ἡμᾶς δίκαιον ἐπαινέσαι πρῶτον αὐτὸν οἷός ἐστιν, ἔπειτα τὰς δόσεις. φημὶ οὖν ἐγὼ πάντων θεῶν εὐδαιμόνων ὄντων Ἔρωτα, εἰ θέμις καὶ ἀνεμέσητον εἰπεῖν, εὐδαιμονέστατον εἶναι αὐτῶν, κάλλιστον ὄντα καὶ ἄριστον. ἔστι δὲ κάλλιστος ὢν τοιόσδε. πρῶτον μὲν νεώτατος θεῶν, ὦ Φαῖδρε. μέγα [195b] δὲ τεκμήριον τῷ λόγῳ αὐτὸς παρέχεται, φεύγων φυγῇ τὸ γῆρας, ταχὺ ὂν δῆλον ὅτι· θᾶττον γοῦν τοῦ δέοντος ἡμῖν προσέρχεται. ὃ δὴ πέφυκεν Ἔρως μισεῖν καὶ οὐδ᾽ ἐντὸς πολλοῦ πλησιάζειν. μετὰ δὲ νέων ἀεὶ σύνεστί τε καὶ ἔστιν· ὁ γὰρ παλαιὸς λόγος εὖ ἔχει, ὡς ὅμοιον ὁμοίῳ ἀεὶ πελάζει. ἐγὼ δὲ Φαίδρῳ πολλὰ ἄλλα ὁμο-

mia, per quanto piacere mi procuri stare ad ascoltare una conversazione di Socrate, sono tuttavia vincolato a fare in modo che si celebri Amore con l'elogio che gli spetta e a ricevere da ciascuno il suo discorso. Paghi dunque ciascuno di voi due il suo tributo al dio, e dopo discutete quanto vi pare».

[194e] «Hai certamente ragione, Fedro» convenne Agatone. «Non c'è nulla che mi impedisca di parlare, perché anche in seguito mi capiterà più di un'occasione per discutere con Socrate.

XVIII

«Orbene, io intendo prima di tutto dire come bisogna dire, e poi dire. Secondo me, infatti, tutti quelli che hanno parlato prima non hanno tessuto le lodi del dio, bensì hanno parlato della felicità degli uomini per i benefici di cui il dio è per loro la fonte. Ma quale sia la natura del dio stesso [195a] che ci dispensa tali benefici, nessuno lo ha detto. Ora, per ogni encomio in generale, non importa di chi, c'è un solo modo corretto di procedere: spiegare discorsivamente, a proposito dell'oggetto di cui si stia trattando, in virtù di quale natura può essere la causa di determinati effetti. Questo è dunque il modo giusto in cui a nostra volta elogeremo Amore: in primo luogo decantando lui per quello che è, in secondo luogo i suoi doni. Ciò premesso, fra gli dèi, i quali godono tutti della felicità, io affermo – a condizione che sia lecito dirlo e che ciò non susciti la loro ira – che Amore è il più felice, perché tra tutti è il più bello e di tutti il più eccellente. Consideriamo ora in ragione di quali caratteristiche è il più bello. Per prima cosa egli è, Fedro, il più

λογῶν τοῦτο οὐχ ὁμολογῶ, ὡς Ἔρως Κρόνου καὶ Ἰαπετοῦ ἀρχαιότερός ἐστιν. ἀλλά [195c] φημι νεώτατον αὐτὸν εἶναι θεῶν καὶ ἀεὶ νέον, τὰ δὲ παλαιὰ πράγματα περὶ θεούς, ἃ Ἡσίοδος καὶ Παρμενίδης λέγουσιν, Ἀνάγκῃ καὶ οὐκ Ἔρωτι γεγονέναι, εἰ ἐκεῖνοι ἀληθῆ ἔλεγον· οὐ γὰρ ἂν ἐκτομαὶ οὐδὲ δεσμοὶ ἀλλήλων ἐγίγνοντο καὶ ἄλλα πολλὰ καὶ βίαια, εἰ Ἔρως ἐν αὐτοῖς ἦν, ἀλλὰ φιλία καὶ εἰρήνη, ὥσπερ νῦν, ἐξ οὗ Ἔρως τῶν θεῶν βασιλεύει. νέος μὲν οὖν ἐστί, πρὸς δὲ τῷ νέῳ ἁπαλός· ποιητοῦ δ᾽ ἔστιν [195d] ἐνδεὴς οἷος ἦν Ὅμηρος πρὸς τὸ ἐπιδεῖξαι θεοῦ ἁπαλότητα. Ὅμηρος γὰρ Ἄτην θεόν τέ φησιν εἶναι καὶ ἁπαλήν — τοὺς γοῦν πόδας αὐτῆς ἁπαλοὺς εἶναι — λέγων

τῆς μένθ᾽ ἁπαλοὶ πόδες· οὐ γὰρ ἐπ᾽ οὔδεος
πίλναται, ἀλλ᾽ ἄρα ἥ γε κατ᾽ ἀνδρῶν κράατα βαίνει.

καλῷ οὖν δοκεῖ μοι τεκμηρίῳ τὴν ἁπλότητα ἀποφαίνειν, ὅτι οὐκ ἐπὶ σκληροῦ βαίνει, ἀλλ᾽ ἐπὶ μαλθακοῦ. τῷ αὐτῷ [195e] δὴ καὶ ἡμεῖς χρησόμεθα τεκμηρίῳ περὶ Ἔρωτα ὅτι ἁπαλός. οὐ γὰρ ἐπὶ γῆς βαίνει οὐδ᾽ ἐπὶ κρανίων, ἅ ἐστιν οὐ πάνυ μαλακά, ἀλλ᾽ ἐν τοῖς μαλακωτάτοις τῶν ὄντων καὶ βαίνει καὶ οἰκεῖ. ἐν γὰρ ἤθεσι καὶ ψυχαῖς θεῶν καὶ ἀνθρώπων τὴν οἴκησιν ἵδρυται, καὶ οὐκ αὖ ἑξῆς ἐν πάσαις ταῖς ψυχαῖς, ἀλλ᾽ ᾗτινι ἂν σκληρὸν ἦθος ἐχούσῃ ἐντύχῃ, ἀπέρχεται, ᾗ δ᾽ ἂν μαλακόν, οἰκίζεται. ἁπτόμενον οὖν ἀεὶ καὶ ποσὶν καὶ πάντῃ ἐν μαλακωτάτοις τῶν μαλακωτάτων, ἁπαλώτατον ἀνάγκη [196a] εἶναι. νεώτατος μὲν δή ἐστι καὶ ἁπαλώτατος, πρὸς δὲ τούτοις ὑγρὸς τὸ εἶδος, οὐ γὰρ ἂν οἷός τ᾽ ἦν πάντῃ περιπτύσσεσθαι οὐδὲ διὰ πάσης ψυχῆς καὶ εἰσιὼν τὸ πρῶτον λανθάνειν καὶ ἐξιών, εἰ σκληρὸς ἦν. συμμέτρου δὲ καὶ ὑγρᾶς ἰδέας μέγα τεκμήριον ἡ εὐσχημοσύνη, ὃ δὴ διαφερόντως ἐκ πάντων ὁμολο-

giovane degli dèi. [195b] Una prova incontrovertibile di questa tesi, d'altra parte, la fornisce lui stesso: è la fuga mediante la quale fugge la vecchiaia, che è notoriamente veloce e che ci arriva addosso più rapidamente di quanto dovrebbe. Amore, per sua natura, la odia proprio, e non le va incontro neppure da lontano. Invece vive e sta sempre assieme alla gioventù, perché, come giustamente recita l'antico adagio, il simile s'accoppia sempre con il simile. Pur essendo pertanto d'accordo con Fedro su numerosi altri punti, tuttavia non gli concedo che Amore sia più vecchio di Crono e di Giapeto. Anzi, egli è, [195c] io affermo, il più giovane degli dèi, e resta sempre giovane. Affermo altresì che le antiche vicende sugli dèi raccontate da Esiodo e da Parmenide – posto che costoro abbiano detto la verità – siano da attribuirsi alla Necessità (*Ananke*), e non a Amore: se Amore si fosse già trovato in mezzo a loro, non ci sarebbero infatti state fra gli dèi né evirazioni né incatenamenti ai danni dell'uno o dell'altro, per non dire di tutte le altre violenze, ma amicizia e pace, come invece è adesso da quando Amore regna sugli dèi. Amore è dunque giovane e oltre che giovane, è anche delicatamente tenero. Manca tuttavia un poeta, [195d] della tempra di Omero, per decantare convenientemente la delicatezza del dio. Di Ate, infatti, Omero afferma sia la divinità sia la delicatezza – almeno riguardo ai suoi piedi – quando canta:

> i suoi piedi sono delicati, perché non è tanto sul suolo
> che avanza quanto sul capo degli uomini che cammina.[18]

Mi sembra che egli dia prova della delicatezza della dea

[18] Omero, *Iliade* XIX, 92-93.

γουμένως Ἔρως ἔχει· ἀσχημοσύνῃ γὰρ καὶ Ἔρωτι πρὸς ἀλλήλους ἀεὶ πόλεμος. χρόας δὲ κάλλος ἡ κατ᾽ ἄνθη δίαιτα τοῦ θεοῦ σημαίνει· ἀνανθεῖ γὰρ [196b] καὶ ἀπηνθηκότι καὶ σώματι καὶ ψυχῇ καὶ ἄλλῳ ὁτῳοῦν οὐκ ἐνίζει Ἔρως, οὗ δ᾽ ἂν εὐανθής τε καὶ εὐώδης τόπος ᾖ, ἐνταῦθα δὲ καὶ ἵζει καὶ μένει.

con un indizio molto chiaro: essa non cammina sul duro, ma sul molle. [195e] Ricorreremo a nostra volta al medesimo segno a proposito di Amore, per dimostrare che è delicato: non è sul suolo che cammina, né sulle teste – che non sono propriamente morbide! – ma cammina e si ferma piuttosto su tutto ciò che c'è di più tenero. In effetti è nel carattere, nell'anima degli dèi e degli uomini che egli stabilisce la sua dimora, e nemmeno indiscriminatamente in tutte le anime perché, se ne incontra una di carattere duro, si allontana, mentre se si imbatte in un'anima dal carattere tenero, vi si trattiene. Siccome dunque è sempre a contatto, con i piedi e con tutto il resto, con quello che vi è di più tenero tra le cose più tenere, Amore è conseguentemente il più delicato degli esseri. [196a] Si è detto dunque che Amore è il più giovane e il più delicato degli esseri; a ciò bisogna aggiungere il fatto che la sua forma è fluida. Non sarebbe infatti in grado, se fosse rigido, di avvolgere da ogni parte e di entrare e uscire da ogni anima passando inosservato. La prova decisiva della sua natura fluida e armoniosa risiede in quella grazia della figura che, per comune consenso, Amore possiede incomparabilmente più di chiunque altro: tra la bruttezza e Amore, infatti, c'è da sempre una guerra reciproca. Quanto alla bellezza dell'incarnato, la vita del dio, che trascorre tra i fiori, ne è un segno: su ciò che non è in fiore [196b] o è ormai sfiorito, corpo, anima o non importa che cosa, Amore non si sofferma; dove invece ci sia un luogo pieno di fiori e di profumi, qui egli si posa e pone la sua dimora.

XIX

Περὶ μὲν οὖν κάλλους τοῦ θεοῦ καὶ ταῦθ᾽ ἱκανὰ καὶ ἔτι πολλὰ λείπεται, περὶ δὲ ἀρετῆς Ἔρωτος μετὰ ταῦτα λεκτέον, τὸ μὲν μέγιστον ὅτι Ἔρως οὔτ᾽ ἀδικεῖ οὔτ᾽ ἀδικεῖται οὔτε ὑπὸ θεοῦ οὔτε θεόν, οὔτε ὑπ᾽ ἀνθρώπου οὔτε ἄνθρωπον. οὔτε γὰρ αὐτὸς βίᾳ πάσχει, εἴ τι πάσχει — βία γὰρ Ἔρωτος οὐχ [196c] ἅπτεται· οὔτε ποιῶν ποιεῖ — πᾶς γὰρ ἑκὼν Ἔρωτι πᾶν ὑπηρετεῖ, ἃ δ᾽ ἂν ἑκὼν ἑκόντι ὁμολογήσῃ, φασὶν "οἱ πόλεως βασιλῆς νόμοι" δίκαια εἶναι. πρὸς δὲ τῇ δικαιοσύνῃ σωφροσύνης πλείστης μετέχει. εἶναι γὰρ ὁμολογεῖται σωφροσύνη τὸ κρατεῖν ἡδονῶν καὶ ἐπιθυμιῶν, Ἔρωτος δὲ μηδεμίαν ἡδονὴν κρείττω εἶναι· εἰ δὲ ἥττους, κρατοῖντ᾽ ἂν ὑπὸ Ἔρωτος, ὁ δὲ κρατοῖ, κρατῶν δὲ ἡδονῶν καὶ ἐπιθυμιῶν ὁ Ἔρως διαφερόντως ἂν σωφρονοῖ. καὶ μὴν εἴς γε ἀνδρείαν Ἔρωτι [196d] "οὐδ᾽ Ἄρης ἀνθίσταται." οὐ γὰρ ἔχει Ἔρωτα Ἄρης, ἀλλ᾽ Ἔρως Ἄρη — Ἀφροδίτης, ὡς λόγος — κρείττων δὲ ὁ ἔχων τοῦ ἐχομένου· τοῦ δ᾽ ἀνδρειοτάτου τῶν ἄλλων κρατῶν πάντων ἂν ἀνδρειότατος εἴη. περὶ μὲν οὖν δικαιοσύνης καὶ σωφροσύνης καὶ ἀνδρείας τοῦ θεοῦ εἴρηται, περὶ δὲ σοφίας λείπεται· ὅσον οὖν δυνατόν, πειρατέον μὴ ἐλλείπειν. καὶ πρῶτον μέν, ἵν᾽ αὖ καὶ ἐγὼ τὴν ἡμετέραν τέχνην τιμήσω ὥσπερ Ἐρυξίμαχος [196e] τὴν αὐτοῦ, ποιητὴς ὁ θεὸς σοφὸς οὕτως ὥστε καὶ ἄλλον ποιῆσαι· πᾶς γοῦν ποιητὴς γίγνεται, "κἂν ἄμουσος ᾖ τὸ πρίν," οὗ ἂν Ἔρως ἅψηται. ᾧ δὴ πρέπει ἡμᾶς μαρτυρίῳ χρῆσθαι, ὅτι ποιητὴς ὁ Ἔρως ἀγαθὸς ἐν κεφαλαίῳ πᾶσαν ποίησιν τὴν κατὰ μουσικήν· ἃ γάρ τις ἢ μὴ ἔχει ἢ μὴ οἶδεν, οὔτ᾽ ἂν ἑτέρῳ δοίη οὔτ᾽ ἂν ἄλλον διδάξειεν. καὶ μὲν δὴ τήν γε τῶν ζῴων ποίησιν πάντων τίς ἐναντιώσεται μὴ οὐχὶ Ἔρωτος εἶναι σοφίαν, ᾗ γίγνεταί τε καὶ φύεται πάντα τὰ ζῷα; [197a] ἀλλὰ τὴν

XIX

«Così dunque, per ciò che concerne la bellezza del dio, basti quanto ho detto, benché resterebbero ancora molte cose da dire. Dopo di ciò, bisogna parlare dell'eccellenza di Amore. Il punto più importante da sottolineare è che Amore non commette ingiustizia, né ai danni di un dio né ai danni di un uomo, e neppure ne è vittima, né da parte di un dio né da parte di un uomo. Se in verità gli capita di patire qualcosa, non è per violenza che patisce [196c] – non c'è violenza infatti che possa sfiorare Amore – così come, se nell'agire provoca qualche patimento, non è per violenza che lo provoca, perché ogni uomo si mette del tutto spontaneamente al servizio di Amore e le cose sulle quali le parti convengono di loro spontaneità sono giuste, come affermano le leggi sovrane dello Stato. Oltre che della giustizia, Amore è inoltre partecipe della più grande temperanza. In effetti è opinione comune che la temperanza consista nel dominio sui piaceri e sui desideri e, d'altra parte, che non ci sia in assoluto piacere più forte di Amore. Se dunque i piaceri, essendo tutti più deboli di lui, sono in potere di Amore, e Amore così li può dominare in quanto domina sia i piaceri che i desideri, ne consegue che è di una straordinaria temperanza. Se poi passiamo a considerare il coraggio, con Amore [196d] "nemmeno Ares può rivaleggiare".[19] Non è infatti Ares che possiede Amore, ma al contrario Amore che possiede Ares, che è posseduto, come si narra, dall'amore per Afrodite. E chi possiede è più forte di chi è posseduto.

---

[19] Sofocle, *Tieste*, frammento 256 dell'edizione Radt (*Tragicorum Graecorum Fragmenta*, 1977).

τῶν τεχνῶν δημιουργίαν οὐκ ἴσμεν, ὅτι οὗ μὲν ἂν ὁ θεὸς οὗτος διδάσκαλος γένηται, ἐλλόγιμος καὶ φανὸς ἀπέβη, οὗ δ᾽ ἂν Ἔρως μὴ ἐφάψηται, σκοτεινός; τοξικήν γε μὴν καὶ ἰατρικὴν καὶ μαντικὴν Ἀπόλλων ἀνηῦρεν ἐπιθυμίας καὶ ἔρωτος ἡγεμονεύσαντος, [197b] ὥστε καὶ οὗτος Ἔρωτος ἂν εἴη μαθητής, καὶ Μοῦσαι μουσικῆς καὶ Ἥφαιστος χαλκείας καὶ Ἀθηνᾶ ἱστουργίας καὶ Ζεὺς κυβερνᾶν θεῶν τε καὶ ἀνθρώπων. ὅθεν δὴ καὶ κατεσκευάσθη τῶν θεῶν τὰ πράγματα Ἔρωτος ἐγγενομένου, δῆλον ὅτι κάλλους — αἴσχει γὰρ οὐκ ἔπι Ἔρως — πρὸ τοῦ δέ, ὥσπερ ἐν ἀρχῇ εἶπον, πολλὰ καὶ δεινὰ θεοῖς ἐγίγνετο. ὡς λέγεται, διὰ τὴν τῆς Ἀνάγκης βασιλείαν· ἐπειδὴ δ᾽ ὁ θεὸς οὗτος ἔφυ, ἐκ τοῦ ἐρᾶν τῶν καλῶν πάντ᾽ ἀγαθὰ γέγονεν καὶ θεοῖς καὶ ἀνθρώποις.

Ma chi domina il più coraggioso di tutti gli altri non può che essere il più coraggioso di tutti. In questo modo, ecco che si è parlato della giustizia, della temperanza, del coraggio del dio. Resta da affrontare l'argomento della sua sapienza e, nei limiti del possibile, bisogna cercare di non tralasciare nulla. Prima di tutto, intendendo a mia volta onorare l'arte che pratico come Erissimaco [196e] ha fatto rispetto alla sua, io direi che il dio è un artista che padroneggia così bene la creazione poetica da essere in grado di rendere poeta anche un altro. In ogni caso, chiunque sia toccato da Amore, "anche se prima era estraneo alle Muse",[20] diventa un poeta. Conviene appoggiarsi su tale prova per affermare che Amore è un creatore eccellente, in generale, in ogni campo della creazione artistica, perché ciò che non si possiede o non si conosce non si può donare né lo si può insegnare ad altri. In aggiunta, per quanto concerne la procreazione di tutti gli esseri viventi, chi contesterà che ad Amore appartiene la sapienza per cui sono concepiti e nascono tutti i viventi? [197a] E ancora, passando a considerare la pratica delle varie arti, non sappiamo forse che chi ha avuto questo dio come maestro si è meritato chiara fama, mentre è rimasto nell'ombra chi non è stato toccato da Amore? È certo che Apollo ha inventato l'arte del tiro con l'arco, l'arte medica e l'arte divinatoria sulla spinta del desiderio e dell'amore, [197b] per cui sarà anche lui un discepolo di Amore, come le Muse saranno sue discepole nell'arte musicale, Efesto nell'arte di forgiare il ferro, Atena in quella di tessere e Zeus, infine, "nell'arte di

---

[20] Euripide, *Stenebea*, frammento 663 dell'edizione Kannicht (*Tragicorum Graecorum Fragmenta*, 2004).

[197c] Οὕτως ἐμοὶ δοκεῖ, ὦ Φαῖδρε, Ἔρως πρῶτος αὐτὸς ὢν κάλλιστος καὶ ἄριστος μετὰ τοῦτο τοῖς ἄλλοις ἄλλων τοιούτων αἴτιος εἶναι. ἐπέρχεται δέ μοί τι καὶ ἔμμετρον εἰπεῖν, ὅτι οὗτός ἐστιν ὁ ποιῶν

εἰρήνην μὲν ἐν ἀνθρώποις, πελάγει δὲ γαλήνην
νηνεμίαν, ἀνέμων κοίτην ὕπνον τ᾽ ἐνὶ κήδει.

[197d] οὗτος δὲ ἡμᾶς ἀλλοτριότητος μὲν κενοῖ, οἰκειότητος δὲ πληροῖ, τὰς τοιάσδε συνόδους μετ᾽ ἀλλήλων πάσας τιθεὶς συνιέναι, ἐν ἑορταῖς, ἐν χοροῖς, ἐν θυσίαις γιγνόμενος ἡγεμών· πρᾳότητα μὲν πορίζων, ἀγριότητα δ᾽ ἐξορίζων· φιλόδωρος εὐμενείας, ἄδωρος δυσμενείας· ἵλεως ἀγαθός· θεατὸς σοφοῖς, ἀγαστὸς θεοῖς· ζηλωτὸς ἀμοίροις, κτητὸς εὐμοίροις· τρυφῆς, ἁβρότητος, χλιδῆς, χαρίτων, ἱμέρου, πόθου πατήρ· ἐπιμελὴς ἀγαθῶν, ἀμελὴς κακῶν· ἐν πόνῳ, ἐν φόβῳ, ἐν πόθῳ, ἐν [197e] λόγῳ κυβερνήτης, ἐπιβάτης, παραστάτης τε καὶ σωτὴρ ἄριστος, συμπάντων τε θεῶν καὶ ἀνθρώπων κόσμος, ἡγεμὼν κάλλιστος καὶ ἄριστος, ᾧ χρὴ ἕπεσθαι πάντα ἄνδρα ἐφυμνοῦντα καλῶς, ᾠδῆς μετέχοντα ἣν ᾄδει θέλγων πάντων θεῶν τε καὶ ἀνθρώπων νόημα.

Οὗτος, ἔφη, ὁ παρ᾽ ἐμοῦ λόγος, ὦ Φαῖδρε, τῷ θεῷ ἀνακείσθω, τὰ μὲν παιδιᾶς, τὰ δὲ σπουδῆς μετρίας, καθ᾽ ὅσον ἐγὼ δύναμαι, μετέχων.

governare sugli dèi come sugli uomini".[21] Da ciò deriva che fu possibile appianare le contese fra gli dèi da quando apparve Amore, di sicuro per amore della bellezza, perché Amore non ha contatti con la bruttezza. Fino a quel momento invece, come ho detto all'inizio, avevano luogo tra gli dèi, stando a quanto si racconta, un gran numero di brutte cose, perché regnava la Necessità. Ma, da quando è comparso questo dio, l'amore per le cose belle ha generato tutti i beni, per gli dèi come per gli uomini. [197c] Così, Fedro, per come la penso io, siccome Amore è primo in ciò che c'è di più bello e di più eccellente, è di conseguenza la causa per gli altri esseri di effetti analoghi alle sue qualità. E mi sento sollecitato a ricorrere anche ad alcuni versi per dire che a lui son dovuti:

> pace tra gli uomini, calma sul mare
> tregua dei venti, riposo del sonno a chi è in pena.[22]

[197d] Grazie a lui si dissipa l'idea d'essere estranei gli uni agli altri e si instaura l'intimità; egli presiede a tutte le adunanze, come questa in corso, per cui gli uomini si trovano fra loro, e ci fa da guida nelle feste, nelle danze e nelle cerimonie sacre; instaura la socievolezza e bandisce la scontrosità; distribuisce a piene mani la benevolenza e appare incapace di malevolenza; è amabile e squisito; è contemplato dai sapienti e ammirato dagli dèi; è invidiato possesso di chi ha mala sorte e apprezzato possesso di chi la fortuna favorisce; padre del buon gusto, del lusso, della grazia, della leggiadria, del desiderio, della passione; sollecito verso i

---

[21] Citazione da fonte ignota.
[22] *pace... pena*: versi probabilmente dello stesso Agatone.

XX

[198a] Εἰπόντος δὲ τοῦ Ἀγάθωνος πάντας ἔφη ὁ Ἀριστόδημος ἀναθορυβῆσαι τοὺς παρόντας, ὡς πρεπόντως τοῦ νεανίσκου εἰρηκότος καὶ αὑτῷ καὶ τῷ θεῷ. τὸν οὖν Σωκράτη εἰπεῖν βλέψαντα εἰς τὸν Ἐρυξίμαχον, Ἆρά σοι δοκῶ, φάναι, ὦ παῖ Ἀκουμενοῦ, ἀδεὲς πάλαι δέος δεδιέναι, ἀλλ᾽ οὐ μαντικῶς ἃ νυνδὴ ἔλεγον εἰπεῖν, ὅτι Ἀγάθων θαυμαστῶς ἐροῖ, ἐγὼ δ᾽ ἀπορήσοιμι;

Τὸ μὲν ἕτερον, φάναι τὸν Ἐρυξίμαχον, μαντικῶς μοι δοκεῖς εἰρηκέναι, ὅτι Ἀγάθων εὖ ἐρεῖ· τὸ δὲ σὲ ἀπορήσειν, οὐκ οἶμαι.

[198b] Καὶ πῶς, ὦ μακάριε, εἰπεῖν τὸν Σωκράτη, οὐ μέλλω ἀπορεῖν καὶ ἐγὼ καὶ ἄλλος ὁστισοῦν, μέλλων λέξειν μετὰ καλὸν οὕτω καὶ παντοδαπὸν λόγον ῥηθέντα; καὶ τὰ μὲν ἄλλα οὐχ ὁμοίως μὲν θαυμαστά· τὸ δὲ ἐπὶ τελευτῆς τοῦ κάλλους τῶν ὀνομάτων καὶ ῥημάτων τίς οὐκ ἂν ἐξεπλάγη ἀκούων; ἐπεὶ ἔγωγε ἐνθυμούμενος ὅτι αὐτὸς οὐχ οἷός τ᾽ ἔσομαι οὐδ᾽ ἐγγὺς τούτων οὐδὲν καλὸν εἰπεῖν, ὑπ᾽ αἰσχύνης ὀλίγου [198c] ἀποδρὰς ᾠχόμην, εἴ

buoni, incurante dei malvagi; nella fatica e nella paura, nella passione e [197e] nella parola, eccellente timoniere, combattente, compagno d'armi e salvatore; ornamento degli dèi e degli uomini tutti; il più bello, il più perfetto corifeo che ogni uomo ha l'obbligo di seguire, celebrandolo come gli si conviene e assumendo la propria parte nell'inno che egli canta ammaliando l'animo degli dèi e di tutti gli uomini.»

E così, secondo il racconto, concluse: «Questo mio discorso, o Fedro, sia la mia offerta al dio, un misto con moderazione, nei limiti delle mie capacità, di serio e di faceto».

XX

[198a] Quando Agatone ebbe finito di parlare, raccontava Aristodemo, da tutti i presenti gli venne un vigoroso applauso, convinti com'erano che il giovane si fosse espresso in maniera degna di se stesso e del dio. Allora prese la parola Socrate, con lo sguardo rivolto a Erissimaco: «Figlio di Acumeno» gli disse «pensi ancora che prima io abbia avuto paura senza motivo, o che io non sia stato profetico nel dire ciò che ho detto poco fa, prospettando che Agatone avrebbe parlato in modo mirabile e io mi sarei trovato in difficoltà?».

«Da una parte» gli rispose Erissimaco «hai detto profeticamente, mi pare, che Agatone avrebbe fatto un bel discorso, ma d'altro canto, che tu dopo ti saresti trovato in difficoltà, non è cosa a cui credo.»

[198b] «E come potrei, mio caro» riprese Socrate «non essere in difficoltà, e non solo io, ma chiunque dovesse prendere la parola dopo un oratore che avesse fatto un discorso così bello e originale? Tutto è stato detto mirabilmente, anche se

πῃ εἶχον. καὶ γάρ με Γοργίου ὁ λόγος ἀνεμίμνῃσκεν, ὥστε ἀτεχνῶς τὸ τοῦ Ὁμήρου ἐπεπόνθη· ἐφοβούμην μή μοι τελευτῶν ὁ Ἀγάθων Γοργίου κεφαλὴν δεινοῦ λέγειν ἐν τῷ λόγῳ ἐπὶ τὸν ἐμὸν λόγον πέμψας αὐτόν με λίθον τῇ ἀφωνίᾳ ποιήσειεν. καὶ ἐνενόησα τότε ἄρα καταγέλαστος ὤν, ἡνίκα ὑμῖν ὡμολόγουν ἐν τῷ μέρει μεθ' [198d] ὑμῶν ἐγκωμιάσεσθαι τὸν Ἔρωτα καὶ ἔφην εἶναι δεινὸς τὰ ἐρωτικά, οὐδὲν εἰδὼς ἄρα τοῦ πράγματος, ὡς ἔδει ἐγκωμιάζειν ὁτιοῦν. ἐγὼ μὲν γὰρ ὑπ' ἀβελτερίας ᾤμην δεῖν τἀληθῆ λέγειν περὶ ἑκάστου τοῦ ἐγκωμιαζομένου, καὶ τοῦτο μὲν ὑπάρχειν, ἐξ αὐτῶν δὲ τούτων τὰ κάλλιστα ἐκλεγομένους ὡς εὐπρεπέστατα τιθέναι· καὶ πάνυ δὴ μέγα ἐφρόνουν ὡς εὖ ἐρῶν, ὡς εἰδὼς τὴν ἀλήθειαν τοῦ ἐπαινεῖν ὁτιοῦν. [198e] τὸ δὲ ἄρα, ὡς ἔοικεν, οὐ τοῦτο ἦν τὸ καλῶς ἐπαινεῖν ὁτιοῦν, ἀλλὰ τὸ ὡς [198e] μέγιστα ἀνατιθέναι τῷ πράγματι καὶ ὡς κάλλιστα, ἐάν τε ᾖ οὕτως ἔχοντα ἐάν τε μή· εἰ δὲ ψευδῆ, οὐδὲν ἄρ' ἦν πρᾶγμα. προυρρήθη γάρ, ὡς ἔοικεν, ὅπως ἕκαστος ἡμῶν τὸν Ἔρωτα ἐγκωμιάζειν δόξει, οὐχ ὅπως ἐγκωμιάσεται. διὰ ταῦτα δὴ οἶμαι πάντα λόγον κινοῦντες ἀνατίθετε τῷ Ἔρωτι, καί φατε αὐτὸν τοιοῦτόν τε εἶναι καὶ τοσούτων αἴτιον, ὅπως ἂν [199a] φαίνηται ὡς κάλλιστος καὶ ἄριστος, δῆλον ὅτι τοῖς μὴ γιγνώσκουσιν — οὐ γὰρ δήπου τοῖς γε εἰδόσιν — καὶ καλῶς γ' ἔχει καὶ σεμνῶς ὁ ἔπαινος. ἀλλὰ γὰρ ἐγὼ οὐκ ᾔδη τὸν τρόπον τοῦ ἐπαίνου, οὐ δ' εἰδὼς ὑμῖν ὡμολόγησα καὶ αὐτὸς ἐν τῷ μέρει ἐπαινέσεσθαι. ἡ γλῶσσα οὖν ὑπέσχετο, ἡ δὲ φρὴν οὔ· χαιρέτω δή. οὐ γὰρ ἔτι ἐγκωμιάζω τοῦτον τὸν τρόπον — οὐ γὰρ ἂν δυναίμην — οὐ μέντοι ἀλλὰ τά γε ἀληθῆ, [199b] εἰ βούλεσθε, ἐθέλω εἰπεῖν κατ' ἐμαυτόν, οὐ πρὸς τοὺς ὑμετέρους λόγους, ἵνα μὴ γέλωτα ὄφλω. ὅρα οὖν, ὦ Φαῖδρε, εἴ τι καὶ τοιούτου λόγου δέῃ, περὶ Ἔρωτος τἀληθῆ λεγό-

non tutto allo stesso livello di eccellenza: la perorazione finale! Chi non sarebbe rimasto stordito di fronte a tanta eleganza nelle parole e nelle espressioni? Per parte mia, riflettendo che io stesso non sarei stato in grado di dire nulla di bello che anche solo si avvicinasse a questo, poco è mancato che [198c] scappassi via per la vergogna, se mi fosse stato in qualche modo possibile! Questo discorso, in effetti, mi fa a tal punto venire in mente Gorgia che ho provato precisamente quello di cui parla Omero: avevo paura che Agatone finisse per lanciare nel suo discorso, contro il mio, la testa di Gorgia, oratore terribile, e mi facesse diventare di sasso, privandomi della capacità di parlare.[23] Proprio allora mi sono reso conto di essere stato, in fin dei conti, ridicolo quando ho accettato di unirmi [198d] a voi nel tessere le lodi di Amore secondo il mio turno e quando ho affermato di essere forte in materia d'amore, mentre in realtà non sapevo proprio nulla su come si debba fare un qualsiasi elogio. Nella mia ingenuità, immaginavo infatti che si dovessero dire cose vere sul conto di ogni oggetto di cui si pronuncia la lode e che ciò fosse fondamentale; che, inoltre, fra le varie cose vere si dovessero scegliere le più belle ed esporle nel modo più conveniente. Così pensavo presuntuosamente che avrei parlato bene, perché conoscevo la maniera giusta di far la lode di qualsiasi cosa. [198e] Ora, a quanto sembra, non era quella la maniera giusta di fare un elogio, ma quella piuttosto di attribuire all'oggetto tutte le più grandi e le più belle qualità, tanto che le cose siano messe a quel modo quanto che non lo siano. E se l'omaggio non è veritiero, non ha alcuna importanza, dal momento che, almeno così sembra proprio, ci si è preventivamente

[23] *la testa di Gorgia... parlare*: c'è qui un gioco di parole, richiamando il nome Gorgia quello di Gorgone, un mostro mitico che, come ricorda Omero, aveva il potere di impietrire con lo sguardo chiunque entrasse nel raggio della sua vista.

μενα ἀκούειν, ὀνομάσει δὲ καὶ θέσει ῥημάτων τοιαύτῃ ὁποία δἂν τις τύχῃ ἐπελθοῦσα.

Τὸν οὖν Φαῖδρον ἔφη καὶ τοὺς ἄλλους κελεύειν λέγειν, ὅπῃ αὐτὸς οἴοιτο δεῖν εἰπεῖν, ταύτῃ.

Ἔτι τοίνυν, φάναι, ὦ Φαῖδρε, πάρες μοι Ἀγάθωνα σμίκρ᾽ ἄττα ἐρέσθαι, ἵνα ἀνομολογησάμενος παρ᾽ αὐτοῦ οὕτως ἤδη λέγω.

[199c] Ἀλλὰ παρίημι, φάναι τὸν Φαῖδρον, ἀλλ᾽ ἐρώτα. μετὰ ταῦτα δὴ τὸν Σωκράτη ἔφη ἐνθένδε ποθὲν ἄρξασθαι.

messi d'accordo che ciascuno di noi desse l'impressione di tessere le lodi di Amore, e non che lo lodasse effettivamente. Dunque per queste ragioni, io credo, andate a cercare ogni argomento e lo riferite a Amore, di cui proclamate le qualità eccellenti e i grandiosi effetti perché [199a] possa risultare il più bello ed eccellente possibile, evidentemente agli occhi di chi non lo conosce: così non è infatti, senza dubbio, agli occhi di quelli che ne sono esperti. Così, ecco che l'elogio è bello, magnifico. Sfortunatamente, io appunto non sapevo come sarebbe stato condotto l'elogio per cui, in questa ignoranza, mi sono impegnato con voi a pronunciare a mia volta un elogio, venuto il mio turno. "Promessa della lingua e non del cuore",[24] dunque, per cui, tanti saluti: davvero non intendo più produrmi in un elogio di tal genere e, d'altra parte, non ne sarei capace. [199b] Invece, se si tratta di dire cose vere, sono disposto a farlo, se lo desiderate, a modo mio, non per replicare ai vostri discorsi, perché non voglio farmi ridere addosso. Valuta dunque, Fedro, se ti serve ancora un discorso di questo genere, se cioè serve ancora dire cose vere a proposito di Amore, dette però con le parole e con lo stile che lì per lì mi verranno in mente.»

Sempre stando al racconto, Fedro e gli altri invitarono Socrate a parlare, nel modo in cui egli riteneva appunto opportuno esprimersi.

«Ebbene, Fedro,» egli allora proseguì «consentimi ancora di fare ad Agatone qualche piccola domanda affinché, ottenuto il suo assenso, possa così essere libero di dire la mia.»

[199c] «Ma non c'è problema a concedertelo» gli rispose Fedro. «Suvvia, fa' pure le tue domande.» Dopo di che, riferiva Aristodemo, Socrate attaccò pressappoco come segue.

[24] Euripide, *Ippolito* 612.

XXI

Καὶ μήν, ὦ φίλε Ἀγάθων, καλῶς μοι ἔδοξας καθηγήσασθαι τοῦ λόγου, λέγων ὅτι πρῶτον μὲν δέοι αὐτὸν ἐπιδεῖξαι ὁποῖός τίς ἐστιν ὁ Ἔρως, ὕστερον δὲ τὰ ἔργα αὐτοῦ. ταύτην τὴν ἀρχὴν πάνυ ἄγαμαι. ἴθι οὖν μοι περὶ Ἔρωτος, ἐπειδὴ καὶ τἆλλα καλῶς καὶ μεγαλοπρεπῶς διῆλθες οἷός ἐστι, καὶ [199d] τόδε εἰπέ· πότερόν ἐστι τοιοῦτος οἷος εἶναί τινος ὁ Ἔρως ἔρως, ἢ οὐδενός; ἐρωτῶ δ' οὐκ εἰ μητρός τινος ἢ πατρός ἐστιν — γελοῖον γὰρ ἂν εἴη τὸ ἐρώτημα εἰ Ἔρως ἐστὶν ἔρως μητρὸς ἢ πατρός — ἀλλ' ὥσπερ ἂν εἰ αὐτὸ τοῦτο πατέρα ἠρώτων, ἆρα ὁ πατήρ ἐστι πατήρ τινος ἢ οὔ; εἶπες ἂν δήπου μοι, εἰ ἐβούλου καλῶς ἀποκρίνασθαι, ὅτι ἔστιν ὑέος γε ἢ θυγατρὸς ὁ πατὴρ πατήρ· ἢ οὔ;

Πάνυ γε, φάναι τὸν Ἀγάθωνα.

Οὐκοῦν καὶ ἡ μήτηρ ὡσαύτως; Ὁμολογεῖσθαι καὶ τοῦτο. [199e] Ἔτι τοίνυν, εἰπεῖν τὸν Σωκράτη, ἀπόκριναι ὀλίγῳ πλείω, ἵνα μᾶλλον καταμάθῃς ὃ βούλομαι. εἰ γὰρ ἐροίμην, "Τί δέ; ἀδελφός, αὐτὸ τοῦθ' ὅπερ ἔστιν, ἔστι τινὸς ἀδελφὸς ἢ οὔ;" Φάναι εἶναι.

Οὐκοῦν ἀδελφοῦ ἢ ἀδελφῆς; Ὁμολογεῖν.

Πειρῶ δή, φάναι, καὶ τὸν ἔρωτα εἰπεῖν. ὁ Ἔρως ἔρως ἐστὶν οὐδενὸς ἢ τινός;

Πάνυ μὲν οὖν ἔστιν.

[200a] Τοῦτο μὲν τοίνυν, εἰπεῖν τὸν Σωκράτη, φύλαξον παρὰ σαυτῷ μεμνημένος ὅτου· τοσόνδε δὲ εἰπέ, πότερον ὁ Ἔρως ἐκείνου οὗ ἔστιν ἔρως, ἐπιθυμεῖ αὐτοῦ ἢ οὔ;

Πάνυ γε, φάναι.

Πότερον ἔχων αὐτὸ οὗ ἐπιθυμεῖ τε καὶ ἐρᾷ, εἶτα ἐπιθυμεῖ τε καὶ ἐρᾷ, ἢ οὐκ ἔχων;

Οὐκ ἔχων, ὡς τὸ εἰκός γε, φάναι.

XXI

«Di sicuro, mio caro Agatone, è stato molto appropriato l'aver detto all'inizio del tuo discorso che bisognava prima di tutto spiegare qual è la natura di Amore come tale, e poi dire quali sono le sue opere: un esordio che mi è davvero piaciuto. Vediamo, allora. Dato che, per il resto, hai spiegato in modo bello e solenne qual è la sua natura, [199d] dimmi anche questo: Amore di natura è tale per cui è amore di qualcosa, oppure di niente? Non voglio sapere se si tratta di amore per una madre o un padre – sarebbe ridicolo domandare se Amore corrisponde all'amore per la madre o per il padre – ma è come se, per esempio rispetto all'oggetto "padre", facessi una domanda di questo tipo: un padre, è o non è padre di qualcosa? Penso che tu mi diresti, se volessi rispondermi giudiziosamente, che un padre è padre di un figlio o di una figlia. Non è così?»

«Senz'altro» assentì Agatone.

«E non è forse la stessa cosa per la madre?» Agatone convenne anche su questo.

[199e] «Suvvia» riprese Socrate «dammi ancora qualche piccola risposta, perché tu capisca meglio dove ho in mente di arrivare. Se ti chiedessi: un fratello è tale di per sé, o invece è fratello in relazione a qualcuno?»

«C'è la relazione» rispose.

«Vale a dire, con un fratello, o una sorella?» Agatone fu ancora d'accordo.

«Cerca allora» continuò Socrate «di rispondere anche a proposito di Amore: è amore di nulla, o amore di qualcosa?»

«Di qualcosa, senz'altro!»

[200a] «Bene, tieni fermo questo punto» proseguì So-

Σκόπει δή, εἰπεῖν τὸν Σωκράτη, ἀντὶ τοῦ εἰκότος εἰ ἀνάγκη οὕτως, τὸ ἐπιθυμοῦν ἐπιθυμεῖν οὗ ἐνδεές ἐστιν, ἢ μὴ [200b] ἐπιθυμεῖν, ἐὰν μὴ ἐνδεὲς ᾖ; ἐμοὶ μὲν γὰρ θαυμαστῶς δοκεῖ, ὦ Ἀγάθων, ὡς ἀνάγκη εἶναι· σοὶ δὲ πῶς;

Κἀμοί, φάναι, δοκεῖ.

Καλῶς λέγεις. ἆρ᾽ οὖν βούλοιτ᾽ ἄν τις μέγας ὢν μέγας εἶναι, ἢ ἰσχυρὸς ὢν ἰσχυρός;

Ἀδύνατον ἐκ τῶν ὡμολογημένων.

Οὐ γάρ που ἐνδεὴς ἂν εἴη τούτων ὅ γε ὤν.

Ἀληθῆ λέγεις.

Εἰ γὰρ καὶ ἰσχυρὸς ὢν βούλοιτο ἰσχυρὸς εἶναι, φάναι τὸν Σωκράτη, καὶ ταχὺς ὢν ταχύς, καὶ ὑγιὴς ὢν ὑγιής — ἴσως γὰρ ἄν τις ταῦτα οἰηθείη καὶ πάντα τὰ τοιαῦτα τοὺς ὄντας [200c] τε τοιούτους καὶ ἔχοντας ταῦτα τούτων ἅπερ ἔχουσι καὶ ἐπιθυμεῖν, ἵν᾽ οὖν μὴ ἐξαπατηθῶμεν, τούτου ἕνεκα λέγω — τούτοις γάρ, ὦ Ἀγάθων, εἰ ἐννοεῖς, ἔχειν μὲν ἕκαστα τούτων ἐν τῷ παρόντι ἀνάγκη ἃ ἔχουσιν, ἐάντε βούλωνται ἐάντε μή, καὶ τούτου γε δή που τίς ἂν ἐπιθυμήσειεν; ἀλλ᾽ ὅταν τις λέγῃ ὅτι ἐγὼ ὑγιαίνων βούλομαι καὶ ὑγιαίνειν, καὶ πλουτῶν βούλομαι καὶ πλουτεῖν, καὶ ἐπιθυμῶ αὐτῶν τούτων ἃ ἔχω, εἴποιμεν ἂν αὐτῷ ὅτι σύ, ὦ ἄνθρωπε, [200d] πλοῦτον κεκτημένος καὶ ὑγίειαν καὶ ἰσχὺν βούλει καὶ εἰς τὸν ἔπειτα χρόνον ταῦτα κεκτῆσθαι, ἐπεὶ ἐν τῷ γε νῦν παρόντι, εἴτε βούλει εἴτε μή, ἔχεις· σκόπει οὖν, ὅταν τοῦτο λέγῃς, ὅτι ἐπιθυμῶ τῶν παρόντων, εἰ ἄλλο τι λέγεις ἢ τόδε, ὅτι βούλομαι τὰ νῦν παρόντα καὶ εἰς τὸν ἔπειτα χρόνον παρεῖναι. ἄλλο τι ὁμολογοῖ ἄν; Συμφάναι ἔφη τὸν Ἀγάθωνα.

Εἰπεῖν δὴ τὸν Σωκράτη, Οὐκοῦν τοῦτό γ᾽ ἐστὶν ἐκείνου ἐρᾶν, ὃ οὔπω ἕτοιμον αὐτῷ ἐστιν οὐδὲ ἔχει, τὸ εἰς τὸν ἔπειτα χρόνον ταῦτα εἶναι αὐτῷ σῳζόμενα καὶ παρόντα;

crate «ricordandoti ciò di cui Amore è amore. Quello che per il momento ti prego di dirmi è se di ciò di cui Amore è amore egli prova desiderio o no.»

«Sicuramente!» fu pronto a rispondere Agatone.

«Ed è il fatto di possedere ciò che desidera e che ama che gli procura per conseguenza desiderio e amore, oppure il fatto di non possederlo?»

«Il fatto di non possederlo» rispose Agatone «o almeno così è verosimile.»

«Valuta dunque» continuò Socrate «se, invece che di verosimiglianza, non si tratti piuttosto di necessità: si ha desiderio di ciò di cui si è privi, che è come dire che, [200b] quando non si è privi di una cosa, nemmeno la si desidera. Da parte mia, Agatone, sono assolutamente convinto della necessità che sia così.»

«Sembra anche a me» convenne l'altro.

«Bene! Dunque, uno che è grande desidera forse di essere grande? Oppure, uno che è forte desidera di essere forte?»

«Impossibile, stando a quanto abbiamo convenuto.»

«Possedendo infatti queste qualità, non potrebbe, mi sembra, esserne contemporaneamente sprovvisto.»

«Così è.»

«In effetti» riprese Socrate «poniamo che chi è forte desideri di essere forte, chi è veloce desideri di essere veloce, chi è sano desideri di essere sano... Si potrebbe forse pensare in realtà, a proposito di queste qualità [200c] e di tutte le altre simili, che coloro i quali le possiedono e sono cosiffatti desiderino ugualmente ciò che possiedono. E questo lo dico solo per evitare di essere tratti in inganno. Perché, se ci pensi bene, Agatone, è necessario che coloro i quali, volenti o nolenti, possiedono determinate qualità, le possiedano nel momento in cui le possiedono e chi dunque fra loro

[200e] Πάνυ γε, φάναι.

Καὶ οὗτος ἄρα καὶ ἄλλος πᾶς ὁ ἐπιθυμῶν τοῦ μὴ ἑτοίμου ἐπιθυμεῖ καὶ τοῦ μὴ παρόντος, καὶ ὃ μὴ ἔχει καὶ ὃ μὴ ἔστιν αὐτὸς καὶ οὗ ἐνδεής ἐστι, τοιαῦτ᾽ ἄττα ἐστὶν ὧν ἡ ἐπιθυμία τε καὶ ὁ ἔρως ἐστίν;

Πάνυ γ᾽, εἰπεῖν.

Ἴθι δή, φάναι τὸν Σωκράτη, ἀνομολογησώμεθα τὰ εἰρημένα. ἄλλο τι ἔστιν ὁ Ἔρως πρῶτον μὲν τινῶν, ἔπειτα τούτων ὧν ἂν ἔνδεια παρῇ αὐτῷ;

[201a] Ναί, φάναι.

Ἐπὶ δὴ τούτοις ἀναμνήσθητι τίνων ἔφησθα ἐν τῷ λόγῳ εἶναι τὸν Ἔρωτα· εἰ δὲ βούλει, ἐγώ σε ἀναμνήσω. οἶμαι γάρ σε οὑτωσί πως εἰπεῖν, ὅτι τοῖς θεοῖς κατεσκευάσθη τὰ πράγματα δι᾽ ἔρωτα καλῶν· αἰσχρῶν γὰρ οὐκ εἴη ἔρως. οὐχ οὑτωσί πως ἔλεγες;

Εἶπον γάρ, φάναι τὸν Ἀγάθωνα.

Καὶ ἐπιεικῶς γε λέγεις, ὦ ἑταῖρε, φάναι τὸν Σωκράτη· καὶ εἰ τοῦτο οὕτως ἔχει, ἄλλο τι ὁ Ἔρως κάλλους ἂν εἴη ἔρως, αἴσχους δὲ οὔ; Ὡμολόγει.

[201b] Οὐκοῦν ὡμολόγηται, οὗ ἐνδεής ἐστι καὶ μὴ ἔχει, τούτου ἐρᾶν;

Ναί, εἰπεῖν.

Ἐνδεὴς ἄρ᾽ ἐστὶ καὶ οὐκ ἔχει ὁ Ἔρως κάλλος.

Ἀνάγκη, φάναι.

Τί δέ; τὸ ἐνδεὲς κάλλους καὶ μηδαμῇ κεκτημένον κάλλος ἆρα λέγεις σὺ καλὸν εἶναι;

Οὐ δῆτα.

Ἔτι οὖν ὁμολογεῖς Ἔρωτα καλὸν εἶναι, εἰ ταῦτα οὕτως ἔχει;

Καὶ τὸν Ἀγάθωνα εἰπεῖν Κινδυνεύω, ὦ Σώκρατες, οὐδὲν εἰδέναι ὧν τότε εἶπον.

[201c] Καὶ μὴν καλῶς γε εἶπες, φάναι, ὦ Ἀγάθων. ἀλλὰ

potrebbe mai provarne il desiderio? Per cui, se a qualcuno capita di dire: "Io che sono sano desidero essere sano", "Io che sono ricco desidero essere ricco", "Io desidero proprio ciò che ho"... noi potremmo far osservare a un tipo simile: "Tu, buon uomo, [200d] che possiedi la ricchezza, la salute, la forza... è anche per l'avvenire che desideri possedere questi beni perché, almeno per adesso, che tu lo voglia o no, li possiedi già. Perciò bada se, quando dici: 'Desidero le cose che ho', non intendi piuttosto dire qualcos'altro, e cioè: 'Desidero che le cose che ho al presente mi rimangano anche nel futuro'". Pensi che non sarebbe d'accordo?» Agatone, stando al racconto, rispose affermativamente.

«Ma» incalzò allora Socrate «amare ciò di cui ancora non si dispone, che non si possiede, non significa desiderarne per sé, nel futuro, la presenza e il possesso?»

[200e] «Senz'altro» fu la risposta.

«E allora, quell'uomo come chiunque altro, se ha desiderio di qualcosa, è di ciò di cui non dispone e che non è presente che ha desiderio, di ciò che non possiede, di ciò che lui non è, di ciò che gli manca: non è forse questa la natura degli oggetti del suo desiderio, del suo amore?»

«Indubbiamente» rispose.

«Continuiamo dunque» proseguì Socrate «ricapitolando i punti sui quali ci siamo trovati d'accordo. Non è forse Amore di determinate cose e, secondariamente, di quelle cose di cui, al presente, si è mancanti?»

[201a] «Sì» disse lui.

«Adesso, ricordati di quelli che, nel tuo discorso, hai detto essere gli oggetti verso i quali Amore tende. Se ti va bene, te li farò ricordare io. Mi sembra che tu ti sia pronunciato pressappoco così: le contese degli dèi, hai detto, si sono appianate grazie all'amore per le cose belle, perché di

σμικρὸν ἔτι εἰπέ· τἀγαθὰ οὐ καὶ καλὰ δοκεῖ σοι εἶναι;

Ἔμοιγε.

Εἰ ἄρα ὁ Ἔρως τῶν καλῶν ἐνδεής ἐστι, τὰ δὲ ἀγαθὰ καλά, κἂν τῶν ἀγαθῶν ἐνδεὴς εἴη.

Ἐγώ, φάναι, ὦ Σώκρατες, σοὶ οὐκ ἂν δυναίμην ἀντιλέγειν, ἀλλ᾽ οὕτως ἐχέτω ὡς σὺ λέγεις.

Οὐ μὲν οὖν τῇ ἀληθείᾳ, φάναι, ὦ φιλούμενε Ἀγάθων, δύνασαι ἀντιλέγειν, ἐπεὶ Σωκράτει γε οὐδὲν χαλεπόν.

quelle brutte non potrebbe esserci amore. Non è in questo modo, più o meno, che ti sei espresso?»

«Sì, è quello che ho detto» rispose Agatone.

«Bene così, amico» ripartì Socrate. «Allora, visto come stanno le cose, Amore non può che essere amore della bellezza, non già della bruttezza...» Ammise che così era.

[201b] «Ma noi non ci siamo trovati d'accordo sul fatto che si ama ciò di cui si è privi e non si possiede?»

«Sì» rispose.

«Dunque Amore è privo di bellezza e non la possiede!»

«Giocoforza» disse.

«Ma come? Ciò che è privo di bellezza, ciò che in nessun modo la possiede, questo tu dici che è bello?»

«Di sicuro no!»

«Allora, se le cose stanno così, sostieni ancora che Amore sia bello?»

«C'è pericolo, Socrate,» rispose Agatone «che io non abbia ben riflettuto su nulla di quanto ho detto prima.»

[201c] «Eppure, Agatone» gli disse «hai davvero parlato bene! Ma dimmi ancora una piccola cosa: ciò che è buono non è anche bello, a tuo parere?»

«Sì, secondo me.»

«Dunque, se Amore è privo di cose belle e le cose buone sono belle, deve essere anche privo di cose buone.»

«Non sono certo in grado di contraddirti, o Socrate: e va bene, sia come dici tu!»

«No, Agatone, amico mio» ribatté «è la verità che non puoi contraddire, perché contraddire Socrate non è invece per niente difficile.

XXII

[201d] Καὶ σὲ μέν γε ἤδη ἐάσω· τὸν δὲ λόγον τὸν περὶ τοῦ Ἔρωτος, ὅν ποτ᾽ ἤκουσα γυναικὸς Μαντινικῆς Διοτίμας, ἣ ταῦτά τε σοφὴ ἦν καὶ ἄλλα πολλά — καὶ Ἀθηναίοις ποτὲ θυσαμένοις πρὸ τοῦ λοιμοῦ δέκα ἔτη ἀναβολὴν ἐποίησε τῆς νόσου, ἣ δὴ καὶ ἐμὲ τὰ ἐρωτικὰ ἐδίδαξεν — ὃν οὖν ἐκείνη ἔλεγε λόγον, πειράσομαι ὑμῖν διελθεῖν ἐκ τῶν ὡμολογημένων ἐμοὶ καὶ Ἀγάθωνι, αὐτὸς ἀπ᾽ ἐμαυτοῦ, ὅπως ἂν δύνωμαι. δεῖ δή, ὦ Ἀγάθων, ὥσπερ σὺ διηγήσω, διελθεῖν [201e] αὐτὸν πρῶτον, τίς ἐστιν ὁ Ἔρως καὶ ποῖός τις, ἔπειτα τὰ ἔργα αὐτοῦ. δοκεῖ οὖν μοι ῥᾷστον εἶναι οὕτω διελθεῖν, ὥς ποτέ με ἡ ξένη ἀνακρίνουσα διῄει. σχεδὸν γάρ τι καὶ ἐγὼ πρὸς αὐτὴν ἕτερα τοιαῦτα ἔλεγον οἷάπερ νῦν πρὸς ἐμὲ Ἀγάθων, ὡς εἴη ὁ Ἔρως μέγας θεός, εἴη δὲ τῶν καλῶν· ἤλεγχε δή με τούτοις τοῖς λόγοις οἷσπερ ἐγὼ τοῦτον, ὡς οὔτε καλὸς εἴη κατὰ τὸν ἐμὸν λόγον οὔτε ἀγαθός.

Καὶ ἐγώ, Πῶς λέγεις, ἔφην, ὦ Διοτίμα; αἰσχρὸς ἄρα ὁ Ἔρως ἐστὶ καὶ κακός;

Καὶ ἥ, Οὐκ εὐφημήσεις; ἔφη· ἢ οἴει, ὅτι ἂν μὴ καλὸν ᾖ, ἀναγκαῖον αὐτὸ εἶναι αἰσχρόν;

[202a] Μάλιστά γε. Ἦ καὶ ἂν μὴ σοφόν, ἀμαθές; ἢ οὐκ ᾔσθησαι ὅτι ἔστιν τι μεταξὺ σοφίας καὶ ἀμαθίας;

Τί τοῦτο;

Τὸ ὀρθὰ δοξάζειν καὶ ἄνευ τοῦ ἔχειν λόγον δοῦναι οὐκ οἶσθ᾽, ἔφη, ὅτι οὔτε ἐπίστασθαί ἐστιν — ἄλογον γὰρ πρᾶγμα πῶς ἂν εἴη ἐπιστήμη; — οὔτε ἀμαθία — τὸ γὰρ τοῦ ὄντος τυγχάνον πῶς ἂν εἴη ἀμαθία; — ἔστι δὲ δήπου τοιοῦτον ἡ ὀρθὴ δόξα, μεταξὺ φρονήσεως καὶ ἀμαθίας.

Ἀληθῆ, ἦν δ᾽ ἐγώ, λέγεις.

[202b] Μὴ τοίνυν ἀνάγκαζε ὃ μὴ καλόν ἐστιν αἰσχρὸν

XXII

[201d] «Comunque, adesso ti lascerò in pace. Cercherò invece di esporvi il discorso su Amore che ho sentito un giorno dalla bocca di una donna di Mantinea, Diotima, una donna sapiente su queste e molte altre cose, dalla quale gli Ateniesi ottennero, grazie ai sacrifici che fece loro celebrare prima della peste, di rimandare quel male di dieci anni... e fu proprio lei a istruirmi sulle cose d'amore... Proverò dunque a riferirvi, come potrò e con parole mie, il discorso pronunciato da lei prendendo come punto di partenza ciò che è stato convenuto tra me e Agatone. Bisogna dunque, Agatone, proprio come hai detto tu stesso, cominciare a spiegare [201e] riguardo ad Amore chi è e qual è la sua natura, per parlare dopo delle sue opere. Credo che la cosa più facile sia procedere nel modo in cui procedeva la straniera, facendomi delle domande. Infatti, quello che io allora le dissi fu pressappoco quello che adesso mi andava dicendo Agatone: che Amore è un gran dio, e che deve essere amore per le cose belle; allora ella mi confutò esattamente con gli argomenti che mi sono serviti per confutare costui, a partire dal fatto che, standο alle mie dichiarazioni, egli non doveva essere né bello né buono.

"Che vai dicendo, Diotima?" esclamai. "Sarebbe dunque che Amore è brutto e cattivo?"

"Non bestemmiare!" mi ingiunse. "Credi forse che, quando una cosa non è bella, debba per forza essere brutta?"

[202a] "Certo che lo credo!"

"Se uno non è sapiente, è per forza ignorante? Oppure ti rendi conto che esiste una via di mezzo tra la sapienza e l'ignoranza?"

"E quale sarebbe?"

εἶναι, μηδὲ ὃ μὴ ἀγαθόν, κακόν. οὕτω δὲ καὶ τὸν Ἔρωτα ἐπειδὴ αὐτὸς ὁμολογεῖς μὴ εἶναι ἀγαθὸν μηδὲ καλόν, μηδέν τι μᾶλλον οἴου δεῖν αὐτὸν αἰσχρὸν καὶ κακὸν εἶναι, ἀλλά τι μεταξύ, ἔφη, τούτοιν.

Καὶ μήν, ἦν δ᾽ ἐγώ, ὁμολογεῖταί γε παρὰ πάντων μέγας θεὸς εἶναι.

Τῶν μὴ εἰδότων, ἔφη, πάντων λέγεις, ἢ καὶ τῶν εἰδότων;

Συμπάντων μὲν οὖν.

Καὶ ἣ γελάσασα Καὶ πῶς ἄν, ἔφη, ὦ Σώκρατες, [202c] ὁμολογοῖτο μέγας θεὸς εἶναι παρὰ τούτων, οἵ φασιν αὐτὸν οὐδὲ θεὸν εἶναι;

Τίνες οὗτοι; ἦν δ᾽ ἐγώ.

Εἷς μέν, ἔφη, σύ, μία δ᾽ ἐγώ.

Κἀγὼ εἶπον, Πῶς τουτο, ἔφην, λέγεις;

Καὶ ἥ, Ῥᾳδίως, ἔφη. λέγε γάρ μοι, οὐ πάντας θεοὺς φῂς εὐδαίμονας εἶναι καὶ καλούς; ἢ τολμήσαις ἄν τινα μὴ φάναι καλόν τε καὶ εὐδαίμονα θεῶν εἶναι;

Μὰ Δί᾽ οὐκ ἔγωγ᾽, ἔφην.

Εὐδαίμονας δὲ δὴ λέγεις οὐ τοὺς τἀγαθὰ καὶ τὰ καλὰ κεκτημένους;

Πάνυ γε.

[202d] Ἀλλὰ μὴν Ἔρωτά γε ὡμολόγηκας δι᾽ ἔνδειαν τῶν ἀγαθῶν καὶ καλῶν ἐπιθυμεῖν αὐτῶν τούτων ὧν ἐνδεής ἐστιν.

Ὡμολόγηκα γάρ.

Πῶς ἂν οὖν θεὸς εἴη ὅ γε τῶν καλῶν καὶ ἀγαθῶν ἄμοιρος;

Οὐδαμῶς, ὥς γ᾽ ἔοικεν.

Ὁρᾷς οὖν, ἔφη, ὅτι καὶ σὺ Ἔρωτα οὐ θεὸν νομίζεις;

"Giudicare rettamente, senza essere in grado di motivare il giudizio: non sai" mi disse "che ciò non è sapere – perché non potrebbe costituire un sapere qualcosa che non si è in grado di spiegare – ma nemmeno ignoranza – perché non può essere ignoranza una cosa che coglie la realtà come è? Una giusta opinione è quindi qualcosa di simile: una via di mezzo tra sapienza e ignoranza."

"Dici il vero" ammisi.

[202b] "Allora non pretendere che ciò che non è bello debba per forza essere brutto, o ciò che non è buono debba essere cattivo. Lo stesso vale per Amore; visto che tu stesso convieni che non è buono, e nemmeno bello, non pensare che ciò comporti di necessità che sia brutto e cattivo: piuttosto" concluse "sarà una via di mezzo tra i due contrari."

"Eppure" mi venne di ribattere "è una cosa su cui sono tutti d'accordo che Amore è un gran dio!"

"Questi tutti di cui parli, sono" mi disse "quelli che sanno o quelli che non sanno?"

"Tutti in generale!"

Ella si mise a ridere: "Come potrebbero [202c] convenire che è un grande dio quelli che dichiarano che non è nemmeno un dio?".

"Ma chi sono questi?"

"Tu, per esempio, sei uno di questi, e io sono un'altra..."

"Come puoi dire ciò?" le chiesi.

"È molto semplice" mi rispose lei. "A proposito di tutti gli dèi, non diresti tu forse che sono felici e belli? Oppure tra gli dèi ce n'è uno a proposito del quale oseresti negare che sia bello e felice?"

"Per Zeus, no di sicuro!" esclamai.

"Allora, non chiami tu felici proprio coloro che possiedono le cose buone e le cose belle?"

XXIII

Τί οὖν ἄν, ἔφην, εἴη ὁ Ἔρως; θνητός;

Ἥκιστά γε.

Ἀλλὰ τί μήν;

Ὥσπερ τὰ πρότερα, ἔφη, μεταξὺ θνητοῦ καὶ ἀθανάτου.

Τί οὖν, ὦ Διοτίμα;

Δαίμων μέγας, ὦ Σώκρατες· καὶ γὰρ πᾶν τὸ δαιμόνιον [202e] μεταξύ ἐστι θεοῦ τε καὶ θνητοῦ.

Τίνα, ἦν δ᾽ ἐγώ, δύναμιν ἔχον;

Ἑρμηνεῦον καὶ διαπορθμεῦον θεοῖς τὰ παρ᾽ ἀνθρώπων καὶ ἀνθρώποις τὰ παρὰ θεῶν, τῶν μὲν τὰς δεήσεις καὶ θυσίας, τῶν δὲ τὰς ἐπιτάξεις τε καὶ ἀμοιβὰς τῶν θυσιῶν, ἐν μέσῳ δὲ ὂν ἀμφοτέρων συμπληροῖ, ὥστε τὸ πᾶν αὐτὸ αὑτῷ συνδεδέσθαι. διὰ τούτου καὶ ἡ μαντικὴ πᾶσα χωρεῖ καὶ ἡ τῶν ἱερέων τέχνη τῶν τε περὶ τὰς θυσίας καὶ τελετὰς [203a] καὶ τὰς ἐπῳδὰς καὶ τὴν μαντείαν πᾶσαν καὶ γοητείαν. θεὸς δὲ ἀνθρώπῳ οὐ μίγνυται, ἀλλὰ διὰ τούτου πᾶσά ἐστιν ἡ ὁμιλία καὶ ἡ διάλεκτος θεοῖς πρὸς ἀνθρώπους, καὶ ἐγρηγορόσι καὶ καθεύδουσι· καὶ ὁ μὲν περὶ τὰ τοιαῦτα σοφὸς

"Sì, senza dubbio."

[202d] "Tuttavia è sicuro che, almeno per quanto riguarda Amore, tu hai riconosciuto che è la mancanza delle cose buone e belle che gli fa appunto desiderare queste cose di cui ha mancanza."

"Devo riconoscere che l'ho ammesso."

"Ma come potrebbe allora essere un dio colui che non partecipa affatto delle cose belle e buone?"

"Non potrà affatto esserlo, o almeno così pare."

"Vedi? Anche tu non credi che Amore sia un dio" disse.

XXIII

"Ma che cos'è Amore allora?" dissi "Un mortale?"

"No senz'altro."

"Ma allora, che cos'è?"

"Come nel caso precedente, è qualcosa di intermedio tra il mortale e l'immortale."

"Cos'è dunque, Diotima?"

"Un grande demone, Socrate e, in effetti, tutto ciò che è demonico è una via di mezzo [202e] tra ciò che è mortale e ciò che è immortale."

"Con quale funzione?" chiesi io.

"Quella di interpretare e di trasmettere agli dèi ciò che viene dagli uomini e agli uomini ciò che viene dagli dèi: le preghiere e i sacrifici da parte dei primi, gli ordini da parte dei secondi, nonché i loro favori, in cambio dei sacrifici; d'altra parte, collocandosi a metà tra gli uni e gli altri, colma perfettamente questa distanza, così da mettere il tutto in relazione con se stesso. È grazie all'elemento demonico che hanno potuto esserci la divinazione in generale e le pratiche

δαιμόνιος ἀνήρ, ὁ δὲ ἄλλο τι σοφὸς ὢν ἢ περὶ τέχνας ἢ χειρουργίας τινὰς βάναυσος. οὗτοι δὴ οἱ δαίμονες πολλοὶ καὶ παντοδαποί εἰσιν, εἷς δὲ τούτων ἐστὶ καὶ ὁ Ἔρως.

Πατρὸς δέ, ἦν δ᾽ ἐγώ, τίνος ἐστὶ καὶ μητρός;

[203b] Μακρότερον μέν, ἔφη, διηγήσασθαι· ὅμως δέ σοι ἐρῶ. ὅτε γὰρ ἐγένετο ἡ Ἀφροδίτη, ἡστιῶντο οἱ θεοὶ οἵ τε ἄλλοι καὶ ὁ τῆς Μήτιδος ὑὸς Πόρος. ἐπειδὴ δὲ ἐδείπνησαν, προσαιτήσουσα οἷον δὴ εὐωχίας οὔσης ἀφίκετο ἡ Πενία, καὶ ἦν περὶ τὰς θύρας. ὁ οὖν Πόρος μεθυσθεὶς τοῦ νέκταρος — οἶνος γὰρ οὔπω ἦν — εἰς τὸν τοῦ Διὸς κῆπον εἰσελθὼν βεβαρημένος ηὗδεν. ἡ οὖν Πενία ἐπιβουλεύουσα διὰ τὴν αὑτῆς ἀπορίαν παιδίον ποιήσασθαι ἐκ τοῦ Πόρου, κατακλίνεταί [203c] τε παρ᾽ αὐτῷ καὶ ἐκύησε τὸν Ἔρωτα. διὸ δὴ καὶ τῆς Ἀφροδίτης ἀκόλουθος καὶ θεράπων γέγονεν ὁ Ἔρως, γεννηθεὶς ἐν τοῖς ἐκείνης γενεθλίοις, καὶ ἅμα φύσει ἐραστὴς ὢν περὶ τὸ καλὸν καὶ τῆς Ἀφροδίτης καλῆς οὔσης. ἅτε οὖν Πόρου καὶ Πενίας ὑὸς ὢν ὁ Ἔρως ἐν τοιαύτῃ τύχῃ καθέστηκεν. πρῶτον μὲν πένης ἀεί ἐστι, καὶ πολλοῦ δεῖ ἁπαλός τε καὶ καλός, οἷον οἱ πολλοὶ οἴονται, ἀλλὰ σκληρὸς [203d] καὶ αὐχμηρὸς καὶ ἀνυπόδητος καὶ ἄοικος, χαμαιπετὴς ἀεὶ ὢν καὶ ἄστρωτος, ἐπὶ θύραις καὶ ἐν ὁδοῖς ὑπαίθριος κοιμώμενος, τὴν τῆς μητρὸς φύσιν ἔχων, ἀεὶ ἐνδείᾳ σύνοικος. κατὰ δὲ αὖ τὸν πατέρα ἐπίβουλός ἐστι τοῖς καλοῖς καὶ τοῖς ἀγαθοῖς, ἀνδρεῖος ὢν καὶ ἴτης καὶ σύντονος, θηρευτὴς δεινός, ἀεί τινας πλέκων μηχανάς, καὶ φρονήσεως ἐπιθυμητὴς καὶ πόριμος, φιλοσοφῶν διὰ παντὸς τοῦ βίου, δεινὸς γόης καὶ φαρμακεὺς καὶ σοφιστής· καὶ οὔτε ὡς [203e] ἀθάνατος πέφυκεν οὔτε ὡς θνητός, ἀλλὰ τοτὲ μὲν τῆς αὐτῆς ἡμέρας θάλλει τε καὶ ζῇ, ὅταν εὐπορήσῃ, τοτὲ δὲ ἀποθνῄσκει, πάλιν δὲ ἀναβιώσκεται διὰ τὴν τοῦ πατρὸς φύσιν, τὸ δὲ ποριζόμενον ἀεὶ ὑπεκρεῖ,

dei sacerdoti, per tutto ciò che riguarda i sacrifici, i riti di iniziazione, [203a] gli incantesimi, le diverse profezie e la magia. La divinità, peraltro, non si mescola agli uomini; tuttavia, grazie a questa natura intermedia, si realizza perfettamente per gli dèi la possibilità di entrare in relazione con gli esseri umani e di dialogare con loro, sia durante la veglia sia durante il sonno. Per finire, colui che è sapiente nelle suddette pratiche è un uomo demonico, mentre colui che è esperto in qualche altro campo, in rapporto a un'arte particolare o a un'attività manuale, non è che un mestierante. Ovviamente, questi demoni sono in gran numero e molto diversi tra loro: Amore è uno di questi."

"Di che padre è figlio" domandai "e di che madre?"

[203b] "Per la verità" mi rispose "è una storia molto lunga, ma te la racconterò ugualmente. Devi sapere che il giorno in cui nacque Afrodite gli dèi diedero una festa e, tra gli invitati, c'era Poros, l'Espediente, figlio di Metis, la Sagacia. Quando ebbero finito di pranzare, siccome il banchetto era stato sontuoso, arrivò Penia, la Povertà, con l'intenzione di chiedere l'elemosina, e si tratteneva sulla porta. Frattanto Poros, che si era ubriacato di nettare (perché il vino non c'era ancora), era andato nel giardino di Zeus e lì si era addormentato, appesantito dalla sbornia. A questo punto Penia, proponendosi, visto che non aveva risorsa alcuna, di avere un bambino da Poros, [203c] si distese al suo fianco, e così rimase incinta di Amore. È questa la ragione per cui Amore è diventato il compagno e il servitore di Afrodite, perché è stato concepito durante i festeggiamenti per la nascita di lei, e altresì la ragione per cui orienta per natura il suo amore verso il bello, essendo bella la stessa Afrodite. Ecco, dunque, quale sorte è toccata ad Amore, in quanto figlio di Poros e di Penia. In primo luo-

ὥστε οὔτε ἀπορεῖ Ἔρως ποτὲ οὔτε πλουτεῖ, σοφίας τε αὖ καὶ ἀμαθίας ἐν μέσῳ ἐστίν. [204a] ἔχει γὰρ ὧδε. θεῶν οὐδεὶς φιλοσοφεῖ οὐδ᾽ ἐπιθυμεῖ σοφὸς γενέσθαι — ἔστι γάρ — οὐδ᾽ εἴ τις ἄλλος σοφός, οὐ φιλοσοφεῖ. οὐδ᾽ αὖ οἱ ἀμαθεῖς φιλοσοφοῦσιν οὐδ᾽ ἐπιθυμοῦσι σοφοὶ γενέσθαι· αὐτὸ γὰρ τοῦτό ἐστι χαλεπὸν ἀμαθία, τὸ μὴ ὄντα καλὸν κἀγαθὸν μηδὲ φρόνιμον δοκεῖν αὐτῷ εἶναι ἱκανόν. οὔκουν ἐπιθυμεῖ ὁ μὴ οἰόμενος ἐνδεὴς εἶναι οὗ ἂν μὴ οἴηται ἐπιδεῖσθαι.

Τίνες οὖν, ἔφην ἐγώ, ὦ Διοτίμα, οἱ φιλοσοφοῦντες, εἰ μήτε οἱ σοφοὶ μήτε οἱ ἀμαθεῖς;

go, è sempre povero e ben lungi dall'essere tenero e bello, come si immagina la maggior parte della gente; piuttosto, al contrario, è ruvido [203d] e ispido, sempre scalzo e privo di dimora fissa; si sdraia sempre sulla nuda terra, senza coperte, e dorme all'aperto, davanti agli usci delle case o per la strada... tutto questo perché, condividendo la natura della madre, convive con l'indigenza. Ma, in compenso, in conformità alla natura del padre, spia l'occasione favorevole per metter le mani sulle cose belle e buone, perché è coraggioso, audace, veemente; abile cacciatore, tende sempre una qualche trappola; appassionato pensatore, capace di trovare soluzioni brillanti per cavarsela, passa tutto il suo tempo a filosofare; è esperto nei sortilegi, nella preparazione di filtri magici, come sofista. In più, la sua natura non è quella né di un mortale né di un immortale: delle volte, [203e] nello stesso giorno, quando i suoi espedienti hanno avuto buon fine, è in fiore, pieno di vita; altre volte, invece, moribondo; ma ecco che nuovamente torna a vivere grazie alla natura paterna, anche se quello che si è procurato gli scorre immancabilmente via dalle mani. In questo modo, Amore non è mai povero, né mai è ricco ed è, d'altro canto, una via di mezzo tra la sapienza e l'ignoranza. [204a] Vediamo come stanno le cose. Tra gli dèi non c'è nessuno che si impegni nella ricerca della sapienza, nessuno che abbia voglia di diventare sapiente, perché lo è già. D'altra parte non si impegna nella ricerca della sapienza chiunque altro sia sapiente. Ma anche gli ignoranti, da parte loro, non amano la sapienza e non hanno voglia di diventare sapienti; quello infatti che c'è di veramente insopportabile nell'ignoranza è il fatto che uno, non bello né buono e nemmeno intelligente, si immagini di essere adeguatamente dotato: il problema è che chi non pensa di essere sprovvisto di qual-

[204b] Δῆλον δή, ἔφη, τοῦτό γε ἤδη καὶ παιδί, ὅτι οἱ μεταξὺ τούτων ἀμφοτέρων, ὧν ἂν εἴη καὶ ὁ Ἔρως. ἔστιν γὰρ δὴ τῶν καλλίστων ἡ σοφία, Ἔρως δ᾽ ἐστὶν ἔρως περὶ τὸ καλόν, ὥστε ἀναγκαῖον Ἔρωτα φιλόσοφον εἶναι, φιλόσοφον δὲ ὄντα μεταξὺ εἶναι σοφοῦ καὶ ἀμαθοῦς. αἰτία δὲ αὐτῷ καὶ τούτων ἡ γένεσις· πατρὸς μὲν γὰρ σοφοῦ ἐστι καὶ εὐπόρου, μητρὸς δὲ οὐ σοφῆς καὶ ἀπόρου· ἡ μὲν οὖν φύσις τοῦ δαίμονος, ὦ φίλε Σώκρατες, αὕτη· ὃν δὲ σὺ ᾠήθης Ἔρωτα [204c] εἶναι, θαυμαστὸν οὐδὲν ἔπαθες. ᾠήθης δέ, ὡς ἐμοὶ δοκεῖ τεκμαιρομένῃ ἐξ ὧν σὺ λέγεις, τὸ ἐρώμενον Ἔρωτα εἶναι, οὐ τὸ ἐρῶν· διὰ ταῦτά σοι οἶμαι πάγκαλος ἐφαίνετο ὁ Ἔρως. καὶ γὰρ ἔστι τὸ ἐραστὸν τὸ τῷ ὄντι καλὸν καὶ ἁβρὸν καὶ τέλεον καὶ μακαριστόν· τὸ δέ γε ἐρῶν ἄλλην ἰδέαν τοιαύτην ἔχον, οἵαν ἐγὼ διῆλθον.

XXIV

Καὶ ἐγὼ εἶπον, Εἶεν δή, ὦ ξένη, καλῶς γὰρ λέγεις· τοιοῦτος ὢν ὁ Ἔρως τίνα χρείαν ἔχει τοῖς ἀνθρώποις;

[204d] Τοῦτο δὴ μετὰ ταῦτ᾽, ἔφη, ὦ Σώκρατες, πειράσομαί σε διδάξαι. ἔστι μὲν γὰρ δὴ τοιοῦτος καὶ οὕτω γεγονὼς ὁ Ἔρως, ἔστι δὲ τῶν καλῶν, ὡς σὺ φῄς. εἰ δέ τις ἡμᾶς ἔροιτο·

cosa, non ha nemmeno desiderio di ciò di cui non crede di aver bisogno."

"Ma chi sono dunque, Diotima" esclamai "quelli che si impegnano nella filosofia, nella ricerca della sapienza, se non sono né i sapienti né gli ignoranti?"

[204b] "La cosa è ormai chiara anche per un bambino!" mi rispose. "Sono quelli che si trovano a metà tra questi due estremi, tra i quali deve trovarsi anche Amore. La sapienza infatti è nel novero delle cose più belle ed è al bello che Amore si volge; da ciò deriva, di necessità, che Amore è amante della sapienza e, essendo amante della sapienza, è una via di mezzo tra il sapiente e l'ignorante. Questa sua condizione deriva dalla sua nascita: suo padre infatti è sapiente e abbonda di risorse intellettuali, sua madre invece non è sapiente ed è sprovvista di risorse. Ecco dunque, caro Socrate, qual è la natura di questo demone. Quanto all'idea che tu ti eri fatta di Amore, [204c] non c'è da meravigliarsi che ti si sia imposta: Amore, se devo trarre le conclusioni di cui mi fanno testimonianza le tue stesse parole, l'hai fatto coincidere con l'amato, non con l'amante; è questa la ragione per cui, io credo, Amore era ai tuoi occhi di una bellezza impareggiabile. Infatti è amabile ciò che possiede realmente bellezza, tenerezza, perfezione e felicità, mentre chi ama è di un'altra natura, quella che appunto ti ho spiegato."

XXIV

"Va bene, straniera" le dissi allora "è bello ciò che tu dici. Ma se questa è la natura di Amore, quali sono i vantaggi che procura agli uomini?"

[204d] "Questo è, Socrate, quanto cercherò di insegnarti. Sappiamo dunque che la natura di Amore è quella che

Τί τῶν καλῶν ἐστιν ὁ Ἔρως, ὦ Σώκρατές τε καὶ Διοτίμα; ὧδε δὲ σαφέστερον· ἐρᾷ ὁ ἐρῶν τῶν καλῶν· τί ἐρᾷ;

Καὶ ἐγὼ εἶπον ὅτι Γενέσθαι αὑτῷ.

Ἀλλ᾽ ἔτι ποθεῖ, ἔφη, ἡ ἀπόκρισις ἐρώτησιν τοιάνδε· Τί ἔσται ἐκείνῳ ᾧ ἂν γένηται τὰ καλά;

Οὐ πάνυ ἔφην ἔτι ἔχειν ἐγὼ πρὸς ταύτην τὴν ἐρώτησιν προχείρως ἀποκρίνασθαι.

[204e] Ἀλλ᾽, ἔφη, ὥσπερ ἂν εἴ τις μεταβαλὼν ἀντὶ τοῦ καλοῦ τῷ ἀγαθῷ χρώμενος πυνθάνοιτο· Φέρε, ὦ Σώκρατες, ἐρᾷ ὁ ἐρῶν τῶν ἀγαθῶν· τί ἐρᾷ;

Γενέσθαι, ἦν δ᾽ ἐγώ, αὑτῷ.

Καὶ τί ἔσται ἐκείνῳ ᾧ ἂν γένηται τἀγαθά;

Τοῦτ᾽ εὐπορώτερον, ἦν δ᾽ ἐγώ, ἔχω ἀποκρίνασθαι, ὅτι εὐδαίμων ἔσται.

[205a] Κτήσει γάρ, ἔφη, ἀγαθῶν οἱ εὐδαίμονες εὐδαίμονες, καὶ οὐκέτι προσδεῖ ἐρέσθαι Ἵνα τί δὲ βούλεται εὐδαίμων εἶναι ὁ βουλόμενος; ἀλλὰ τέλος δοκεῖ ἔχειν ἡ ἀπόκρισις.

Ἀληθῆ λέγεις, εἶπον ἐγώ.

Ταύτην δὴ τὴν βούλησιν καὶ τὸν ἔρωτα τοῦτον πότερα κοινὸν οἴει εἶναι πάντων ἀνθρώπων, καὶ πάντας τἀγαθὰ βούλεσθαι αὑτοῖς εἶναι ἀεί, ἢ πῶς λέγεις;

Οὕτως, ἦν δ᾽ ἐγώ· κοινὸν εἶναι πάντων.

Τί δὴ οὖν, ἔφη, ὦ Σώκρατες, οὐ πάντας ἐρᾶν φαμέν, [205b] εἴπερ γε πάντες τῶν αὐτῶν ἐρῶσι καὶ ἀεί, ἀλλά τινάς φαμεν ἐρᾶν, τοὺς δ᾽ οὔ;

Θαυμάζω, ἦν δ᾽ ἐγώ, καὶ αὐτός.

Ἀλλὰ μὴ θαύμαζ᾽, ἔφη· ἀφελόντες γὰρ ἄρα τοῦ ἔρωτός τι εἶδος ὀνομάζομεν, τὸ τοῦ ὅλου ἐπιτιθέντες ὄνομα, ἔρωτα, τὰ δὲ ἄλλα ἄλλοις καταχρώμεθα ὀνόμασιν.

Ὥσπερ τί; ἦν δ᾽ ἐγώ.

Ὥσπερ τόδε. οἶσθ᾽ ὅτι ποίησίς ἐστί τι πολύ· ἡ γάρ τοι ἐκ

ho detto e che quella è la sua nascita; sappiamo inoltre che è alle cose belle, così come dici tu, che egli tende. Orbene, se qualcuno ci domandasse: 'In che senso, Socrate e Diotima, Amore tende alle cose belle?'. O più esplicitamente ponesse la domanda in questo modo: 'Chi ama le cose belle, ama, ma che cosa ama?'.

"Che diventino sue!" risposi io.

"La tua risposta, però" disse lei "fa nascere quest'altra domanda: 'Che cosa accadrà a colui cui toccherà di entrare in possesso delle cose belle?'."

"A questa domanda" le confessai "non sono ancora, per parte mia, preparato a rispondere."

[204e] "Metti che" ribadì "modificando la domanda, si sostituisca il buono al bello e si chieda: 'Suvvia, Socrate, chi ama le cose buone, ama, ma che cosa ama?'."

"Che diventino sue!" risposi ancora.

"E che cosa accadrà a colui cui toccherà di entrare in possesso delle cose buone?"

"A questa domanda" dissi "sono in grado di rispondere più facilmente: sarà una persona felice."

[205a] "Infatti" disse lei "è per il possesso delle cose buone che la persona felice è felice. E non c'è più bisogno di procedere chiedendo: 'Per quale fine desidera di essere felice chi lo desidera?', perché questo tipo di domanda sembra proprio non aver bisogno di risposta, com'è evidente."

"Sono d'accordo" fu il mio commento.

"Procedendo: questo desiderio, questo amore, tu pensi che siano qualcosa di comune a tutti gli uomini e che tutti desiderino un possesso eterno delle cose buone, o la pensi diversamente?"

"La penso così" affermai "che siano qualcosa di comune a tutti gli uomini."

τοῦ μὴ ὄντος εἰς τὸ ὂν ἰόντι ὁτῳοῦν αἰτία πᾶσά ἐστι [205c] ποίησις, ὥστε καὶ αἱ ὑπὸ πάσαις ταῖς τέχναις ἐργασίαι ποιήσεις εἰσὶ καὶ οἱ τούτων δημιουργοὶ πάντες ποιηταί.

Ἀληθῆ λέγεις.

Ἀλλ᾽ ὅμως, ἦ δ᾽ ἥ, οἶσθ᾽ ὅτι οὐ καλοῦνται ποιηταὶ ἀλλὰ ἄλλα ἔχουσιν ὀνόματα, ἀπὸ δὲ πάσης τῆς ποιήσεως ἓν μόριον ἀφορισθὲν τὸ περὶ τὴν μουσικὴν καὶ τὰ μέτρα τῷ τοῦ ὅλου ὀνόματι προσαγορεύεται. ποίησις γὰρ τοῦτο μόνον καλεῖται, καὶ οἱ ἔχοντες τοῦτο τὸ μόριον τῆς ποιήσεως ποιηταί.

Ἀληθῆ λέγεις, ἔφην.

[205d] Οὕτω τοίνυν καὶ περὶ τὸν ἔρωτα· τὸ μὲν κεφάλαιόν ἐστι πᾶσα ἡ τῶν ἀγαθῶν ἐπιθυμία καὶ τοῦ εὐδαιμονεῖν, ὁ μέγιστός τε καὶ δολερὸς ἔρως παντί· ἀλλ᾽ οἱ μὲν ἄλλῃ τρεπόμενοι πολλαχῇ ἐπ᾽ αὐτόν, ἢ κατὰ χρηματισμὸν ἢ κατὰ φιλογυμναστίαν ἢ κατὰ φιλοσοφίαν, οὔτε ἐρᾶν καλοῦνται οὔτ᾽ ἐρασταί, οἱ δὲ κατὰ ἕν τι εἶδος ἰόντες τε καὶ ἐσπουδακότες τὸ τοῦ ὅλου ὄνομα ἴσχουσιν, ἔρωτά τε καὶ ἐρᾶν καὶ ἐρασταί.

Κινδυνεύεις ἀληθῆ, ἔφην ἐγώ, λέγειν.

Καὶ λέγεται μέν γέ τις, ἔφη, λόγος, ὡς οἳ ἂν τὸ ἥμισυ [205e] ἑαυτῶν ζητῶσιν, οὗτοι ἐρῶσιν· ὁ δ᾽ ἐμὸς λόγος οὔτε ἡμίσεός φησιν εἶναι τὸν ἔρωτα οὔτε ὅλου, ἐὰν μὴ τυγχάνῃ γέ που, ὦ ἑταῖρε, ἀγαθὸν ὄν, ἐπεὶ αὑτῶν γε καὶ πόδας καὶ χεῖρας ἐθέλουσιν ἀποτέμνεσθαι οἱ ἄνθρωποι, ἐὰν αὐτοῖς δοκῇ τὰ ἑαυτῶν πονηρὰ εἶναι. οὐ γὰρ τὸ ἑαυτῶν οἶμαι ἕκαστοι ἀσπάζονται, εἰ μὴ εἴ τις τὸ μὲν ἀγαθὸν οἰκεῖον καλεῖ καὶ ἑαυτοῦ, τὸ δὲ κακὸν ἀλλότριον· ὡς οὐδέν γε ἄλλο ἐστὶν οὗ [206a] ἐρῶσιν ἄνθρωποι ἢ τοῦ ἀγαθοῦ. ἢ σοὶ δοκοῦσιν;

Μὰ Δί᾽ οὐκ ἔμοιγε, ἦν δ᾽ ἐγώ.

Ἆρ᾽ οὖν, ἦ δ᾽ ἥ, οὕτως ἁπλοῦν ἐστι λέγειν ὅτι οἱ ἄνθρωποι τἀγαθοῦ ἐρῶσιν;

"Ma se le cose stanno in questo modo, Socrate" mi ribatté "perché non diciamo di tutti che amano [205b] se è vero che tutti e sempre amano le stesse cose? Perché, al contrario, diciamo di alcuni che amano e non lo diciamo di altri?"

"Ne sono molto meravigliato anch'io" le dissi.

"Ebbene" disse lei "non c'è bisogno che tu ti meravigli. Dopo aver circoscritto un tipo particolare di amore, lo chiamiamo appunto amore, attribuendo alla parte il nome del tutto; per altri tipi di amore, invece, ricorriamo ad altre definizioni."

"Che paragone si può fare?" le chiesi.

"Un paragone? Eccolo. Tu sai bene in quanti molteplici significati si usi il termine creazione. Senza dubbio, infatti, ciò che, per qualsiasi cosa, è causa del suo passaggio dalla non esistenza all'esistenza è comunque [205c] una creazione; di conseguenza, tutte le opere che rientrano nel campo delle arti sono creazioni e creatori ne sono tutti gli artefici."

"È vero!"

"Tuttavia sai altrettanto bene" riprese "che non sono chiamati creatori, bensì vengono definiti con altri nomi. Una sola parte, astratta dalla totalità della creazione, e mi riferisco alla musica e alla poesia, viene definita con il nome della totalità: è solo questa parte, infatti, che viene chiamata creazione, e sono solo quelli che operano entro questa parte della creazione a essere chiamati creatori."

"Sono d'accordo anche su questo" assentii.

[205d] "Accade lo stesso a proposito dell'amore. In generale, tutto quello che è desiderio delle cose buone e della felicità è 'Amore potentissimo, in tutto ingannevole'.[25] Senonché di quelli che per altre vie si volgono a lui, dedi-

[25] Citazione da fonte ignota.

Ναί, ἔφην.

Τί δέ; οὐ προσθετέον, ἔφη, ὅτι καὶ εἶναι τὸ ἀγαθὸν αὑτοῖς ἐρῶσιν;

Προσθετέον.

Ἆρ᾽ οὖν, ἔφη, καὶ οὐ μόνον εἶναι, ἀλλὰ καὶ ἀεὶ εἶναι;

Καὶ τοῦτο προσθετέον.

Ἔστιν ἄρα συλλήβδην, ἔφη, ὁ ἔρως τοῦ τὸ ἀγαθὸν αὑτῷ εἶναι ἀεί.

Ἀληθέστατα, ἔφην ἐγώ, λέγεις.

candosi agli affari, alla ginnastica o alla filosofia, non si dice che amano e non li si definisce amanti, mentre per gli altri, che si dedicano e si votano a una singola specie d'amore, si usano i termini della totalità: amore, amare, amanti."

"Ci sono buone probabilità che quanto tu dici sia vero" osservai.

"Eppure" proseguì "gira questa teoria secondo la quale amano quelli che [205e] cercano la loro metà; la teoria che sostengo io afferma invece che l'amore non è amore né di una metà, né di un intero, a meno che non si tratti, amico mio, di una cosa buona. Infatti gli uomini accettano di farsi tagliare un piede o una mano, quando pensano che queste parti di loro stessi possano esser di danno. Poiché ciò per cui ciascuno prova affezione non è, secondo me, quanto fa parte di lui, a meno che non sia il bene a essere chiamato proprio e appartenente a sé e il male, invece, estraneo. Giacché nulla, in verità, [206a] al di fuori del bene, ha l'amore degli uomini. O ti pare che amino qualcos'altro?"

"No davvero" esclamai "non mi sembra, per Zeus!"

"Quindi" continuò "si può dire, molto semplicemente, che gli uomini amano il bene?"

"Sì" le risposi.

"Allora" mi chiese "non bisogna forse aggiungere che essi amano anche il possesso del bene?"

"Bisogna aggiungerlo."

"Ma" proseguì ancora "non solo il possesso, anche un possesso per sempre?"

"Anche in questo caso, sono d'accordo" le riconobbi.

"Di conseguenza" tirò le somme "l'oggetto dell'amore, nel suo complesso, consiste nell'eterno possesso del bene."

"Ciò che dici è verissimo" fu la mia conclusione.

XXV

[206b] Ὅτε δὴ τούτου ὁ ἔρως ἐστὶν ἀεί, ἦ δ᾽ ἥ, τῶν τίνα τρόπον διωκόντων αὐτὸ καὶ ἐν τίνι πράξει ἡ σπουδὴ καὶ ἡ σύντασις ἔρως ἂν καλοῖτο; τί τοῦτο τυγχάνει ὂν τὸ ἔργον; ἔχεις εἰπεῖν;

Οὐ μεντἂν σέ, ἔφην ἐγώ, ὦ Διοτίμα, ἐθαύμαζον ἐπὶ σοφίᾳ καὶ ἐφοίτων παρὰ σὲ αὐτὰ ταῦτα μαθησόμενος.

Ἀλλ᾽ ἐγώ σοι, ἔφη, ἐρῶ. ἔστι γὰρ τοῦτο τόκος ἐν καλῷ καὶ κατὰ τὸ σῶμα καὶ κατὰ τὴν ψυχήν.

Μαντείας, ἦν δ᾽ ἐγώ, δεῖται ὅτι ποτε λέγεις, καὶ οὐ μανθάνω.

[206c] Ἀλλ᾽ ἐγώ, ἦ δ᾽ ἥ, σαφέστερον ἐρῶ. κυοῦσιν γάρ, ἔφη, ὦ Σώκρατες, πάντες ἄνθρωποι καὶ κατὰ τὸ σῶμα καὶ κατὰ τὴν ψυχήν, καὶ ἐπειδὰν ἔν τινι ἡλικίᾳ γένωνται, τίκτειν ἐπιθυμεῖ ἡμῶν ἡ φύσις. τίκτειν δὲ ἐν μὲν αἰσχρῷ οὐ δύναται, ἐν δὲ τῷ καλῷ. ἡ γὰρ ἀνδρὸς καὶ γυναικὸς συνουσία τόκος ἐστίν. ἔστι δὲ τοῦτο θεῖον τὸ πρᾶγμα, καὶ τοῦτο ἐν θνητῷ ὄντι τῷ ζῴῳ ἀθάνατον ἔνεστιν, ἡ κύησις καὶ ἡ γέννησις. τὰ δὲ ἐν τῷ ἀναρμόστῳ ἀδύνατον γενέσθαι. [206d] ἀνάρμοστον δ᾽ ἐστὶ τὸ αἰσχρὸν παντὶ τῷ θείῳ, τὸ δὲ καλὸν ἁρμόττον. Μοῖρα οὖν καὶ Εἰλείθυια ἡ Καλλονή ἐστι τῇ γενέσει. διὰ ταῦτα ὅταν μὲν καλῷ προσπελάζῃ τὸ κυοῦν, ἵλεών τε γίγνεται καὶ εὐφραινόμενον διαχεῖται καὶ τίκτει τε καὶ γεννᾷ· ὅταν δὲ αἰσχρῷ, σκυθρωπόν τε καὶ λυπούμενον συσπειρᾶται καὶ ἀποτρέπεται καὶ ἀνείλλεται καὶ οὐ γεννᾷ, ἀλλὰ ἴσχον τὸ κύημα χαλεπῶς φέρει. ὅθεν δὴ τῷ κυοῦντί τε καὶ ἤδη σπαργῶντι πολλὴ ἡ πτοίησις γέγονε [206e] περὶ τὸ καλὸν διὰ τὸ μεγάλης ὠδῖνος ἀπολύειν τὸν ἔχοντα. ἔστιν γάρ, ὦ Σώκρατες, ἔφη, οὐ τοῦ καλοῦ ὁ ἔρως, ὡς σὺ οἴει.

Ἀλλὰ τί μήν;

XXV

[206b] "Ora dunque, dal momento che l'amore consiste in questo, dimmi" riprese "per quale atteggiamento, quale modo d'agire, la solerzia e lo sforzo affrontato da coloro che ne sono alla caccia potranno ricevere il nome d'amore? In che cosa consiste questo modo d'agire? Me lo sapresti dire?"

"Eh, Diotima" le risposi "se lo sapessi non sarei qui ad ammirare la tua sapienza, né ti frequenterei per imparare appunto queste cose..."

"E va bene" disse lei "te lo dirò io: è un partorire nella bellezza, rispetto sia al corpo sia all'anima."

"Bisogna essere un indovino" esclamai "per capire quello che vuoi dire, e io non capisco!"

[206c] "Allora, ti darò una spiegazione più chiara" continuò. "Tutti gli uomini, Socrate, sono gravidi, nel corpo e nell'anima e, giunti a una certa età, per come è fatta la nostra natura, desiderano partorire. Orbene, non si può partorire nella bruttezza, mentre lo si può fare nella bellezza. Il congiungimento dell'uomo e della donna, in realtà, è un dare alla luce, ed è un atto divino; nell'essere vivente, mortale, qualcosa c'è di immortale: concepimento e procreazione. Ma entrambi non si possono attuare nella disarmonia. [206d] Proseguendo, non c'è affatto armonia del brutto con tutto ciò che è divino, mentre c'è con il bello. Così, per la generazione, Bellezza è Moira, Sorte, ed è Ilizia,[26] Levatrice. Per queste ragioni tutte le volte che un essere gravido si accosta a qualcosa di bello si sente bene e, rallegrandosi, si apre, partorisce,

---

[26] *Moira... Levatrice*: Moira era quella delle tre Parche che assegnava a ciascun uomo la durata della sua vita, mentre Ilizia era la divinità che assisteva le partorienti.

Τῆς γεννήσεως καὶ τοῦ τόκου ἐν τῷ καλῷ.

Εἶεν, ἦν δ᾽ ἐγώ.

Πάνυ μὲν οὖν, ἔφη. τί δὴ οὖν τῆς γεννήσεως; ὅτι ἀειγενές ἐστι καὶ ἀθάνατον ὡς θνητῷ ἡ γέννησις. ἀθανασίας [207a] δὲ ἀναγκαῖον ἐπιθυμεῖν μετὰ ἀγαθοῦ ἐκ τῶν ὡμολογημένων, εἴπερ τοῦ τἀγαθὸν ἑαυτῷ εἶναι ἀεὶ ἔρως ἐστίν. ἀναγκαῖον δὴ ἐκ τούτου τοῦ λόγου καὶ τῆς ἀθανασίας τὸν ἔρωτα εἶναι.

XXVI

Ταῦτά τε οὖν πάντα ἐδίδασκέ με, ὁπότε περὶ τῶν ἐρωτικῶν λόγους ποιοῖτο, καί ποτε ἤρετο Τί οἴει, ὦ Σώκρατες, αἴτιον εἶναι τούτου τοῦ ἔρωτος καὶ τῆς ἐπιθυμίας; ἢ οὐκ αἰσθάνει ὡς δεινῶς διατίθεται πάντα τὰ θηρία ἐπειδὰν γεννᾶν ἐπιθυμήσῃ, καὶ τὰ πεζὰ καὶ τὰ πτηνά, νοσοῦντά τε [207b] πάντα καὶ ἐρωτικῶς διατιθέμενα, πρῶτον μὲν περὶ τὸ συμμιγῆναι ἀλλήλοις, ἔπειτα περὶ τὴν τροφὴν τοῦ γενομένου, καὶ ἕτοιμά ἐστιν ὑπὲρ τούτων καὶ διαμάχεσθαι τὰ ἀσθενέστατα τοῖς ἰσχυροτάτοις καὶ ὑπεραποθνῄσκειν,

riproduce la vita; quando invece si accosta a qualcosa di brutto, allora si sente cupo e triste, si contrae, sfugge, si ripiega e non libera alla vita la creatura che ha in sé, sopportandone penosamente il peso. Per questo sorge, nell'essere gravido e già gonfio del suo frutto, un'emozione intensa [206e] in presenza di ciò che è bello, perché ciò lo libera dai violenti dolori del parto. In realtà" disse "lo scopo dell'amore non è, o Socrate, come pensi tu, il bello..."

"Ma che cos'è mai, allora?"

"La procreazione e il dare alla luce nella bellezza."

"Possibile?" esclamai.

"Sì, è davvero così" affermò. "Perché proprio la procreazione? Perché la procreazione è quanto di eterno e immortale può toccare a un essere mortale. Il desiderio di immortalità, da quanto abbiamo convenuto prima, [207a] va necessariamente di pari passo con il desiderio del bene, se è vero che l'amore è desiderio di possedere per sempre il bene. Da questo ragionamento si desume necessariamente che l'amore aspira all'immortalità."

XXVI

«Ecco dunque tutte le cose che mi insegnava quando parlava a proposito dell'amore, e una volta mi fece questa domanda: "Qual è, Socrate, secondo te, la causa di questo amore e di questo desiderio? Non ti rendi conto della condizione straordinaria in cui si trovano tutti gli animali quando sono in preda alla smania di riprodursi, indifferentemente quelli che si muovono sulla terra e quelli che volano, [207b] tutti ammalati della malattia d'amore sia, prima, in rapporto all'accoppiarsi gli uni con gli altri, sia,

καὶ αὐτὰ τῷ λιμῷ παρατεινόμενα ὥστ᾽ ἐκεῖνα ἐκτρέφειν, καὶ ἄλλο πᾶν ποιοῦντα. τοὺς μὲν γὰρ ἀνθρώπους, ἔφη, οἴοιτ᾽ ἄν τις ἐκ λογισμοῦ ταῦτα ποιεῖν· τὰ δὲ θηρία τίς αἰτία οὕτως ἐρωτικῶς [207c] διατίθεσθαι; ἔχεις λέγειν;

Καὶ ἐγὼ αὖ ἔλεγον ὅτι οὐκ εἰδείην· ἣ δ᾽ εἶπεν, Διανοεῖ οὖν δεινός ποτε γενήσεσθαι τὰ ἐρωτικά, ἐὰν ταῦτα μὴ ἐννοῇς;

Ἀλλὰ διὰ ταῦτά τοι, ὦ Διοτίμα, ὅπερ νυνδὴ εἶπον, παρὰ σὲ ἥκω, γνοὺς ὅτι διδασκάλων δέομαι. ἀλλά μοι λέγε καὶ τούτων τὴν αἰτίαν καὶ τῶν ἄλλων τῶν περὶ τὰ ἐρωτικά.

Εἰ τοίνυν, ἔφη, πιστεύεις ἐκείνου εἶναι φύσει τὸν ἔρωτα, οὗ πολλάκις ὡμολογήκαμεν, μὴ θαύμαζε. ἐνταῦθα γὰρ [207d] τὸν αὐτὸν ἐκείνῳ λόγον ἡ θνητὴ φύσις ζητεῖ κατὰ τὸ δυνατὸν ἀεί τε εἶναι καὶ ἀθάνατος. δύναται δὲ ταύτῃ μόνον, τῇ γενέσει, ὅτι ἀεὶ καταλείπει ἕτερον νέον ἀντὶ τοῦ παλαιοῦ, ἐπεὶ καὶ ἐν ᾧ ἓν ἕκαστον τῶν ζῴων ζῆν καλεῖται καὶ εἶναι τὸ αὐτό — οἷον ἐκ παιδαρίου ὁ αὐτὸς λέγεται ἕως ἂν πρεσβύτης γένηται· οὗτος μέντοι οὐδέποτε τὰ αὐτὰ ἔχων ἐν αὑτῷ ὅμως ὁ αὐτὸς καλεῖται, ἀλλὰ νέος ἀεὶ γιγνόμενος, τὰ δὲ ἀπολλύς, καὶ κατὰ τὰς τρίχας καὶ σάρκα καὶ ὀστᾶ καὶ [207e] αἷμα καὶ σύμπαν τὸ σῶμα. καὶ μὴ ὅτι κατὰ τὸ σῶμα, ἀλλὰ καὶ κατὰ τὴν ψυχὴν οἱ τρόποι, τὰ ἤθη, δόξαι, ἐπιθυμίαι, ἡδοναί, λῦπαι, φόβοι τούτων ἕκαστα οὐδέποτε τὰ αὐτὰ πάρεστιν ἑκάστῳ, ἀλλὰ τὰ μὲν γίγνεται, τὰ δὲ ἀπόλλυται. πολὺ δὲ τούτων ἀτοπώτερον ἔτι, ὅτι καὶ αἱ ἐπιστῆμαι [208a] μὴ ὅτι αἱ μὲν γίγνονται, αἱ δὲ ἀπόλλυνται ἡμῖν, καὶ οὐδέποτε οἱ αὐτοί ἐσμεν οὐδὲ κατὰ τὰς ἐπιστήμας, ἀλλὰ καὶ μία ἑκάστη τῶν ἐπιστημῶν ταὐτὸν πάσχει. ὃ γὰρ καλεῖται μελετᾶν, ὡς ἐξιούσης ἐστὶ τῆς ἐπιστήμης· λήθη γὰρ ἐπιστήμης ἔξοδος, μελέτη δὲ πάλιν καινὴν ἐμποιοῦσα ἀντὶ τῆς ἀπιούσης μνήμην σῴζει τὴν ἐπιστήμην, ὥστε τὴν αὐτὴν δοκεῖν εἶναι. τούτῳ γὰρ

poi, in rapporto all'allevamento della prole? E come per i piccoli siano pronti a battersi, anche i più deboli contro i più forti, nonché a morire e a subire essi stessi i morsi della fame per garantire loro la sussistenza, per non parlare di tutto quello che ancora fanno? In verità, per quanto riguarda gli uomini" aggiunse "si potrebbe pensare che agiscano così per riflessione, ma qual è per gli animali la causa di tali [207c] disposizioni amorose? Sapresti dirmelo?".

Siccome ammisi nuovamente di non saperlo, parlò lei: "Pensi forse che potrai diventare un maestro delle cose d'amore, se non capisci queste cose?".

"Ma è proprio per questo, Diotima, come ti dicevo prima, che sono venuto da te, nella consapevolezza di aver bisogno di chi mi istruisca! Suvvia, dimmi qual è la causa di questi comportamenti e di tutte le altre cose che riguardano l'amore."

"Ebbene, se sei convinto che l'amore tende a ciò su cui più volte ci siamo trovati d'accordo, non meravigliarti! In questo caso, infatti, [207d] per lo stesso ragionamento di prima, la natura mortale cerca, nei limiti del possibile, di perpetuarsi e di raggiungere l'immortalità. Orbene, lo può fare solo in questo modo, con la riproduzione, perché a prendere il posto del vecchio lascia dietro di sé un essere nuovo. In effetti, anche durante quel periodo a proposito del quale si dice che ogni individuo vive e resta sempre identico a sé – di un uomo si dice per esempio che, dalla prima infanzia fino a quando è diventato vecchio, è sempre un'identica persona –, quest'individuo viene comunque sempre definito lo stesso, benché non conservi mai in sé le medesime cose, anzi si rinnovi di continuo e in altre parti subisca via via delle perdite – nei capelli, nella carne, nelle ossa, [207e] nel sangue e, in generale, in tutto il corpo. E

τῷ τρόπῳ πᾶν τὸ θνητὸν σῴζεται, οὐ τὸ παντάπασιν τὸ αὐτὸ ἀεὶ εἶναι ὥσπερ τὸ [208b] θεῖον, ἀλλὰ τῷ τὸ ἀπιὸν καὶ παλαιούμενον ἕτερον νέον ἐγκαταλείπειν οἷον αὐτὸ ἦν. ταύτῃ τῇ μηχανῇ, ὦ Σώκρατες, ἔφη, θνητὸν ἀθανασίας μετέχει, καὶ σῶμα καὶ τἆλλα πάντα· ἀθάνατον δὲ ἄλλῃ. μὴ οὖν θαύμαζε εἰ τὸ αὑτοῦ ἀποβλάστημα φύσει πᾶν τιμᾷ· ἀθανασίας γὰρ χάριν παντὶ αὕτη ἡ σπουδὴ καὶ ὁ ἔρως ἕπεται.

XXVII

Καὶ ἐγὼ ἀκούσας τὸν λόγον ἐθαύμασά τε καὶ εἶπον Εἶεν, ἦν δ' ἐγώ, ὦ σοφωτάτη Διοτίμα, ταῦτα ὡς ἀληθῶς οὕτως ἔχει; [208c] Καὶ ἥ, ὥσπερ οἱ τέλεοι σοφισταί, Εὖ

ciò non accade solo nel corpo, ma anche in rapporto all'anima: le inclinazioni, il carattere, le opinioni, i desideri, le gioie e le pene, i timori... tutte queste cose insomma non restano mai identiche in ciascun uomo, ma alcune di nuove ne nascono, altre svaniscono. Ma ancora più sorprendente di tutto ciò è il fatto che, anche in rapporto alle conoscenze, [208a] non solo alcune nascono e altre si perdono, e noi non siamo mai gli stessi nemmeno rispetto alla conoscenza, ma anche che ogni singola conoscenza subisce la stessa sorte. Quel che si chiama 'studiare', infatti, implica che una conoscenza se ne sia andata: l'oblio non è in realtà che perdita di una conoscenza, mentre lo studio, rimpiazzando con un ricordo nuovo la conoscenza perduta, la preserva così bene che la si ritiene la stessa. Questo è il modo in cui si preserva ciò che è mortale, non, come ciò che è divino, rimanendo eternamente uguale a se stesso, [208b] ma perché ciò che se ne va dopo essere invecchiato lascia dietro di sé qualcosa di nuovo, simile a quello che era. In questo modo, o Socrate," soggiunse "ciò che è mortale partecipa dell'immortalità, e ciò vale per il corpo e per tutto il resto. Per ciò che è immortale le cose stanno diversamente. Non ti stupire dunque che ogni essere, per natura, mostri tanta sollecitudine per il proprio germoglio: è in vista dell'immortalità, infatti, che a ciascuno si accompagnano tanto slancio e tanto amore."

XXVII

«Sentendola parlare così, ne fui strabiliato ed esclamai: "Ma è proprio vero, sapientissima Diotima, che le cose stanno così?". [208c] Lei allora, in tutto simile ai perfetti maestri di sapienza, mi rispose: "Credici, o Socrate. Infatti, se solo

ἴσθι, ἔφη, ὦ Σώκρατες· ἐπεί γε καὶ τῶν ἀνθρώπων εἰ ἐθέλεις εἰς τὴν φιλοτιμίαν βλέψαι, θαυμάζοις ἂν τῆς ἀλογίας περὶ ἃ ἐγὼ εἴρηκα εἰ μὴ ἐννοεῖς, ἐνθυμηθεὶς ὡς δεινῶς διάκεινται ἔρωτι τοῦ ὀνομαστοὶ γενέσθαι καὶ κλέος ἐς τὸν ἀεὶ χρόνον ἀθάνατον καταθέσθαι, καὶ ὑπὲρ τούτου κινδύνους τε κινδυνεύειν ἕτοιμοί εἰσι πάντας ἔτι μᾶλλον ἢ ὑπὲρ τῶν [208d] παίδων, καὶ χρήματα ἀναλίσκειν καὶ πόνους πονεῖν οὑστινασοῦν καὶ ὑπεραποθνῄσκειν. ἐπεὶ οἴει σύ, ἔφη, Ἄλκηστιν ὑπὲρ Ἀδμήτου ἀποθανεῖν ἄν, ἢ Ἀχιλλέα Πατρόκλῳ ἐπαποθανεῖν, ἢ προαποθανεῖν τὸν ὑμέτερον Κόδρον ὑπὲρ τῆς βασιλείας τῶν παίδων, μὴ οἰομένους ἀθάνατον μνήμην ἀρετῆς πέρι ἑαυτῶν ἔσεσθαι, ἣν νῦν ἡμεῖς ἔχομεν; πολλοῦ γε δεῖ, ἔφη, ἀλλ᾽ οἶμαι ὑπὲρ ἀρετῆς ἀθανάτου καὶ τοιαύτης δόξης εὐκλεοῦς πάντες πάντα ποιοῦσιν, ὅσῳ ἂν ἀμείνους [208e] ὦσι, τοσούτῳ μᾶλλον· τοῦ γὰρ ἀθανάτου ἐρῶσιν. οἱ μὲν οὖν ἐγκύμονες, ἔφη, κατὰ τὰ σώματα ὄντες πρὸς τὰς γυναῖκας μᾶλλον τρέπονται καὶ ταύτῃ ἐρωτικοί εἰσιν, διὰ παιδογονίας ἀθανασίαν καὶ μνήμην καὶ εὐδαιμονίαν, ὡς οἴονται, αὑτοῖς εἰς τὸν ἔπειτα χρόνον πάντα ποριζόμενοι· οἱ δὲ κατὰ τὴν [209a] ψυχήν — εἰσὶ γὰρ οὖν, ἔφη, οἳ ἐν ταῖς ψυχαῖς κυοῦσιν ἔτι μᾶλλον ἢ ἐν τοῖς σώμασιν, ἃ ψυχῇ προσήκει καὶ κυῆσαι καὶ τεκεῖν· τί οὖν προσήκει; φρόνησίν τε καὶ τὴν ἄλλην ἀρετήν — ὧν δή εἰσι καὶ οἱ ποιηταὶ πάντες γεννήτορες καὶ τῶν δημιουργῶν ὅσοι λέγονται εὑρετικοὶ εἶναι· πολὺ δὲ μεγίστη, ἔφη, καὶ καλλίστη τῆς φρονήσεως ἡ περὶ τὰ τῶν πόλεών τε καὶ οἰκήσεων διακόσμησις, ᾗ δὴ ὄνομά ἐστι σωφροσύνη τε καὶ δικαιοσύνη — τούτων δ᾽ αὖ ὅταν τις ἐκ [209b] νέου ἐγκύμων ᾖ τὴν ψυχήν, ἤθεος ὢν καὶ ἡκούσης τῆς ἡλικίας, τίκτειν τε καὶ γεννᾶν ἤδη ἐπιθυμῇ, ζητεῖ δὴ οἶμαι καὶ οὗτος περιιὼν τὸ καλὸν ἐν ᾧ ἂν γεννήσειεν· ἐν τῷ γὰρ αἰσχρῷ οὐδέποτε γεννήσει. τά τε οὖν

provi a considerare l'ambizione degli uomini, ti stupirai di quanto sia insensata, ma così non sarà se rifletti su quello che ti ho detto e mediti sulla condizione amorosa straordinaria in cui li mette il desiderio di fama, onde 'procurarsi per l'eternità dei tempi una gloria immortale':[27] per questo scopo sono pronti a correre i più gravi pericoli, più ancora che per i loro [208d] figli, a dissipare le loro ricchezze, a sopportare le fatiche più grandi e perfino a morire. Pensi forse" continuava "che Alcesti[28] avrebbe voluto morire per Admeto, Achille seguire Patroclo nella morte, il vostro Codro sacrificarsi per garantire il trono ai suoi discendenti, se non avessero pensato che della loro virtù sarebbe rimasto un ricordo immortale, quello che noi oggi serbiamo per loro? Certamente no. Al contrario, è per un merito immortale, per una fama gloriosa che gli uomini si adoperano come si adoperano, tanto più [208e] quanto più sono uomini di valore. L'immortalità è ciò che amano! Stando così le cose, quelli che sono fecondi in relazione al corpo, si volgono piuttosto alle donne, e il loro modo di amare è cercare di procurarsi, generando dei figli, l'immortalità, il ricordo e la felicità per i tempi a venire, o almeno così pensano". E continuò: "Quelli che sono invece fecondi rispetto [209a] all'anima... Ci sono in effetti persone gravide nell'anima, più ancora che nel corpo, di tutte le cose che è proprio dell'anima di concepire e partorire. E che cosa le è proprio? La saggezza e le altre virtù, delle quali sono genitori tutti i poeti

[27] Citazione da fonte ignota.

[28] *Alcesti*: mitico re di Atene, avendo appreso che l'oracolo di Delfi, consultato dai Dori prima di attaccare battaglia contro Atene, aveva predetto che la vittoria sarebbe stata di quella parte che avesse pianto il proprio re morto in combattimento, quando vide i Dori prevalere nella battaglia si spogliò delle vesti regali e si lanciò nella mischia, venendo mortalmente ferito e assicurando così la vittoria ai suoi.

σώματα τὰ καλὰ μᾶλλον ἢ τὰ αἰσχρὰ ἀσπάζεται ἅτε κυῶν, καὶ ἂν ἐντύχῃ ψυχῇ καλῇ καὶ γενναίᾳ καὶ εὐφυεῖ, πάνυ δὴ ἀσπάζεται τὸ συναμφότερον, καὶ πρὸς τοῦτον τὸν ἄνθρωπον εὐθὺς εὐπορεῖ λόγων περὶ ἀρετῆς καὶ περὶ οἷον χρὴ εἶναι [209c] τὸν ἄνδρα τὸν ἀγαθὸν καὶ ἃ ἐπιτηδεύειν, καὶ ἐπιχειρεῖ παιδεύειν. ἁπτόμενος γὰρ οἶμαι τοῦ καλοῦ καὶ ὁμιλῶν αὐτῷ, ἃ πάλαι ἐκύει τίκτει καὶ γεννᾷ, καὶ παρὼν καὶ ἀπὼν μεμνημένος, καὶ τὸ γεννηθὲν συνεκτρέφει κοινῇ μετ᾽ ἐκείνου, ὥστε πολὺ μείζω κοινωνίαν τῆς τῶν παίδων πρὸς ἀλλήλους οἱ τοιοῦτοι ἴσχουσι καὶ φιλίαν βεβαιοτέραν, ἅτε καλλιόνων καὶ ἀθανατωτέρων παίδων κεκοινωνηκότες. καὶ πᾶς ἂν δέξαιτο ἑαυτῷ τοιούτους παῖδας μᾶλλον γεγονέναι ἢ τοὺς [209d] ἀνθρωπίνους, καὶ εἰς Ὅμηρον ἀποβλέψας καὶ Ἡσίοδον καὶ τοὺς ἄλλους ποιητὰς τοὺς ἀγαθοὺς ζηλῶν, οἷα ἔκγονα ἑαυτῶν καταλείπουσιν, ἃ ἐκείνοις ἀθάνατον κλέος καὶ μνήμην παρέχεται αὐτὰ τοιαῦτα ὄντα· εἰ δὲ βούλει, ἔφη, οἵους Λυκοῦργος παῖδας κατελίπετο ἐν Λακεδαίμονι σωτῆρας τῆς Λακεδαίμονος καὶ ὡς ἔπος εἰπεῖν τῆς Ἑλλάδος. τίμιος δὲ παρ᾽ ὑμῖν καὶ Σόλων διὰ τὴν τῶν νόμων γέννησιν, καὶ ἄλλοι [209e] ἄλλοθι πολλαχοῦ ἄνδρες, καὶ ἐν Ἕλλησι καὶ ἐν βαρβάροις, πολλὰ καὶ καλὰ ἀποφηνάμενοι ἔργα, γεννήσαντες παντοίαν ἀρετήν· ὧν καὶ ἱερὰ πολλὰ ἤδη γέγονε διὰ τοὺς τοιούτους παῖδας, διὰ δὲ τοὺς ἀνθρωπίνους οὐδενός πω.

e, tra quelli che praticano le arti, tutti coloro che chiamiamo inventori. Ma" aggiunse a queste precisazioni "l'aspetto più elevato e più bello della saggezza è quello che si rivela nell'ordinamento e nell'amministrazione dello Stato, che ha nome, come si sa, di temperanza e di giustizia... Tornando a prima, anche in questo caso dunque, quando c'è un uomo che, essere divino, sia fin da ragazzo [209b] pregno di queste cose nell'anima e che, giunta la maturità, desideri ormai di partorire e generare, anche costui, io credo, cerca, girando ovunque, l'oggetto bello in cui possa generare, poiché nella bruttezza non potrà mai farlo. Così si avvince, in quanto è gravido, ai corpi belli piuttosto che a quelli brutti, e, se incontra un'anima bella, nobile e per natura dotata, allora è tutto preso da questo insieme e in presenza di un essere simile si diffonde in discorsi sulla virtù, aventi per tema chi sia l'uomo di qualità e di che cosa si debba occupare, [209c] e si sforza di educarlo. E così, io credo, a contatto con un oggetto bello e stando in sua compagnia, costui giunge a partorire e generare ciò di cui era da lungo tempo gravido, e il suo pensiero è sempre rivolto a lui, presente o no che sia, e insieme con lui si adopera per far crescere ciò che ha generato. Per conseguenza, simili uomini stringono tra loro un legame ben più potente di quello con cui siamo uniti ai nostri figli, unitamente a un'amicizia più solida, in quanto condividono figli più belli e più immortali. Aggiungo che chiunque accetterebbe che gli nascessero tali figli piuttosto che quelli [209d] nati per mezzo della generazione naturale, guardando a Omero, così come a Esiodo e agli altri grandi poeti, che giudica invidiabili perché lasciano dietro di sé una progenie che, essa stessa immortale, procura loro una fama e un ricordo imperituri. E ugualmente invidiabile giudica, se vuoi, un Licurgo, per aver lasciato dietro di sé simili figli

XXVIII

Ταῦτα μὲν οὖν τὰ ἐρωτικὰ ἴσως, ὦ Σώκρατες, κἂν σὺ [210a] μυηθείης· τὰ δὲ τέλεα καὶ ἐποπτικά, ὧν ἕνεκα καὶ ταῦτα ἔστιν, ἐάν τις ὀρθῶς μετίῃ, οὐκ οἶδ᾽ εἰ οἷός τ᾽ ἂν εἴης. ἐρῶ μὲν οὖν, ἔφη, ἐγὼ καὶ προθυμίας οὐδὲν ἀπολείψω· πειρῶ δὲ ἕπεσθαι, ἂν οἷός τε ᾖς. δεῖ γάρ, ἔφη, τὸν ὀρθῶς ἰόντα ἐπὶ τοῦτο τὸ πρᾶγμα ἄρχεσθαι μὲν νέον ὄντα ἰέναι ἐπὶ τὰ καλὰ σώματα, καὶ πρῶτον μέν, ἐὰν ὀρθῶς ἡγῆται ὁ ἡγούμενος, ἑνὸς αὐτὸν σώματος ἐρᾶν καὶ ἐνταῦθα γεννᾶν λόγους καλούς, ἔπειτα δὲ αὐτὸν κατανοῆσαι ὅτι τὸ κάλλος [210b] τὸ ἐπὶ ὁτῳοῦν σώματι τῷ ἐπὶ ἑτέρῳ σώματι ἀδελφόν ἐστι, καὶ εἰ δεῖ διώκειν τὸ ἐπ᾽ εἴδει καλόν, πολλὴ ἄνοια μὴ οὐχ ἕν τε καὶ ταὐτὸν ἡγεῖσθαι τὸ ἐπὶ πᾶσιν τοῖς σώμασι κάλλος· τοῦτο δ᾽ ἐννοήσαντα καταστῆναι πάντων τῶν καλῶν σωμάτων ἐραστήν, ἑνὸς δὲ τὸ σφόδρα τοῦτο χαλάσαι καταφρονήσαντα καὶ σμικρὸν ἡγησάμενον· μετὰ δὲ ταῦτα τὸ ἐν ταῖς ψυχαῖς κάλλος τιμιώτερον ἡγήσασθαι τοῦ ἐν τῷ σώματι, ὥστε καὶ ἐὰν ἐπιεικὴς ὢν τὴν ψυχήν τις κἂν σμικρὸν ἄνθος [210c] ἔχῃ, ἐξαρκεῖν αὐτῷ καὶ ἐρᾶν καὶ κήδεσθαι καὶ τίκτειν λόγους τοιούτους καὶ ζητεῖν, οἵτινες

a Sparta, a salvaguardia di Sparta e, si può arrivare a dire, della Grecia. Da voi, anche Solone è onorato per via delle leggi di cui ha la paternità; altri ancora, [209e] da ogni parte, sono poi onorati sia tra i Greci sia tra i barbari, per aver dato alla luce molte e belle opere, dispiegando ogni genere di virtù. Già molti templi sono stati consacrati loro per aver lasciato siffatti figli, mentre non ne sono mai stati innalzati a nessuno in virtù dei figli nati per generazione naturale".

XXVIII

"Dunque a questi misteri d'amore, Socrate, potrai forse essere iniziato [210a] anche tu. Quanto ai misteri ultimi e all'ultimo grado della rivelazione che, se si seguono scrupolosamente i gradi intermedi, sono la meta finale delle cose dette prima, non so se sarai capace di accedervi. Tuttavia, te ne parlerò ugualmente" mi disse "e, per quanto mi riguarda, non mi risparmierò nell'impegno. Tu, però, cerca di seguirmi, se sei in grado di farlo." E riprese a parlare: "In verità occorre che chi procede rettamente verso questa meta incominci, sin dalla giovinezza, a volgersi verso la bellezza dei corpi e innanzi tutto, se è giusta la strada che gli indica chi gli fa da guida, ad amare solo un corpo bello e a generare in esso discorsi belli. Ma poi deve capire che la bellezza [210b] che risiede in quel determinato corpo è sorella della bellezza che risiede in un altro e che, se si deve perseguire il bello in una forma sensibile, sarebbe vera stoltezza non giudicare unica e identica la bellezza che risiede in tutti i corpi: in considerazione di ciò, dovrà diventare amante di tutti i corpi belli e attenuare d'altro canto l'intensità del suo amore per un solo corpo, ormai disdegnandolo e tenendo-

ποιήσουσι βελτίους τοὺς νέους, ἵνα ἀναγκασθῇ αὖ θεάσασθαι τὸ ἐν τοῖς ἐπιτηδεύμασι καὶ τοῖς νόμοις καλὸν καὶ τοῦτ᾽ ἰδεῖν ὅτι πᾶν αὐτὸ αὑτῷ συγγενές ἐστιν, ἵνα τὸ περὶ τὸ σῶμα καλὸν σμικρόν τι ἡγήσηται εἶναι. μετὰ δὲ τὰ ἐπιτηδεύματα ἐπὶ τὰς ἐπιστήμας ἀγαγεῖν, ἵνα ἴδῃ αὖ ἐπιστημῶν κάλλος, καὶ βλέπων πρὸς [210d] πολὺ ἤδη τὸ καλὸν μηκέτι τῷ παρ᾽ ἑνί, ὥσπερ οἰκέτης, ἀγαπῶν παιδαρίου κάλλος ἢ ἀνθρώπου τινός ἢ ἐπιτηδεύματος ἑνός, δουλεύων φαῦλος ᾖ καὶ σμικρολόγος, ἀλλ᾽ ἐπὶ τὸ πολὺ πέλαγος τετραμμένος τοῦ καλοῦ καὶ θεωρῶν πολλοὺς καὶ καλοὺς λόγους καὶ μεγαλοπρεπεῖς τίκτῃ καὶ διανοήματα ἐν φιλοσοφίᾳ ἀφθόνῳ, ἕως ἂν ἐνταῦθα ῥωσθεὶς καὶ αὐξηθεὶς κατίδῃ τινὰ ἐπιστήμην μίαν τοιαύτην, ἥ ἐστι καλοῦ [210e] τοιοῦδε. πειρῶ δέ μοι, ἔφη, τὸν νοῦν προσέχειν ὡς οἷόν τε μάλιστα.

XXIX

ὃς γὰρ ἂν μέχρι ἐνταῦθα πρὸς τὰ ἐρωτικὰ παιδαγωγηθῇ, θεώμενος ἐφεξῆς τε καὶ ὀρθῶς τὰ καλά, πρὸς τέλος ἤδη ἰὼν τῶν ἐρωτικῶν ἐξαίφνης κατόψεταί τι θαυμαστὸν τὴν φύσιν καλόν, τουτο ἐκεῖνο, ὦ Σώκρατες, οὗ δὴ ἕνεκεν καὶ

lo in poco conto. Successivamente, è la bellezza che risiede nelle anime che valuterà di maggior pregio rispetto a quella fisica e pertanto, se ci sarà bellezza d'anima in uno che non sia d'altra parte un fiore di beltà, [210c] sarà contento di amarlo, di prendersi cura di lui, di produrre e ricercare quel tipo di discorsi che rendono migliori i giovani, in modo da essere poi portato a considerare il bello che risiede nelle attività umane e nelle leggi, e ad accorgersi dell'affinità di tutto questo con se stesso, per giungere a valutare la bellezza fisica come qualcosa di scarso rilievo. Dalle attività umane sia poi guidato verso le scienze perché, a questo punto, si accorga della bellezza del conoscere e, volgendo lo sguardo alla [210d] sfera ormai ampia del bello, senza più mostrare attaccamento esclusivo, come uno schiavo, alla bellezza di un ragazzo, di un uomo o di un'occupazione particolare, si sollevi dalla bassezza e meschinità di una simile servitù e, rivolto piuttosto alla contemplazione dell'immenso oceano del bello, generi un gran numero di discorsi belli e sublimi e pensieri ispirati da un amore disinteressato per la sapienza fino a quando, essendosi in tal modo rafforzato e maturato, percepirà finalmente un'unica conoscenza, che si riferisce al bello, [210e] di cui ora ti parlerò. Tu però sforzati" mi disse ancora "di concedermi tutta l'attenzione che ti è possibile".

XXIX

"In effetti chi è stato premurosamente guidato sulla via dell'istruzione amorosa fino al punto di contemplare gli oggetti belli per gradi nel giusto ordine, ormai giunto alla fine del suo apprendistato, avrà la visione folgorante di una bellezza ammirevole nella sua natura, quella bellezza, o

οἱ ἔμπροσθεν πάντες πόνοι ἦσαν, πρῶτον μὲν [211a] ἀεὶ ὂν καὶ οὔτε γιγνόμενον οὔτε ἀπολλύμενον, οὔτε αὐξανόμενον οὔτε φθίνον, ἔπειτα οὐ τῇ μὲν καλόν, τῇ δ᾽ αἰσχρόν, οὐδὲ τοτὲ μέν, τοτὲ δὲ οὔ, οὐδὲ πρὸς μὲν τὸ καλόν, πρὸς δὲ τὸ αἰσχρόν. οὐδ᾽ ἔνθα μὲν καλόν, ἔνθα δὲ αἰσχρόν, ὡς τισὶ μὲν ὂν καλόν, τισὶ δὲ αἰσχρόν· οὐδ᾽ αὖ φαντασθήσεται αὐτῷ τὸ καλὸν οἷον πρόσωπόν τι οὐδὲ χεῖρες οὐδὲ ἄλλο οὐδὲν ὧν σῶμα μετέχει, οὐδέ τις λόγος οὐδέ τις ἐπιστήμη, οὐδέ που ὂν ἐν ἑτέρῳ τινι, οἷον ἐν ζώῳ ἢ ἐν γῇ ἢ ἐν οὐρανῷ [211b] ἢ ἔν τῳ ἄλλῳ, ἀλλ᾽ αὐτὸ καθ᾽ αὑτὸ μεθ᾽ αὑτοῦ μονοειδὲς ἀεὶ ὄν, τὰ δὲ ἄλλα πάντα καλὰ ἐκείνου μετέχοντα τρόπον τινὰ τοιοῦτον, οἷον γιγνομένων τε τῶν ἄλλων καὶ ἀπολλυμένων μηδὲν ἐκεῖνο μήτε τι πλέον μήτε ἔλαττον γίγνεσθαι μηδὲ πάσχειν μηδέν, ὅταν δή τις ἀπὸ τῶνδε διὰ τὸ ὀρθῶς παιδεραστεῖν ἐπανιὼν ἐκεῖνο τὸ καλὸν ἄρχηται καθορᾶν, σχεδὸν ἄν τι ἅπτοιτο τοῦ τέλους. τοῦτο γὰρ δή ἐστι τὸ ὀρθῶς ἐπὶ [211c] τὰ ἐρωτικὰ ἰέναι ἢ ὑπ᾽ ἄλλου ἄγεσθαι, ἀρχόμενον ἀπὸ τῶνδε τῶν καλῶν ἐκείνου ἕνεκα τοῦ καλοῦ ἀεὶ ἐπανιέναι, ὥσπερ ἐπαναβασμοῖς χρώμενον, ἀπὸ ἑνὸς ἐπὶ δύο καὶ ἀπὸ δυοῖν ἐπὶ πάντα τὰ καλὰ σώματα, καὶ ἀπὸ τῶν καλῶν σωμάτων ἐπὶ τὰ καλὰ ἐπιτηδεύματα, καὶ ἀπὸ τῶν ἐπιτηδευμάτων ἐπὶ τὰ καλὰ μαθήματα, καὶ ἀπὸ τῶν μαθημάτων ἐπ᾽ ἐκεῖνο τὸ μάθημα τελευτῆσαι, ὅ ἐστιν οὐκ ἄλλου ἢ αὐτοῦ ἐκείνου τοῦ καλοῦ μάθημα, καὶ γνῷ αὐτὸ τελευτῶν ὃ ἔστι [211d] καλόν. ἐνταῦθα τοῦ βίου, ὦ φίλε Σώκρατες, ἔφη ἡ Μαντινικὴ ξένη, εἴπερ που ἄλλοθι, βιωτὸν ἀνθρώπῳ, θεωμένῳ αὐτὸ τὸ καλόν. ὃ ἐάν ποτε ἴδῃς, οὐ κατὰ χρυσίον τε καὶ ἐσθῆτα καὶ τοὺς καλοὺς παῖδάς τε καὶ νεανίσκους δόξει σοι εἶναι, οὓς νῦν ὁρῶν ἐκπέπληξαι καὶ ἕτοιμος εἶ καὶ σὺ καὶ ἄλλοι πολλοί, ὁρῶντες τὰ παιδικὰ καὶ ξυνόντες ἀεὶ αὐτοῖς, εἴ πως οἷόν τ᾽ ἦν, μήτ᾽ ἐσθίειν μήτε πίνειν, ἀλλὰ θεᾶσθαι μόνον

Socrate, in vista della quale per altro si erano dispiegati tutti i nostri precedenti sforzi: una bellezza, innanzi tutto, [211a] che sempre è, che non nasce né muore, che non cresce né viene meno, e che, secondariamente, non è bellezza da un punto di vista e bruttezza da un altro, né in un dato momento piuttosto che in un altro, né rispetto a una cosa e non rispetto a un'altra, né bellezza in un punto e bruttezza in un altro, né bellezza per alcuni e bruttezza per altri. E neppure questa bellezza gli si mostrerà come, per esempio, un volto, delle mani, o qualcos'altro che sia parte del corpo; né si mostrerà sotto le spoglie di un discorso o di una conoscenza; né come qualcosa che esiste in qualcos'altro, per esempio in un essere vivente, in terra, in cielo [211b] o in qualunque altra cosa: gli si mostrerà invece come se stessa, in se stessa e per se stessa, nell'eterna unicità della sua forma. Per contro tutte le altre cose belle partecipano di essa in modo tale che, quando nascono o cessano di esistere, essa in nulla ne trae aumento o diminuzione, e non si altera in alcun modo. Quando dunque uno, elevandosi da questo mondo attraverso un amore retto per i fanciulli, incomincia a scorgere questo bello, avrà allora quasi raggiunto l'apice dell'ascesi. Ecco qual è in effetti il giusto cammino per procedere verso [211c] la disciplina dell'amore da soli o con la guida di un altro: il punto di partenza sono le cose belle di questo mondo, quello d'arrivo il bello, cui ci si innalza progressivamente, con l'aiuto, per così dire, di scalini. Si parte cioè da un solo corpo bello, si passa poi a due, poi a tutti i corpi belli; dai corpi belli ci si innalza alle belle opere e dalle belle opere alle belle conoscenze, finché, innalzandosi ancora sulle belle conoscenze, si giunge infine a quella conoscenza che non di altro è tale se non del bello in se stesso. Così, all'ultimo gradino, si coglierà il bello puro, come tale.

καὶ συνεῖναι. τί δῆτα, ἔφη, οἰόμεθα, εἴ τῳ γένοιτο [211e] αὐτὸ τὸ καλὸν ἰδεῖν εἰλικρινές, καθαρόν, ἄμεικτον, ἀλλὰ μὴ ἀνάπλεων σαρκῶν τε ἀνθρωπίνων καὶ χρωμάτων καὶ ἄλλης πολλῆς φλυαρίας θνητῆς, ἀλλ᾽ αὐτὸ τὸ θεῖον καλὸν δύναιτο μονοειδὲς κατιδεῖν; ἆρ᾽ οἴει, ἔφη, φαῦλον βίον [212a] γίγνεσθαι ἐκεῖσε βλέποντος ἀνθρώπου καὶ ἐκεῖνο ᾧ δεῖ θεωμένου καὶ συνόντος αὐτῷ; ἢ οὐκ ἐνθυμῇ, ἔφη, ὅτι ἐνταῦθα αὐτῷ μοναχοῦ γενήσεται, ὁρῶντι ᾧ ὁρατὸν τὸ καλόν, τίκτειν οὐκ εἴδωλα ἀρετῆς, ἅτε οὐκ εἰδώλου ἐφαπτομένῳ, ἀλλὰ ἀληθῆ, ἅτε τοῦ ἀληθοῦς ἐφαπτομένῳ· τεκόντι δὲ ἀρετὴν ἀληθῆ καὶ θρεψαμένῳ ὑπάρχει θεοφιλεῖ γενέσθαι, καὶ εἴπέρ τῳ ἄλλῳ ἀνθρώπων ἀθανάτῳ καὶ ἐκείνῳ;

[212b] Ταῦτα δή, ὦ Φαῖδρέ τε καὶ οἱ ἄλλοι, ἔφη μὲν Διοτίμα, πέπεισμαι δ᾽ ἐγώ· πεπεισμένος δὲ πειρῶμαι καὶ τοὺς ἄλλους πείθειν ὅτι τούτου τοῦ κτήματος τῇ ἀνθρωπείᾳ φύσει συνεργὸν ἀμείνω Ἔρωτος οὐκ ἄν τις ῥᾳδίως λάβοι. διὸ δὴ ἔγωγέ φημι χρῆναι πάντα ἄνδρα τὸν Ἔρωτα τιμᾶν, καὶ αὐτὸς τιμῶ τὰ ἐρωτικὰ καὶ διαφερόντως ἀσκῶ, καὶ τοῖς ἄλλοις παρακελεύομαι, καὶ νῦν τε καὶ ἀεὶ ἐγκωμιάζω τὴν δύναμιν καὶ ἀνδρείαν τοῦ Ἔρωτος καθ᾽ ὅσον οἷός τ᾽ εἰμί. τοῦτον [212c] οὖν τὸν λόγον, ὦ Φαῖδρε, εἰ μὲν βούλει, ὡς ἐγκώμιον εἰς Ἔρωτα νόμισον εἰρῆσθαι, εἰ δέ, ὅτι καὶ ὅπῃ χαίρεις ὀνομάζων, τοῦτο ὀνόμαζε.

[211d] È questo momento della vita, mio caro Socrate" mi disse la straniera di Mantinea "che, più di qualsiasi altro, vale la pena di essere vissuto: quando si contempla il bello in sé! E se un giorno ti capiterà di contemplarlo, arriverai a pensare che non è commensurabile con l'oro o con un abito sontuoso, né con i fanciulli o i giovani avvenenti, la cui vista oggi ti turba e ti rende disposto – tu come molti altri, pur di avere sotto gli occhi gli amati e di stare sempre assieme – a non mangiare né bere, se mai fosse possibile, bensì unicamente a contemplarli e a passare il tempo con loro. Che cosa pensare allora" proseguì "della condizione di un uomo che sia giunto a vedere [211e] il bello in sé, puro, immacolato, integro; che, invece che gravato dalla carne, dai colori e da tutte le altre vanità mortali, sia in grado di vederlo in se stesso, bello divino, nell'unicità della sua forma? Pensi forse" mi disse "che sarebbe di poco conto la vita [212a] di un uomo il cui sguardo si orientasse a quel sublime oggetto, che potesse contemplarlo provvisto di quanto serve per farlo, che vivesse con esso congiunto? Non valuti piuttosto" disse ancora "che solamente là, contemplando il bello con i mezzi mediante i quali è visibile, potrà partorire non già simulacri di virtù, perché non è un simulacro ciò con cui è venuto a contatto, ma la vera virtù, perché sarà venuto a contatto con il vero? Ora, a chi genera e coltiva la vera virtù non spetta forse di diventare caro agli dèi? E non è a lui, più che a chiunque altro al mondo, che compete di diventare immortale?"

[212b] Ecco dunque Fedro e voi altri, le cose che diceva Diotima, e di cui mi sono convinto: lo sono a tal punto che cerco di convincere anche gli altri che, per acquistare questo bene, difficilmente la natura umana potrebbe trovare un collaboratore migliore di Amore. Per quanto mi riguarda,

XXX

Εἰπόντος δὲ ταῦτα τοῦ Σωκράτους τοὺς μὲν ἐπαινεῖν, τὸν δὲ Ἀριστοφάνη λέγειν τι ἐπιχειρεῖν, ὅτι ἐμνήσθη αὐτοῦ λέγων ὁ Σωκράτης περὶ τοῦ λόγου· καὶ ἐξαίφνης τὴν αὔλειον θύραν κρουομένην πολὺν ψόφον παρασχεῖν ὡς κωμαστῶν, καὶ αὐλητρίδος φωνὴν ἀκούειν. τὸν οὖν Ἀγάθωνα, Παῖδες, φάναι, [212d] οὐ σκέψεσθε; καὶ ἐὰν μέν τις τῶν ἐπιτηδείων ᾖ, καλεῖτε· εἰ δὲ μή, λέγετε ὅτι οὐ πίνομεν ἀλλ᾽ ἀναπαυόμεθα ἤδη.

Καὶ οὐ πολὺ ὕστερον Ἀλκιβιάδου τὴν φωνὴν ἀκούειν ἐν τῇ αὐλῇ σφόδρα μεθύοντος καὶ μέγα βοῶντος, ἐρωτῶντος ὅπου Ἀγάθων καὶ κελεύοντος ἄγειν παρ᾽ Ἀγάθωνα. ἄγειν οὖν αὐτὸν παρὰ σφᾶς τήν τε αὐλητρίδα ὑπολαβοῦσαν καὶ ἄλλους τινὰς τῶν ἀκολούθων, καὶ ἐπιστῆναι ἐπὶ τὰς θύρας [212e] ἐστεφανωμένον αὐτὸν κιττοῦ τέ τινι στεφάνῳ δασεῖ καὶ ἴων, καὶ ταινίας ἔχοντα ἐπὶ τῆς κεφαλῆς πάνυ πολλάς, καὶ εἰπεῖν· Ἄνδρες, χαίρετε· μεθύοντα ἄνδρα πάνυ σφόδρα δέξεσθε συμπότην, ἢ ἀπίωμεν ἀναδήσαντες μόνον Ἀγάθωνα, ἐφ᾽ ᾧσπερ ἤλθομεν; ἐγὼ γάρ τοι, φάναι, χθὲς μὲν οὐχ οἷός τ᾽ ἐγενόμην ἀφικέσθαι, νῦν δὲ ἥκω ἐπὶ τῇ κεφαλῇ ἔχων τὰς ταινίας, ἵνα ἀπὸ τῆς ἐμῆς κεφαλῆς τὴν

perciò, affermo che per ogni uomo è d'obbligo onorare Amore; per me poi la disciplina d'amore è oggetto di venerazione, mi ci esercito peculiarmente e la raccomando anche agli altri, e ora e sempre tesso le lodi di Amore, del suo potere e della sua forza virile. [212c] Considera quanto ho detto, Fedro, se vuoi, come il mio elogio di Amore, ma se non ti piace di definirlo così, chiama il mio discorso con il nome che ti pare.»

XXX

Dopo che Socrate ebbe così parlato, mentre gli altri lo lodavano, Aristofane cercava di dire qualcosa, perché Socrate, nell'esposizione, aveva accennato alla sua teoria. D'un tratto però si sentì picchiare alla porta del cortile, donde proveniva un gran baccano per opera, sembrava, di un'allegra brigata, cui si mischiava la voce di una suonatrice di flauto. Agatone allora: «Ragazzi,» disse ai servi [212d] «non andate a vedere chi è? Se si tratta di amici, fateli entrare; altrimenti, riferite che non stiamo più bevendo, ma siamo già andati a riposare».

Non passò molto tempo che si sentì nel cortile la voce di Alcibiade: era completamente ubriaco e chiedeva a gran voce dove fosse Agatone, pretendendo che lo si conducesse da Agatone. Lo introdussero allora presso i convitati, sorretto dalla flautista e da qualche altro suo compagno. Egli si fermò sulla porta, [212e] con la fronte cinta da una folta corona di edera e violette intrecciate e una grande quantità di nastri sul capo, e disse: «Vi saluto, amici! Volete accettare a bere in vostra compagnia un uomo ubriaco, completamente fradicio, oppure dobbiamo andarcene, solo però dopo aver incoronato Agatone, per il quale siamo qui? Ieri per la ve-

τοῦ σοφωτάτου καὶ καλλίστου κεφαλὴν ἐὰν εἴπω οὑτωσὶ ἀναδήσω· ἆρα καταγελάσεσθέ μου ὡς μεθύοντος; ἐγὼ δέ, κἂν ὑμεῖς [213a] γελᾶτε, ὅμως εὖ οἶδ᾽ ὅτι ἀληθῆ λέγω. ἀλλά μοι λέγετε αὐτόθεν, ἐπὶ ῥητοῖς εἰσίω ἢ μή; συμπίεσθε ἢ οὔ;

Πάντας οὖν ἀναθορυβῆσαι καὶ κελεύειν εἰσιέναι καὶ κατακλίνεσθαι, καὶ τὸν Ἀγάθωνα καλεῖν αὐτόν. καὶ τὸν ἰέναι ἀγόμενον ὑπὸ τῶν ἀνθρώπων, καὶ περιαιρούμενον ἅμα τὰς ταινίας ὡς ἀναδήσοντα, ἐπίπροσθε τῶν ὀφθαλμῶν ἔχοντα οὐ κατιδεῖν τὸν Σωκράτη, ἀλλὰ καθίζεσθαι παρὰ τὸν Ἀγάθωνα [213b] ἐν μέσῳ Σωκράτους τε καὶ ἐκείνου· παραχωρῆσαι γὰρ τὸν Σωκράτη ὡς ἐκεῖνον κατιδεῖν. παρακαθεζόμενον δὲ αὐτὸν ἀσπάζεσθαί τε τὸν Ἀγάθωνα καὶ ἀναδεῖν.

Εἰπεῖν οὖν τὸν Ἀγάθωνα Ὑπολύετε, παῖδες, Ἀλκιβιάδην, ἵνα ἐκ τρίτων κατακέηται.

Πάνυ γε, εἰπεῖν τὸν Ἀλκιβιάδην· ἀλλὰ τίς ἡμῖν ὅδε τρίτος συμπότης; καὶ ἅμα μεταστρεφόμενον αὐτὸν ὁρᾶν τὸν Σωκράτη, ἰδόντα δὲ ἀναπηδῆσαι καὶ εἰπεῖν Ὦ Ἡράκλεις, τουτὶ τί ἦν; Σωκράτης οὗτος; ἐλλοχῶν αὖ με ἐνταῦθα κατέκεισο, [213c] ὥσπερ εἰώθεις ἐξαίφνης ἀναφαίνεσθαι ὅπου ἐγὼ ᾤμην ἥκιστά σε ἔσεσθαι. καὶ νῦν τί ἥκεις; καὶ τί αὖ ἐνταῦθα κατεκλίνης; ὡς οὐ παρὰ Ἀριστοφάνει οὐδὲ εἴ τις ἄλλος γελοῖος ἔστι τε καὶ βούλεται, ἀλλὰ διεμηχανήσω ὅπως παρὰ τῷ καλλίστῳ τῶν ἔνδον κατακείσῃ.

Καὶ τὸν Σωκράτη, Ἀγάθων, φάναι, ὅρα εἴ μοι ἐπαμύνεις· ὡς ἐμοὶ ὁ τούτου ἔρως τοῦ ἀνθρώπου οὐ φαῦλον πρᾶγμα γέγονεν. ἀπ᾽ ἐκείνου γὰρ τοῦ χρόνου, ἀφ᾽ οὗ τούτου [213d] ἠράσθην, οὐκέτι ἔξεστίν μοι οὔτε προσβλέψαι οὔτε διαλεχθῆναι καλῷ οὐδ᾽ ἑνί, ἢ οὑτοσὶ ζηλοτυπῶν με καὶ φθονῶν θαυμαστὰ ἐργάζεται καὶ λοιδορεῖταί τε καὶ τὼ χεῖρε μόγις ἀπέχεται. ὅρα οὖν μή τι καὶ νῦν ἐργάσηται, ἀλλὰ διάλλαξον

rità» aggiunse «non ho proprio trovato modo di venire, ma adesso eccomi, con la testa piena di nastri e l'intenzione di toglierli dalla mia testa per incoronare quella del più bello e del più sapiente, che tale io così dichiaro. Riderete di me, giudicando che sono parole da ubriaco? Potete ridere fin che volete, [213a] ma io so bene di dire la verità. Suvvia, ditemi subito: che cosa avete deciso? Posso entrare, o no? Volete bere con me, o no?».

Tutti allora lo incoraggiarono a gran voce e lo invitarono a entrare e a sdraiarsi. Agatone lo chiamò, ed egli si diresse verso di lui, guidato dai suoi, intento contemporaneamente a togliersi i nastri per inghirlandare Agatone. Siccome li aveva sugli occhi, non si accorse di Socrate e andò a sedersi vicino ad Agatone,[213b] in mezzo tra costui e Socrate, che si era infatti scostato per fargli posto. Ed egli, sedutosi lì accanto, abbracciò Agatone e lo inghirlandò con i nastri.

«Ragazzi,» ordinò allora Agatone «togliete i calzari ad Alcibiade, perché si possa distendere come terzo...»

«Ottimamente» commentò Alcibiade. «Ma chi c'è qui a bere come terzo con noi?» Dicendo ciò, si voltò e vide Socrate. A questa vista, sobbalzò: «Per Ercole! Chi vedo mai? Questo è Socrate? È di nuovo per prendermi in trappola che ti sei piazzato qui, [213c] con il tuo solito modo di comparire all'improvviso, proprio dove io penso di non trovarti! Adesso, che cosa sei venuto a fare qui? E come mai, per di più, hai preso posto su questo letto? Naturalmente non ti sei sdraiato vicino ad Aristofane, e nemmeno vicino a qualunque altro che sia o abbia voglia di fare lo spiritoso, ma hai escogitato ogni trucco per metterti accanto al più bello fra tutti i presenti!».

«Agatone,» disse allora Socrate «vedi tu di prendere le mie

ἡμᾶς, ἢ ἐὰν ἐπιχειρῇ βιάζεσθαι, ἐπάμυνε, ὡς ἐγὼ τὴν τούτου μανίαν τε καὶ φιλεραστίαν πάνυ ὀρρωδῶ.

Ἀλλ᾽ οὐκ ἔστι, φάναι τὸν Ἀλκιβιάδην, ἐμοὶ καὶ σοὶ διαλλαγή. ἀλλὰ τούτων μὲν εἰς αὖθίς σε τιμωρήσομαι· νῦν [213e] δέ μοι, Ἀγάθων, φάναι, μετάδος τῶν ταινιῶν, ἵνα ἀναδήσω καὶ τὴν τούτου ταυτηνὶ τὴν θαυμαστὴν κεφαλήν, καὶ μή μοι μέμφηται ὅτι σὲ μὲν ἀνέδησα, αὐτὸν δὲ νικῶντα ἐν λόγοις πάντας ἀνθρώπους, οὐ μόνον πρῴην ὥσπερ σύ, ἀλλ᾽ ἀεί, ἔπειτα οὐκ ἀνέδησα. καὶ ἅμ᾽ αὐτὸν λαβόντα τῶν ταινιῶν ἀναδεῖν τὸν Σωκράτη καὶ κατακλίνεσθαι.

XXXI

Ἐπειδὴ δὲ κατεκλίνη, εἰπεῖν· Εἶεν δή, ἄνδρες· δοκεῖτε γάρ μοι νήφειν. οὐκ ἐπιτρεπτέον οὖν ὑμῖν, ἀλλὰ ποτέον· ὡμολόγηται γὰρ ταῦθ᾽ ἡμῖν. ἄρχοντα οὖν αἱροῦμαι τῆς πόσεως, ἕως ἂν ὑμεῖς ἱκανῶς πίητε, ἐμαυτόν. ἀλλὰ φερέτω, Ἀγάθων, εἴ τι ἔστιν ἔκπωμα μέγα. μᾶλλον δὲ οὐδὲν δεῖ, ἀλλὰ φέρε, παῖ, φάναι, τὸν ψυκτῆρα ἐκεῖνον, ἰδόντα αὐτὸν [214a] πλέον ἢ ὀκτὼ κοτύλας χωροῦντα.

difese, perché l'amore per quest'uomo non è proprio diventato per me faccenda da poco. Da quando infatti mi sono innamorato di lui, [213d] non mi è più permesso né di posare gli occhi su uno solo, che sia bello, né di chiacchierare con qualcuno di siffatto, senza che la gelosia nei miei confronti e l'invidia non ispirino a costui azioni incredibili, ingiurie, e appena si trattiene dal mettermi le mani addosso. Bada dunque che, anche adesso, non voglia lasciarsi andare a qualche scenata del genere. Metti piuttosto pace tra noi, oppure, se passerà alle maniere forti, difendimi, perché ho una paura terribile della furia e dell'esaltazione amorosa di costui.»

«Nient'affatto, nessuna conciliazione tra te e me» gridò Alcibiade «e un'altra volta mi vendicherò per quello che hai appena detto, ma per il momento» continuò [213e] «passami, Agatone, un po' di nastri, per cingere anche la testa del nostro, questa testa eccezionale, perché temo che mi rimproveri di aver incoronato te e di non aver incoronato lui, che nei discorsi vince su tutti, e non solo l'altro ieri come te, ma in qualunque circostanza.» E intanto, preso qualche nastro, incoronò Socrate e si mise a giacere.

XXXI

Dopo che si fu accomodato: «Allora» disse «in verità vi trovo, amici miei, ancora perfettamente sobri! Non si può assolutamente permetterlo, ma si deve bere, piuttosto, perché è su questo che ci siamo accordati. Dunque, scelgo me stesso come cerimoniere, per guidarvi a bere finché non lo avrete fatto come si conviene. Suvvia, che si porti una gran coppa, Agatone, se c'è... No, non ce n'è bisogno: portami, ragazzo, quel secchiello per tenere in fresco il vino» ve-

τοῦτον ἐμπλησάμενον πρῶτον μὲν αὐτὸν ἐκπιεῖν, ἔπειτα τῷ Σωκράτει κελεύειν ἐγχεῖν καὶ ἅμα εἰπεῖν· Πρὸς μὲν Σωκράτη, ὦ ἄνδρες, τὸ σόφισμά μοι οὐδέν· ὁπόσον γὰρ ἂν κελεύῃ τις, τοσοῦτον ἐκπιὼν οὐδὲν μᾶλλον μή ποτε μεθυσθῇ.

Τὸν μὲν οὖν Σωκράτη ἐγχέαντος τοῦ παιδὸς πίνειν· τὸν δ' Ἐρυξίμαχον Πῶς οὖν, φάναι, ὦ Ἀλκιβιάδη, ποιοῦμεν; [214b] οὕτως οὔτε τι λέγομεν ἐπὶ τῇ κύλικι οὔτε τι ᾄδομεν, ἀλλ' ἀτεχνῶς ὥσπερ οἱ διψῶντες πιόμεθα;

Τὸν οὖν Ἀλκιβιάδην εἰπεῖν Ὦ Ἐρυξίμαχε, βέλτιστε βελτίστου πατρὸς καὶ σωφρονεστάτου, χαῖρε. Καὶ γὰρ σύ, φάναι τὸν Ἐρυξίμαχον· ἀλλὰ τί ποιῶμεν; Ὅτι ἂν σὺ κελεύῃς. δεῖ γάρ σοι πείθεσθαι· ἰητρὸς γὰρ ἀνὴρ πολλῶν ἀντάξιος ἄλλων· ἐπίταττε οὖν ὅτι βούλει.

Ἄκουσον δή, εἰπεῖν τὸν Ἐρυξίμαχον. ἡμῖν πρὶν σὲ εἰσελθεῖν ἔδοξε χρῆναι ἐπὶ δεξιὰ ἕκαστον ἐν μέρει λόγον [214c] περὶ Ἔρωτος εἰπεῖν ὡς δύναιτο κάλλιστον, καὶ ἐγκωμιάσαι. οἱ μὲν οὖν ἄλλοι πάντες ἡμεῖς εἰρήκαμεν· σὺ δ' ἐπειδὴ οὐκ εἴρηκας καὶ ἐκπέπωκας, δίκαιος εἶ εἰπεῖν, εἰπὼν δὲ ἐπιτάξαι Σωκράτει ὅτι ἂν βούλῃ, καὶ τοῦτον τῷ ἐπὶ δεξιὰ καὶ οὕτω τοὺς ἄλλους.

Ἀλλά, φάναι, ὦ Ἐρυξίμαχε, τὸν Ἀλκιβιάδην, καλῶς μὲν λέγεις, μεθύοντα δὲ ἄνδρα παρὰ νηφόντων λόγους παραβάλλειν μὴ οὐκ ἐξ ἴσου ᾖ. καὶ ἅμα, ὦ μακάριε, πείθει τί [214d] σε Σωκράτης ὧν ἄρτι εἶπεν; ἢ οἶσθα ὅτι τοὐναντίον ἐστὶ πᾶν ἢ ὃ ἔλεγεν; οὗτος γάρ, ἐάν τινα ἐγὼ ἐπαινέσω τούτου παρόντος ἢ θεὸν ἢ ἄνθρωπον ἄλλον ἢ τοῦτον, οὐκ ἀφέξεταί μου τὼ χεῖρε.

Οὐκ εὐφημήσεις; φάναι τὸν Σωκράτη.

Μὰ τὸν Ποσειδῶ, εἰπεῖν τὸν Ἀλκιβιάδην, μηδὲν λέγε πρὸς ταῦτα, ὡς ἐγὼ οὐδ' ἂν ἕνα ἄλλον ἐπαινέσαιμι σοῦ παρόντος.

dendo [214a] che era della capacità di più di otto cotili.[29] Quando il secchiello venne riempito, lo svuotò per primo, poi ordinò che lo si riempisse di nuovo per Socrate, dicendo nel frattempo: «Con Socrate, cara gente, il trucco non mi è di alcuna utilità: berrà infatti tutto quello che gli si chiederà di bere, senza mai dar segno di alterazione».

Dopo che il secchiello fu riempito dallo schiavo, Socrate bevve e intanto Erissimaco: «Allora, come la mettiamo, Alcibiade?» disse. [214b] «Vuotiamo le coppe così, senza dir niente? Senza cantare? Vogliamo semplicemente bere, come gente che ha sete?»

«Erissimaco» gli rispose Alcibiade «ottimo figlio di un padre ottimo e temperante, salute a te!» «Salute anche a te,» disse Erissimaco «ma che cosa facciamo?»

«Quello che ci ordinerai tu, perché ti si deve ubbidire, dal momento che un uomo solo, che sia medico, ne vale molti altri. Dacci dunque gli ordini che vuoi.»

«Ascoltami, allora» riprese Erissimaco «prima del tuo arrivo avevamo deciso che ciascuno di noi a turno, procedendo verso destra, [214c] avrebbe pronunciato un discorso su Amore, il più bello possibile, e che ne avrebbe fatto l'elogio. Dunque, noi abbiamo già parlato tutti. Quanto a te, visto che non hai parlato e hai vuotato il tuo secchiello, è giusto che parli e, quando avrai finito, tu sottoponga a Socrate un argomento a tua scelta, e questi farà analogamente con chi gli sta a fianco, e così tutti quanti.»

«Giuro che parli proprio bene, Erissimaco! Ma ho paura che sia stonato confrontare alla pari un uomo ubriaco con gente sobria come siete voi! E per di più, caro amico, ti ha convinto anche una sola [214d] delle cose che ha detto

[29] *Otto cotili*: poco più di due litri.

Ἀλλ᾽ οὕτω ποίει, φάναι τὸν Ἐρυξίμαχον, εἰ βούλει· Σωκράτη ἐπαίνεσον.

[214e] Πῶς λέγεις; εἰπεῖν τὸν Ἀλκιβιάδην· δοκεῖ χρῆναι, ὦ Ἐρυξίμαχε; ἐπιθῶμαι τῷ ἀνδρὶ καὶ τιμωρήσωμαι ὑμῶν ἐναντίον;

Οὗτος, φάναι τὸν Σωκράτη, τί ἐν νῷ ἔχεις; ἐπὶ τὰ γελοιότερά με ἐπαινέσαι; ἢ τί ποιήσεις;

Τἀληθῆ ἐρῶ. ἀλλ᾽ ὅρα εἰ παρίης.

Ἀλλὰ μέντοι, φάναι, τά γε ἀληθῆ παρίημι καὶ κελεύω λέγειν.

Οὐκ ἂν φθάνοιμι, εἰπεῖν τὸν Ἀλκιβιάδην. καὶ μέντοι οὑτωσὶ ποίησον. ἐάν τι μὴ ἀληθὲς λέγω, μεταξὺ ἐπιλαβοῦ, ἂν βούλῃ, καὶ εἰπὲ ὅτι τοῦτο ψεύδομαι· ἑκὼν γὰρ εἶναι οὐδὲν [215a] ψεύσομαι. ἐὰν μέντοι ἀναμιμνῃσκόμενος ἄλλο ἄλλοθεν λέγω, μηδὲν θαυμάσῃς· οὐ γάρ τι ῥᾴδιον τὴν σὴν ἀτοπίαν ὧδ᾽ ἔχοντι εὐπόρως καὶ ἐφεξῆς καταριθμῆσαι.

prima Socrate? Non sai che è tutto il contrario di quello che ha detto? In verità costui, se mi capitasse di voler lodare in sua presenza qualcuno, uomo o dio, che non sia lui, non si tratterrebbe dal mettermi le mani addosso!»

«Taci, non bestemmiare!» lo interruppe Socrate.

«Per Poseidone» gridò Alcibiade «non protestare, come se io potessi lodare in tua presenza chiunque altro...»

«Suvvia» intervenne Erissimaco «ecco, se ti va bene, che cosa devi fare: loda Socrate.»

[214e] «Che cosa dici?» gli rispose Alcibiade. «Pensi proprio che lo debba fare? Vuoi che attacchi quest'uomo e che, di fronte a voi, mi vendichi di lui?»

«Ehi, qual è il tuo proposito, ragazzo?» chiese Socrate. «Vuoi lodarmi sotto forma di caricatura? O che cosa hai in mente?»

«Dirò la verità. Bada, piuttosto, se puoi concedermelo.»

«Certamente» fu la risposta di Socrate. «Se si tratta della verità, non solo te lo concedo, ma ti ordino di dirla.»

«E così farò» riprese Alcibiade. «Quanto a te, ecco che cosa devi fare: se mi capita di dire qualcosa di non vero, interrompi a tuo piacimento il mio discorso con il dirmi: "Questo è falso!", ma, quanto a me, [215a] non ho alcuna intenzione di mentire. Se tuttavia, richiamando i miei ricordi, mi capiterà di saltare da una cosa all'altra in quanto dirò, non stupirti. Perché non è facile, nello stato in cui mi trovo, raccontare nel dettaglio e con ordine le tue stravaganze.

XXXII

Σωκράτη δ᾽ ἐγὼ ἐπαινεῖν, ὦ ἄνδρες, οὕτως ἐπιχειρήσω, δι᾽ εἰκόνων. οὗτος μὲν οὖν ἴσως οἰήσεται ἐπὶ τὰ γελοιότερα, ἔσται δ᾽ ἡ εἰκὼν τοῦ ἀληθοῦς ἕνεκα, οὐ τοῦ γελοίου. φημὶ γὰρ δὴ ὁμοιότατον αὐτὸν εἶναι τοῖς σιληνοῖς τούτοις τοῖς [215b] ἐν τοῖς ἑρμογλυφείοις καθημένοις, οὕστινας ἐργάζονται οἱ δημιουργοὶ σύριγγας ἢ αὐλοὺς ἔχοντας, οἳ διχάδε διοιχθέντες φαίνονται ἔνδοθεν ἀγάλματα ἔχοντες θεῶν. καὶ φημὶ αὖ ἐοικέναι αὐτὸν τῷ σατύρῳ τῷ Μαρσύᾳ. ὅτι μὲν οὖν τό γε εἶδος ὅμοιος εἶ τούτοις, ὦ Σώκρατες, οὐδ᾽ αὐτὸς ἄν που ἀμφισβητήσαις· ὡς δὲ καὶ τἆλλα ἔοικας, μετὰ τοῦτο ἄκουε. ὑβριστὴς εἶ· ἢ οὔ; ἐὰν γὰρ μὴ ὁμολογῇς, μάρτυρας παρέξομαι. ἀλλ᾽ οὐκ αὐλητής; πολύ γε θαυμασιώτερος ἐκείνου. [215c] ὁ μέν γε δι᾽ ὀργάνων ἐκήλει τοὺς ἀνθρώπους τῇ ἀπὸ τοῦ στόματος δυνάμει, καὶ ἔτι νυνὶ ὃς ἂν τὰ ἐκείνου αὐλῇ — ἃ γὰρ Ὄλυμπος ηὔλει, Μαρσύου λέγω, τούτου διδάξαντος — τὰ οὖν ἐκείνου ἐάντε ἀγαθὸς αὐλητὴς αὐλῇ ἐάντε φαύλη αὐλητρίς, μόνα κατέχεσθαι ποιεῖ καὶ δηλοῖ τοὺς τῶν θεῶν τε καὶ τελετῶν δεομένους διὰ τὸ θεῖα εἶναι. σὺ δ᾽ ἐκείνου τοσοῦτον μόνον διαφέρεις, ὅτι ἄνευ ὀργάνων ψιλοῖς λόγοις ταὐτὸν [215d] τοῦτο ποιεῖς. ἡμεῖς γοῦν ὅταν μέν του ἄλλου ἀκούωμεν λέγοντος καὶ πάνυ ἀγαθοῦ ῥήτορος ἄλλους λόγους, οὐδὲν μέλει ὡς ἔπος εἰπεῖν οὐδενί· ἐπειδὰν δὲ σοῦ τις ἀκούῃ ἢ τῶν σῶν λόγων ἄλλου λέγοντος, κἂν πάνυ φαῦλος ᾖ ὁ λέγων, ἐάντε γυνὴ ἀκούῃ ἐάντε ἀνὴρ ἐάντε μειράκιον, ἐκπεπληγμένοι ἐσμὲν καὶ κατεχόμεθα. ἐγὼ γοῦν, ὦ ἄνδρες, εἰ μὴ ἔμελλον κομιδῇ δόξειν μεθύειν, εἶπον ὀμόσας ἂν ὑμῖν οἷα δὴ πέπονθα αὐτὸς ὑπὸ τῶν τούτου λόγων καὶ πάσχω ἔτι καὶ [215e] νυνί. ὅταν γὰρ ἀκούω, πολύ μοι μᾶλλον ἢ τῶν κορυβαντιώντων ἥ τε καρδία πηδᾷ

XXXII

«Di Socrate, signori, tenterò di fare l'elogio in questo modo: ricorrendo a delle immagini. Certamente il nostro uomo penserà che io vada alla ricerca di argomenti ridicoli, ma le mie immagini sono in funzione della verità, non della caricatura. Così io affermo con sicurezza che egli assomiglia tantissimo a quei Sileni[30] [215b] esposti nelle botteghe degli scultori, che gli artigiani rappresentano con una zampogna o un flauto in mano e che, aperti in due, mostrano al loro interno simulacri di dèi. Assomiglia anche, io sostengo, al satiro Marsia.[31] E in effetti, Socrate, che almeno d'aspetto tu sia simile a costoro, non puoi negarlo neppure tu, mi sembra! Ma come tu abbia somiglianza con loro anche nel resto, stallo ora a sentire. Sei insolente... No? Se non lo ammetti, produrrò dei testimoni. Dirai forse che non sei un flautista? Sicuro che lo sei, e molto più abile di Marsia! [215c] Costui almeno doveva ricorrere a uno strumento per incantare gli uomini, aggiungendoci il talento che gli veniva dalla bocca, e ancora oggi fa lo stesso chiunque suoni le sue melodie sul flauto – perché quelle che suonava Olimpo, io dico che sono proprio di Marsia, che gli ha fatto da maestro –; tali melodie, dunque, che siano prodotte da un flautista provetto o da una suonatrice da quattro soldi, sono le sole a far sì che uno ne venga posseduto e rivelano quelli che avvertono il bisogno degli dèi e dei riti di iniziazione, poiché sono di natura divina. Ora, la grande differenza tra costui e te

[30] *Sileno*: il satiro che aveva allevato Dioniso, tradizionalmente rappresentato come un vecchio grasso col naso camuso e gli occhi sporgenti.

[31] *Marsia*: il satiro, abilissimo suonatore di flauto, che sfidò Apollo in una gara musicale.

καὶ δάκρυα ἐκχεῖται ὑπὸ τῶν λόγων τῶν τούτου, ὁρῶ δὲ καὶ ἄλλους παμπόλλους τὰ αὐτὰ πάσχοντας· Περικλέους δὲ ἀκούων καὶ ἄλλων ἀγαθῶν ῥητόρων εὖ μὲν ἡγούμην λέγειν, τοιοῦτον δ᾽ οὐδὲν ἔπασχον, οὐδ᾽ ἐτεθορύβητό μου ἡ ψυχὴ οὐδ᾽ ἠγανάκτει ὡς ἀνδραποδωδῶς διακειμένου, ἀλλ᾽ ὑπὸ τουτουῒ τοῦ Μαρσύου πολλάκις δὴ [216a] οὕτω διετέθην ὥστε μοι δόξαι μὴ βιωτὸν εἶναι ἔχοντι ὡς ἔχω. καὶ ταῦτα, ὦ Σώκρατες, οὐκ ἐρεῖς ὡς οὐκ ἀληθῆ. καὶ ἔτι γε νῦν σύνοιδ᾽ ἐμαυτῷ ὅτι εἰ ἐθέλοιμι παρέχειν τὰ ὦτα, οὐκ ἂν καρτερήσαιμι ἀλλὰ ταὐτὰ ἂν πάσχοιμι. ἀναγκάζει γάρ με ὁμολογεῖν ὅτι πολλοῦ ἐνδεὴς ὢν αὐτὸς ἔτι ἐμαυτοῦ μὲν ἀμελῶ, τὰ δ᾽ Ἀθηναίων πράττω. βίᾳ οὖν ὥσπερ ἀπὸ τῶν Σειρήνων ἐπισχόμενος τὰ ὦτα οἴχομαι φεύγων, ἵνα μὴ αὐτοῦ καθήμενος παρὰ τούτῳ καταγηράσω. πέπονθα δὲ [216b] πρὸς τοῦτον μόνον ἀνθρώπων, ὃ οὐκ ἄν τις οἴοιτο ἐν ἐμοὶ ἐνεῖναι, τὸ αἰσχύνεσθαι ὁντινοῦν· ἐγὼ δὲ τοῦτον μόνον αἰσχύνομαι. σύνοιδα γὰρ ἐμαυτῷ ἀντιλέγειν μὲν οὐ δυναμένῳ ὡς οὐ δεῖ ποιεῖν ἃ οὗτος κελεύει, ἐπειδὰν δὲ ἀπέλθω, ἡττημένῳ τῆς τιμῆς τῆς ὑπὸ τῶν πολλῶν. δραπετεύω οὖν αὐτὸν καὶ φεύγω, καὶ ὅταν ἴδω, αἰσχύνομαι τὰ ὡμολογημένα. [216c] καὶ πολλάκις μὲν ἡδέως ἂν ἴδοιμι αὐτὸν μὴ ὄντα ἐν ἀνθρώποις· εἰ δ᾽ αὖ τοῦτο γένοιτο, εὖ οἶδα ὅτι πολὺ μεῖζον ἂν ἀχθοίμην, ὥστε οὐκ ἔχω ὅτι χρήσωμαι τούτῳ τῷ ἀνθρώπῳ.

consiste semplicemente nel fatto che tu, senza strumenti, con le sole parole, [215d] produci lo stesso effetto! Succede infatti sempre che, almeno per parte nostra, quando su vari temi sentiamo parlare chiunque altro, anche un oratore eccellente, restiamo totalmente indifferenti, e oso dire che capiti a tutti così; quando invece si ascolta te, o quando si vengono a sapere da un altro le cose che hai detto, anche se chi le riferisce è un poveretto, o non importa se l'ascoltatore è una donna, un uomo, un ragazzo, ne usciamo tutti quanti sbalorditi e posseduti. In ogni caso io, signori miei, se non rischiassi così di farmi giudicare completamente ubriaco, vi racconterei, sotto il vincolo del giuramento, l'impressione che hanno prodotto su di me personalmente i discorsi di quest'uomo, un'impressione che mi possiede ancora, anche [215e] in questo momento. Quando infatti lo ascolto, il cuore mi batte più forte che ai coribanti nei loro riti sfrenati; le parole di quest'uomo mi fanno sgorgare le lacrime, e vedo che una grande quantità di persone provano la stessa emozione. Ora, ascoltando Pericle e molti altri valenti oratori, li giudicavo senza dubbio abili, ma non provavo niente di simile, né la mia anima era turbata o si irritava al pensiero della schiavitù in cui mi trovavo. Invece questo Marsia, ben più di una volta, [216a] mi ha portato in un tale stato da sembrarmi che, per chi si comporta come mi comporto io, non vale nemmeno la pena di vivere. E questo, Socrate, non puoi dire che non sia vero! Anche adesso sono consapevole che, se gli dessi ascolto, non saprei opporgli resistenza e proverei, invece, le stesse emozioni. Lui mi obbliga infatti ad ammettere che, pur avendo molte mancanze, continuo a non darmi pensiero di me stesso, e mi occupo piuttosto degli affari degli Ateniesi. Così è tappandomi le orecchie a forza,

XXXIII

Καὶ ὑπὸ μὲν δὴ τῶν αὐλημάτων καὶ ἐγὼ καὶ ἄλλοι πολλοὶ τοιαῦτα πεπόνθασιν ὑπὸ τοῦδε τοῦ σατύρου· ἄλλα δὲ ἐμοῦ ἀκούσατε ὡς ὅμοιός τ᾽ ἐστὶν οἷς ἐγὼ ᾔκασα αὐτὸν καὶ τὴν δύναμιν ὡς θαυμασίαν ἔχει. εὖ γὰρ ἴστε ὅτι οὐδεὶς ὑμῶν [216d] τοῦτον γιγνώσκει· ἀλλὰ ἐγὼ δηλώσω, ἐπείπερ ἠρξάμην. ὁρᾶτε γὰρ ὅτι Σωκράτης ἐρωτικῶς διάκειται τῶν καλῶν καὶ ἀεὶ περὶ τούτους ἐστὶ καὶ ἐκπέπληκται, καὶ αὖ ἀγνοεῖ πάντα καὶ οὐδὲν οἶδεν. ὡς τὸ σχῆμα αὐτοῦ τοῦτο οὐ σειληνῶδες; σφόδρα γε. τοῦτο γὰρ οὗτος ἔξωθεν περιβέβληται, ὥσπερ ὁ γεγλυμμένος σιληνός· ἔνδο-

come per difendermi dalle Sirene, che me ne fuggo via per non dovere, seduto sempre qui, aspettar la vecchiaia a fianco di costui! Infine, [216b] è l'unico uomo al mondo di fronte al quale io abbia provato un sentimento che nessuno si aspetterebbe in me: quello della vergogna di fronte a qualcuno. Orbene, solo di fronte a lui io provo vergogna. Sono in effetti consapevole, da una parte, di non essere in grado di contraddirlo, dimostrando che non bisogna fare quello che lui comanda, dall'altra, di subire l'attrazione, ogni volta che mi allontano, della considerazione che mi viene dalla moltitudine. Di conseguenza, cerco di schivarlo e fuggo via, ma, quando lo rivedo, mi vergogno per ciò che avevo ammesso di fronte a lui. [216c] Spesso poi mi piacerebbe vederlo sparire dalla faccia della terra, ma nel contempo sono certissimo che, se questo accadesse, ne proverei una pena ancora più grande. Per dirla in breve: non so proprio da che parte prenderlo, quest'uomo.

XXXIII

«Ecco dunque quali effetti ha prodotto, su di me come su molti altri, questo satiro con le melodie del suo flauto. Ma ci sono altri aspetti, statemi a sentire, che rivelano fino a che punto egli assomiglia a quelli cui l'ho paragonato e di quale meraviglioso potere disponga. Giacché sappiatelo bene: nessuno di voi [216d] conosce quest'uomo, ma io – visto che mi sono messo su questa strada – ve lo rivelerò. Socrate, è un fatto che potete constatare, manifesta tendenze amorose per i bei ragazzi, gira loro sempre intorno, ci perde la testa. Ma è altrettanto un fatto che ignora tutto quanto, non sa niente. Questa posa che assu-

θεν δὲ ἀνοιχθεὶς πόσης οἴεσθε γέμει, ὦ ἄνδρες συμπόται, σωφροσύνης; ἴστε ὅτι οὔτε εἴ τις καλός ἐστι μέλει αὐτῷ οὐδέν, ἀλλὰ καταφρονεῖ τοσοῦτον [216e] ὅσον οὐδ᾽ ἂν εἷς οἰηθείη, οὔτ᾽ εἴ τις πλούσιος, οὔτ᾽ εἰ ἄλλην τινὰ τιμὴν ἔχων τῶν ὑπὸ πλήθους μακαριζομένων· ἡγεῖται δὲ πάντα ταῦτα τὰ κτήματα οὐδενὸς ἄξια καὶ ἡμᾶς οὐδὲν εἶναι — λέγω ὑμῖν — εἰρωνευόμενος δὲ καὶ παίζων πάντα τὸν βίον πρὸς τοὺς ἀνθρώπους διατελεῖ. σπουδάσαντος δὲ αὐτοῦ καὶ ἀνοιχθέντος οὐκ οἶδα εἴ τις ἑώρακε τὰ ἐντὸς ἀγάλματα· ἀλλ᾽ ἐγὼ ἤδη ποτ᾽ εἶδον, καί μοι ἔδοξεν οὕτω θεῖα καὶ [217a] χρυσᾶ εἶναι καὶ πάγκαλα καὶ θαυμαστά, ὥστε ποιητέον εἶναι ἔμβραχυ ὅτι κελεύοι Σωκράτης. ἡγούμενος δὲ αὐτὸν ἐσπουδακέναι ἐπὶ τῇ ἐμῇ ὥρᾳ ἕρμαιον ἡγησάμην εἶναι καὶ εὐτύχημα ἐμὸν θαυμαστόν, ὡς ὑπάρχον μοι χαρισαμένῳ Σωκράτει πάντ᾽ ἀκοῦσαι ὅσαπερ οὗτος ᾔδει· ἐφρόνουν γὰρ δὴ ἐπὶ τῇ ὥρᾳ θαυμάσιον ὅσον. ταῦτα οὖν διανοηθείς, πρὸ τοῦ οὐκ εἰωθὼς ἄνευ ἀκολούθου μόνος μετ᾽ αὐτοῦ γίγνεσθαι, τότε ἀποπέμπων [217b] τὸν ἀκόλουθον μόνος συνεγιγνόμην — δεῖ γὰρ πρὸς ὑμᾶς πάντα τἀληθῆ εἰπεῖν· ἀλλὰ προσέχετε τὸν νοῦν, καὶ εἰ ψεύδομαι, Σώκρατες, ἐξέλεγχε — συνεγιγνόμην γάρ, ὦ ἄνδρες, μόνος μόνῳ, καὶ ᾤμην αὐτίκα διαλέξεσθαι αὐτόν μοι ἅπερ ἂν ἐραστὴς παιδικοῖς ἐν ἐρημίᾳ διαλεχθείη, καὶ ἔχαιρον. τούτων δ᾽ οὐ μάλα ἐγίγνετο οὐδέν, ἀλλ᾽ ὥσπερ εἰώθει διαλεχθεὶς ἄν μοι καὶ συνημερεύσας ᾤχετο ἀπιών. μετὰ ταῦτα συγγυμνάζεσθαι [217c] προυκαλούμην αὐτὸν καὶ συνεγυμναζόμην, ὥς τι ἐνταῦθα περανῶν. συνεγυμνάζετο οὖν μοι καὶ προσεπάλαιεν πολλάκις οὐδενὸς παρόντος· καὶ τί δεῖ λέγειν; οὐδὲν γάρ μοι πλέον ἦν. ἐπειδὴ δὲ οὐδαμῇ ταύτῃ ἤνυτον, ἔδοξέ μοι ἐπιθετέον εἶναι τῷ ἀνδρὶ κατὰ τὸ καρτερὸν καὶ οὐκ ἀνετέον, ἐπειδήπερ ἐγκεχειρήκη, ἀλλὰ ἰστέον ἤδη τί ἐστι τὸ πρᾶγμα. προκαλοῦμαι δὴ αὐτὸν πρὸς

me, non è quella di un Sileno? Niente di più vero, parola mia! Questo in effetti l'involucro esteriore del personaggio, come del Sileno scolpito. Ma all'interno, una volta che lo si sia aperto, vi immaginate, voi che qui bevete con me, di quanta continenza è pieno? Ebbene: si può essere belli, e a lui non importa un bel niente, valutando la cosa [216e] a un livello più basso dell'immaginabile; si può essere ricchi, o possedere qualunque altro privilegio invidiato dalla moltitudine, e tutti questi beni, nel suo giudizio, non valgono niente, e anche noi non valiamo niente per lui, ve lo dico io! E per giunta passa tutta la vita a dissimulare e a prendersi gioco della gente. Ma, quando è serio e si apre, non so se qualcuno ha visto le immagini che ha dentro: a me è già capitato di vederle, e le ho trovate a tal punto divine e [217a] preziose, a tal punto splendide e ammirevoli, da non restarmi altro da fare che tutto ciò che Socrate volesse ordinarmi! Ora, siccome io pensavo che facesse sul serio nell'interesse che manifestava per la mia bellezza, allora in fiore, credetti che si trattasse di un dono inatteso di Ermes e, per me, di uno straordinario colpo di fortuna se, concedendomi a Socrate, avessi potuto ascoltare da lui proprio tutto ciò che sapeva, perché a quel fiore della mia bellezza io davo, ovviamente, un valore decisamente elevatissimo. Con queste intenzioni, io che fino ad allora non avevo l'abitudine di intrattenermi da solo con lui senza un servo, quella volta congedai [217b] il servo e incominciai con il restare solo con lui... Davanti a voi, in effetti, mi sono impegnato a dire tutta la verità: suvvia, prestatemi tutta la vostra attenzione e tu, Socrate, se mento, contestami; così, stavo dicendo, rimasi solo con lui, a tu per tu, immaginando che subito avrebbe affrontato con me que-

τὸ συνδειπνεῖν, ἀτεχνῶς ὥσπερ ἐραστὴς παιδικοῖς ἐπιβουλεύων. καί μοι οὐδὲ τοῦτο ταχὺ [217d] ὑπήκουσεν, ὅμως δ᾽ οὖν χρόνῳ ἐπείσθη. ἐπειδὴ δὲ ἀφίκετο τὸ πρῶτον, δειπνήσας ἀπιέναι ἐβούλετο. καὶ τότε μὲν αἰσχυνόμενος ἀφῆκα αὐτόν· αὖθις δ᾽ ἐπιβουλεύσας, ἐπειδὴ ἐδεδειπνήκει διελεγόμην ἀεὶ πόρρω τῶν νυκτῶν, καὶ ἐπειδὴ ἐβούλετο ἀπιέναι, σκηπτόμενος ὅτι ὀψὲ εἴη, προσηνάγκασα αὐτὸν μένειν. ἀνεπαύετο οὖν ἐν τῇ ἐχομένῃ ἐμοῦ κλίνῃ, ἐν ᾗπερ ἐδείπνει, καὶ οὐδεὶς ἐν τῷ οἰκήματι ἄλλος καθηῦδεν ἢ [217e] ἡμεῖς. μέχρι μὲν οὖν δὴ δεῦρο τοῦ λόγου καλῶς ἂν ἔχοι καὶ πρὸς ὁντινοῦν λέγειν· τὸ δ᾽ ἐντεῦθεν οὐκ ἄν μου ἠκούσατε λέγοντος, εἰ μὴ πρῶτον μέν, τὸ λεγόμενον, οἶνος ἄνευ τε παίδων καὶ μετὰ παίδων ἦν ἀληθής, ἔπειτα ἀφανίσαι Σωκράτους ἔργον ὑπερήφανον εἰς ἔπαινον ἐλθόντα ἄδικόν μοι φαίνεται. ἔτι δὲ τὸ τοῦ δηχθέντος ὑπὸ τοῦ ἔχεως πάθος κἀμ᾽ ἔχει.

gli argomenti di cui, appunto, un amante può discutere quando è solo con l'amato, e me ne rallegravo. Ebbene, non accadde niente di tutto questo ma, dopo avermi fatto dei discorsi simili a quelli che mi faceva di solito, alla fine di una giornata passata con me, se ne andò. Dopo questa esperienza,[217c] lo invitai ad accompagnarmi in palestra, e, nella speranza di ottenere per questa via qualche risultato, mi esercitavo con lui. Ecco dunque che facciamo gli esercizi insieme, che ci confrontiamo nella lotta senza che nessun altro fosse presente... insomma, che cosa vi debbo dire? Neanche un passo avanti! Allora, siccome in questo modo non concludevo nulla, giudicai opportuno affrontare l'uomo con la forza, senza accantonare l'impresa, visto che l'avevo iniziata, per vedere piuttosto fino in fondo come stavano le cose. Lo invitai dunque a cena a casa mia, proprio come un amante che tende una trappola all'amato. Nemmeno si diede la pena di accettare prontamente [217d] il mio invito, ma tuttavia, con il tempo, si lasciò convincere. Comunque, la prima volta che venne, volle andarsene subito dopo mangiato e, in quella circostanza, per vergogna, lo lasciai andare. Gli tesi la trappola un'altra volta: finito di mangiare, mi intrattenni a parlare con lui fino a tarda notte; poi, quando voleva andarsene, presi il pretesto che era tardi e lo forzai a restare. Egli riposava sul letto che stava accanto al mio, lo stesso su cui si era disteso per mangiare; nella stanza non dormiva nessun altro, tranne noi... [217e] Fino a questo punto del mio discorso senz'altro va tutto bene, e avrei potuto farlo anche davanti a chiunque. Ma il seguito non lo sentireste mai raccontare da me se non ci fossero due condizioni: la prima è, secondo il detto, che "nel vino

φασὶ γάρ πού τινα τοῦτο παθόντα οὐκ ἐθέλειν λέγειν οἷον ἦν πλὴν τοῖς δεδηγμένοις, ὡς μόνοις γνωσομένοις [218a] τε καὶ συγγνωσομένοις εἰ πᾶν ἐτόλμα δρᾶν τε καὶ λέγειν ὑπὸ τῆς ὀδύνης. ἐγὼ οὖν δεδηγμένος τε ὑπὸ ἀλγεινοτέρου καὶ τὸ ἀλγεινότατον ὧν ἄν τις δηχθείη — τὴν καρδίαν γὰρ ἢ ψυχὴν ἢ ὅτι δεῖ αὐτὸ ὀνομάσαι πληγείς τε καὶ δηχθεὶς ὑπὸ τῶν ἐν φιλοσοφίᾳ λόγων, οἳ ἔχονται ἐχίδνης ἀγριώτερον, νέου ψυχῆς μὴ ἀφυοῦς ὅταν λάβωνται, καὶ ποιοῦσι δρᾶν τε καὶ λέγειν ὁτιοῦν — καὶ ὁρῶν αὖ Φαίδρους, Ἀγάθωνας, [218b] Ἐρυξιμάχους, Παυσανίας, Ἀριστοδήμους τε καὶ Ἀριστοφάνας· Σωκράτη δὲ αὐτὸν τί δεῖ λέγειν, καὶ ὅσοι ἄλλοι; πάντες γὰρ κεκοινωνήκατε τῆς φιλοσόφου μανίας τε καὶ βακχείας — διὸ πάντες ἀκούσεσθε· συγγνώσεσθε γὰρ τοῖς τε τότε πραχθεῖσι καὶ τοῖς νῦν λεγομένοις. οἱ δὲ οἰκέται, καὶ εἴ τις ἄλλος ἐστὶν βέβηλός τε καὶ ἄγροικος, πύλας πάνυ μεγάλας τοῖς ὠσὶν ἐπίθεσθε.

– che sia o no così anche "nei bambini" – c'è la verità";[32] la seconda è che non mi sembra giusto, da parte di uno che si è lanciato a fare l'elogio di Socrate, tralasciare una delle sue azioni più luminose. Io mi sento inoltre come qualcuno che è stato morso da una vipera. Si dice, mi sembra, che, quando questo succede a qualcuno, questi si rifiuta di parlare della sua esperienza tranne che con quelli che sono stati morsi a loro volta, perché solo loro possono capire [218a] e perdonare tutto ciò che ha fatto o detto senza vergognarsene sotto lo stimolo del dolore. Io dunque ho subìto un morso più doloroso, e nel punto in cui forse è più doloroso subire un morso, nel cuore, voglio dire, o nell'anima, qualunque sia il termine che si deve impiegare, io che sono stato ferito, morso dai suoi discorsi d'invito all'amore della sapienza, discorsi che, quando toccano un'anima giovane e non priva di qualità naturali, colpiscono più fieramente di una vipera e inducono a fare o dire di tutto, io che d'altra parte vedo qui persone come Fedro, Agatone, [218b] Erissimaco, Pausania, Aristodemo e Aristofane... anche Socrate – ma a che cosa serve nominarlo? – e quanti altri... visto che tutti voi avete partecipato alla follia e al delirio dionisiaco di chi ama la sapienza... ebbene, mi ascolterete tutti quanti, perché mi perdonerete le cose che ho fatto allora e quelle che dico adesso. Quanto a voi, servi, e ogni altro non iniziato o rozzo che possa esserci qui, chiudete le vostre orecchie con le imposte più spesse.

---

32 *nel vino... verità*: l'associazione di vino e verità è attestata per la prima volta in Alceo, frammento 366 dell'edizione Voigt (*Sappho et Alcaeus*, 1971): «vino, fanciullo mio, e verità». Fra le varie formulazioni del proverbio registrate da alcuni autori greci figura anche quella per cui, come nel nostro passo, «vino e bambini sono veritieri».

XXXIV

Ἐπειδὴ γὰρ οὖν, ὦ ἄνδρες, ὅ τε λύχνος ἀπεσβήκει καὶ [218c] οἱ παῖδες ἔξω ἦσαν, ἔδοξέ μοι χρῆναι μηδὲν ποικίλλειν πρὸς αὐτόν, ἀλλ᾽ ἐλευθέρως εἰπεῖν ἅ μοι ἐδόκει· καὶ εἶπον κινήσας αὐτόν, Σώκρατες, καθεύδεις;

Οὐ δῆτα, ἦ δ᾽ ὅς.

Οἶσθα οὖν ἅ μοι δέδοκται;

Τί μάλιστα, ἔφη.

Σὺ ἐμοὶ δοκεῖς, ἦν δ᾽ ἐγώ, ἐμοῦ ἐραστὴς ἄξιος γεγονέναι μόνος, καί μοι φαίνῃ ὀκνεῖν μνησθῆναι πρός με. ἐγὼ δὲ οὑτωσὶ ἔχω· πάνυ ἀνόητον ἡγοῦμαι εἶναι σοὶ μὴ οὐ καὶ τοῦτο χαρίζεσθαι καὶ εἴ τι ἄλλο ἢ τῆς οὐσίας τῆς ἐμῆς [218d] δέοιο ἢ τῶν φίλων τῶν ἐμῶν. ἐμοὶ μὲν γὰρ οὐδέν ἐστι πρεσβύτερον τοῦ ὡς ὅτι βέλτιστον ἐμὲ γενέσθαι, τούτου δὲ οἶμαί μοι συλλήπτορα οὐδένα κυριώτερον εἶναι σοῦ. ἐγὼ δὴ τοιούτῳ ἀνδρὶ πολὺ μᾶλλον ἂν μὴ χαριζόμενος αἰσχυνοίμην τοὺς φρονίμους, ἢ χαριζόμενος τούς τε πολλοὺς καὶ ἄφρονας.

Καὶ οὗτος ἀκούσας μάλα εἰρωνικῶς καὶ σφόδρα ἑαυτοῦ τε καὶ εἰωθότως ἔλεξεν Ὦ φίλε Ἀλκιβιάδη, κινδυνεύεις τῷ ὄντι οὐ φαῦλος εἶναι, εἴπερ ἀληθῆ τυγχάνει ὄντα ἃ λέγεις [218e] περὶ ἐμοῦ, καί τις ἔστ᾽ ἐν ἐμοὶ δύναμις δι᾽ ἧς ἂν σὺ γένοιο ἀμείνων· ἀμήχανόν τοι κάλλος ὁρῴης ἂν ἐν ἐμοὶ καὶ τῆς παρὰ σοὶ εὐμορφίας πάμπολυ διαφέρον. εἰ δὴ καθορῶν αὐτὸ κοινώσασθαί τέ μοι ἐπιχειρεῖς καὶ ἀλλάξασθαι κάλλος ἀντὶ κάλλους, οὐκ ὀλίγῳ μου πλεονεκτεῖν διανοῇ, ἀλλ᾽ ἀντὶ δόξης ἀλήθειαν καλῶν κτᾶσθαι ἐπιχειρεῖς καὶ τῷ [219a] ὄντι "χρύσεα χαλκείων" διαμείβεσθαι νοεῖς. ἀλλ᾽, ὦ μακάριε, ἄμεινον σκόπει, μή σε λανθάνω οὐδὲν ὤν. ἥ τοι τῆς διανοίας ὄψις ἄρχεται ὀξὺ βλέπειν ὅταν ἡ τῶν ὀμμάτων τῆς ἀκμῆς λήγειν ἐπιχειρῇ· σὺ δὲ τούτων ἔτι πόρρω.

XXXIV

«Quando dunque, signori, la lampada fu spenta e [218c] i servi furono usciti, pensai che con lui non valesse la pena di menare il can per l'aia, ma di dirgli piuttosto apertamente quello che avevo in mente. Gli diedi dunque un colpetto: "Socrate," gli chiesi "dormi?".

"No, affatto" mi rispose.

"Ascoltami: sai che cosa ho pensato?"

"Che cosa, dunque?" mi domandò.

"Tu sei, secondo il mio giudizio," riattaccai "il solo amante che sia degno di me ed è per me evidente che esiti a farmi una dichiarazione. Per quanto mi riguarda, ecco qual è il mio modo di sentire: io penso che sarebbe del tutto sciocco, su questa questione, non accondiscendere ai tuoi desideri, come in qualunque altra cosa di cui tu abbia bisogno, in relazione ai beni che mi appartengono [218d] o alle amicizie di cui dispongo. Niente infatti per me è più importante del rendermi il migliore possibile, e penso che per questo scopo non potrei trovare nessun aiuto più autorevole del tuo. Per questo mi vergognerei molto di più, di fronte alle persone intelligenti, di non aver accontentato i desideri di un uomo come te, di quanto non mi vergognerei per averlo fatto agli occhi della folla e degli imbecilli."

"Caro Alcibiade," disse dopo avermi ascoltato e assumendo quell'aria apparentemente ingenua che gli è abituale "ci sono davvero buoni motivi per credere che tu non sia uno sprovveduto, posto che quello che tu dici [218e] di me sia vero e che ci sia in me un qualche potere grazie al quale tu potresti diventare migliore. È comunque certo che tu vedi in me un'incredibile bellezza, di gran lunga superiore alla grazia delle tue forme. Se dunque, avendola colta, ti

Κἀγὼ ἀκούσας, Τὰ μὲν παρ᾽ ἐμοῦ, ἔφην, ταῦτά ἐστιν, ὧν οὐδὲν ἄλλως εἴρηται ἢ ὡς διανοοῦμαι· σὺ δὲ αὐτὸς οὕτω βουλεύου ὅτι σοί τε ἄριστον καὶ ἐμοὶ ἡγῇ.

Ἀλλ᾽, ἔφη, τοῦτό γ᾽ εὖ λέγεις· ἐν γὰρ τῷ ἐπιόντι χρόνῳ [219b] βουλευόμενοι πράξομεν ὃ ἂν φαίνηται νῷν περί τε τούτων καὶ περὶ τῶν ἄλλων ἄριστον.

Ἐγὼ μὲν δὴ ταῦτα ἀκούσας τε καὶ εἰπών, καὶ ἀφεὶς ὥσπερ βέλη, τετρῶσθαι αὐτὸν ᾤμην· καὶ ἀναστάς γε, οὐδ᾽ ἐπιτρέψας τούτῳ εἰπεῖν οὐδὲν ἔτι, ἀμφιέσας τὸ ἱμάτιον τὸ ἐμαυτοῦ τοῦτον — καὶ γὰρ ἦν χειμών — ὑπὸ τὸν τρίβωνα κατακλινεὶς τὸν τουτουί, περιβαλὼν τὼ χεῖρε τούτῳ τῷ [219c] δαιμονίῳ ὡς ἀληθῶς καὶ θαυμαστῷ, κατεκείμην τὴν νύκτα ὅλην. καὶ οὐδὲ ταῦτα αὖ, ὦ Σώκρατες, ἐρεῖς ὅτι ψεύδομαι. ποιήσαντος δὲ δὴ ταῦτα ἐμοῦ οὗτος τοσοῦτον περιεγένετό τε καὶ κατεφρόνησεν καὶ κατεγέλασεν τῆς ἐμῆς ὥρας καὶ ὕβρισεν — καὶ περὶ ἐκεῖνό γε ᾤμην τὶ εἶναι, ὦ ἄνδρες δικασταί· δικασταὶ γάρ ἐστε τῆς Σωκράτους ὑπερηφανίας — εὖ γὰρ ἴστε μὰ θεούς, μὰ θεάς, οὐδὲν περιττότερον καταδεδαρθηκὼς [219d] ἀνέστην μετὰ Σωκράτους, ἢ εἰ μετὰ πατρὸς καθηῦδον ἢ ἀδελφοῦ πρεσβυτέρου.

sei messo in testa di condividerla con me e di scambiare bellezza con bellezza, non è piccolo il guadagno che conti di fare a mie spese: al contrario, in cambio di una parvenza di bellezza, è una bellezza vera quella che pensi di acquistare e, si può proprio dire, [219a] hai deciso di 'scambiare armi d'oro con armi di bronzo'.[33] Tuttavia, mio caro amico, guarda meglio, per non farti sfuggire che io non sono nulla. Certamente la visione della mente incomincia a essere più penetrante quando quella degli occhi si avvia a declinare, ma tu sei ancora lontano da questo momento!"

"Da parte mia" replicai dopo averlo sentito dire queste parole "le cose stanno proprio in questo modo, e non ti ho detto nient'altro che quello che penso; a te, adesso, decidere su ciò che ritieni la cosa migliore, per te come per me."

"Ecco" rispose "un bel modo di parlare. Nel tempo che abbiamo davanti [219b] ci confronteremo e faremo alla fine ciò che si sarà rivelato per entrambi la cosa migliore, tanto su questa faccenda che su ogni altra."

Allora io, dopo quello che avevo ascoltato e detto, e dopo aver scoccato, per così dire, i miei dardi, ero persuaso che fosse rimasto trafitto: dunque mi alzai, senza dargli la possibilità di dire più nulla, stesi il mio mantello su di lui – si era infatti d'inverno – mi stesi di nuovo sotto il suo mantello consumato e, abbracciato a questo essere [219c] veramente demonico e straordinario, rimasi disteso lì per l'intera notte. E nemmeno adesso, Socrate, puoi dire che io menta! Sebbene io allora mi sia dato così da fare, lui rimase superiore fino a questo punto: disdegnò, mise in ridicolo e oltraggiò il fiore della mia giovinezza... Eppure, davvero, io mi figuravo che avesse un certo valore, o giudici! Giudici: sì, dico bene, voi

[33] Omero, *Iliade* VI, 236.

XXXV

Τὸ δὴ μετὰ τοῦτο τίνα οἴεσθέ με διάνοιαν ἔχειν, ἡγούμενον μὲν ἠτιμάσθαι, ἀγάμενον δὲ τὴν τούτου φύσιν τε καὶ σωφροσύνην καὶ ἀνδρείαν, ἐντετυχηκότα ἀνθρώπῳ τοιούτῳ οἵῳ ἐγὼ οὐκ ἂν ᾤμην ποτ᾽ ἐντυχεῖν εἰς φρόνησιν καὶ εἰς καρτερίαν; ὥστε οὔθ᾽ ὅπως οὖν ὀργιζοίμην εἶχον καὶ ἀποστερηθείην τῆς τούτου συνουσίας, οὔτε ὅπῃ προσαγαγοίμην [219e] αὐτὸν εὐπόρουν. εὖ γὰρ ᾔδη ὅτι χρήμασί γε πολὺ μᾶλλον ἄτρωτος ἦν πανταχῇ ἢ σιδήρῳ ὁ Αἴας, ᾧ τε ᾤμην αὐτὸν μόνῳ ἁλώσεσθαι, διεπεφεύγει με. ἠπόρουν δή, καταδεδουλωμένος τε ὑπὸ τοῦ ἀνθρώπου ὡς οὐδεὶς ὑπ᾽ οὐδενὸς ἄλλου περιῇα. ταῦτά τε γάρ μοι ἅπαντα προυγεγόνει, καὶ μετὰ ταῦτα στρατεία ἡμῖν εἰς Ποτείδαιαν ἐγένετο κοινὴ καὶ συνεσιτοῦμεν ἐκεῖ. πρῶτον μὲν οὖν τοῖς πόνοις οὐ μόνον ἐμοῦ περιῆν, ἀλλὰ καὶ τῶν ἄλλων ἁπάντων — ὁπότ᾽ ἀναγκασθεῖμεν ἀποληφθέντες που, οἷα δὴ ἐπὶ στρατείας, [220a] ἀσιτεῖν, οὐδὲν ἦσαν οἱ ἄλλοι πρὸς τὸ καρτερεῖν — ἔν τ᾽ αὖ ταῖς εὐωχίαις μόνος ἀπολαύειν οἷός τ᾽ ἦν τά τ᾽ ἄλλα καὶ πίνειν οὐκ ἐθέλων, ὁπότε ἀναγκασθείη, πάντας ἐκράτει, καὶ ὃ πάντων θαυμαστότατον, Σωκράτη μεθύοντα οὐδεὶς πώποτε ἑώρακεν ἀνθρώπων. τούτου μὲν οὖν μοι δοκεῖ καὶ αὐτίκα ὁ ἔλεγχος ἔσεσθαι. πρὸς δὲ αὖ τὰς τοῦ χειμῶνος καρτερήσεις — δεινοὶ γὰρ αὐτόθι

siete i giudici della superbia di Socrate. Sappiatelo dunque, lo giuro sugli dèi e sulle dee: [219d] dopo aver passato la notte con Socrate, mi alzai senza che in ciò ci fosse stato niente di più strano che se avessi dormito accanto a mio padre o a un fratello maggiore.

XXXV

«Dopo ciò, dunque, in quale stato d'animo pensate mi trovassi? Ritenevo di essere stato disdegnato, ma ero altresì pieno di ammirazione per il temperamento di questo individuo, per la sua moderazione e la sua forza d'animo, avendo incontrato un uomo come mai avrei creduto fosse possibile incontrarne, per la saggezza e la fermezza della volontà. Perciò, né me la sentivo, per essere in collera con lui, di privarmi della sua compagnia, né [219e] ero in grado di trovare un mezzo per conquistarlo: infatti, lo sapevo bene, di fronte alle ricchezze egli era invulnerabile molto più di quanto non lo fosse Aiace[34] rispetto alla spada, e, in rapporto alla sola cosa con cui contavo di poterlo catturare, mi era sfuggito. Non sapevo dunque proprio come cavarmela per cui, ridotto da quell'uomo in schiavitù come nessuno lo è mai stato per opera di nessuno, gli giravo attorno inutilmente. Tutto questo mi era già capitato quando in seguito partecipammo insieme alla spedizione militare di Potidea,[35] nel corso della quale prendevamo i pasti in comune. Ora, quanto al sopportare le fatiche, non era superiore soltanto a me, ma a tutti quanti senza eccezione. Tutte le volte che,

[34] *Aiace*: mitico guerriero acheo nella guerra di Troia. Qui si allude alla sua leggendaria armatura a sette strati.

[35] *Potidea*: è la città che nel 432 a.C. si era ribellata ad Atene.

χειμῶνες — θαυμάσια ἠργάζετο τά τε [220b] ἄλλα, καί ποτε ὄντος πάγου οἵου δεινοτάτου, καὶ πάντων ἢ οὐκ ἐξιόντων ἔνδοθεν, ἢ εἴ τις ἐξίοι, ἠμφιεσμένων τε θαυμαστὰ δὴ ὅσα καὶ ὑποδεδεμένων καὶ ἐνειλιγμένων τοὺς πόδας εἰς πίλους καὶ ἀρνακίδας, οὗτος δ᾽ ἐν τούτοις ἐξῄει ἔχων ἱμάτιον μὲν τοιοῦτον οἷόνπερ καὶ πρότερον εἰώθει φορεῖν, ἀνυπόδητος δὲ διὰ τοῦ κρυστάλλου ῥᾷον ἐπορεύετο ἢ οἱ ἄλλοι ὑποδεδεμένοι, οἱ δὲ στρατιῶται ὑπέβλεπον [220c] αὐτὸν ὡς καταφρονοῦντα σφῶν.

XXXVI

Καὶ ταῦτα μὲν δὴ ταῦτα· οἷον δ᾽ αὖ τόδ᾽ ἔρεξε καὶ ἔτλη καρτερὸς ἀνὴρ ἐκεῖ ποτε ἐπὶ στρατείας, ἄξιον ἀκοῦσαι. συννοήσας γὰρ αὐτόθι ἕωθέν τι εἱστήκει σκοπῶν, καὶ ἐπειδὴ οὐ προυχώρει αὐτῷ, οὐκ ἀνίει ἀλλὰ εἱστήκει ζητῶν. καὶ ἤδη ἦν μεσημβρία, καὶ ἄνθρωποι ᾐσθάνοντο, καὶ θαυμάζοντες ἄλλος ἄλλῳ ἔλεγεν ὅτι Σωκράτης ἐξ ἑωθινοῦ φροντίζων τι ἕστηκε. τελευτῶντες δέ τινες τῶν Ἰώνων, ἐπειδὴ ἑσπέρα ἦν, δειπνήσαντες — καὶ [220d] γὰρ θέρος

trovandoci isolati da qualche parte, come accade spesso in guerra, [220a] non potevamo essere riforniti di cibo, gli altri, quanto a resistenza alla fame, non valevano nulla rispetto a lui. Per contro, nei momenti di abbondanza, egli era il solo a saperne approfittare, soprattutto per quanto riguarda il bere: non che lo facesse con entusiasmo spontaneo, ma quando vi era obbligato, batteva tutti e, cosa ancora più sorprendente, nessuno ha mai visto Socrate ubriaco. Del resto, di ciò, credo che se ne avrà anche in questa sede la prova. Un'altra cosa: nel sopportare i rigori del freddo – in quella regione in effetti gli inverni sono tremendi – compiva veri e propri prodigi. [220b] Un giorno in particolare che c'era stata la più terribile gelata che si possa immaginare, per cui tutti, o non uscivano dal loro rifugio, o se proprio dovevano, si coprivano con un'incredibile quantità di indumenti, e si calzavano e avvolgevano i piedi con fasce e pelli d'agnello, lui usciva fra gli altri con lo stesso mantello che soleva portare anche prima e, a piedi nudi, camminava sul ghiaccio più a suo agio degli altri che erano calzati, mentre i soldati [220c] lo guardavano di traverso, credendo che li volesse umiliare.

XXXVI

«E su questo argomento, basti quanto detto. "Ma quello che ancora compì e sopportò quell'uomo forte"[36] un giorno, laggiù, durante quella campagna militare, vale la pena di essere ascoltato. In quell'occasione, tutto preso da qualche pensiero, era rimasto fin dall'alba fermo in piedi a meditare e, siccome la soluzione tardava a venire, non desisteva, ma

[36] Omero, *Odissea* IV, 242.

τότε γ᾽ ἦν, χαμεύνια ἐξενεγκάμενοι ἅμα μὲν ἐν τῷ ψύχει καθηῦδον, ἅμα δ᾽ ἐφύλαττον αὐτὸν εἰ καὶ τὴν νύκτα ἑστήξοι. ὁ δὲ εἱστήκει μέχρι ἕως ἐγένετο καὶ ἥλιος ἀνέσχεν· ἔπειτα ᾤχετ᾽ ἀπιὼν προσευξάμενος τῷ ἡλίῳ. εἰ δὲ βούλεσθε ἐν ταῖς μάχαις — τοῦτο γὰρ δὴ δίκαιόν γε αὐτῷ ἀποδοῦναι — ὅτε γὰρ ἡ μάχη ἦν ἐξ ἧς ἐμοὶ καὶ τἀριστεῖα ἔδοσαν οἱ στρατηγοί, οὐδεὶς ἄλλος ἐμὲ ἔσωσεν [220e] ἀνθρώπων ἢ οὗτος, τετρωμένον οὐκ ἐθέλων ἀπολιπεῖν, ἀλλὰ συνδιέσωσε καὶ τὰ ὅπλα καὶ αὐτὸν ἐμέ. καὶ ἐγὼ μέν, ὦ Σώκρατες, καὶ τότε ἐκέλευον σοὶ διδόναι τἀριστεῖα τοὺς στρατηγούς, καὶ τοῦτό γέ μοι οὔτε μέμψῃ οὔτε ἐρεῖς ὅτι ψεύδομαι· ἀλλὰ γὰρ τῶν στρατηγῶν πρὸς τὸ ἐμὸν ἀξίωμα ἀποβλεπόντων καὶ βουλομένων ἐμοὶ διδόναι τἀριστεῖα, αὐτὸς προθυμότερος ἐγένου τῶν στρατηγῶν ἐμὲ λαβεῖν ἢ σαυτόν. ἔτι τοίνυν, ὦ ἄνδρες, ἄξιον ἦν θεάσασθαι Σωκράτη, ὅτε ἀπὸ Δηλίου [221a] φυγῇ ἀνεχώρει τὸ στρατόπεδον· ἔτυχον γὰρ παραγενόμενος ἵππον ἔχων, οὗτος δὲ ὅπλα. ἀνεχώρει οὖν ἐσκεδασμένων ἤδη τῶν ἀνθρώπων οὗτός τε ἅμα καὶ Λάχης· καὶ ἐγὼ περιτυγχάνω, καὶ ἰδὼν εὐθὺς παρακελεύομαί τε αὐτοῖν θαρρεῖν, καὶ ἔλεγον ὅτι οὐκ ἀπολείψω αὐτώ. ἐνταῦθα δὴ καὶ κάλλιον ἐθεασάμην Σωκράτη ἢ ἐν Ποτειδαίᾳ — αὐτὸς γὰρ ἧττον ἐν φόβῳ ἦ διὰ τὸ ἐφ᾽ ἵππου εἶναι — πρῶτον μὲν ὅσον περιῆν [221b] Λάχητος τῷ ἔμφρων εἶναι· ἔπειτα ἔμοιγ᾽ ἐδόκει, ὦ Ἀριστόφανες, τὸ σὸν δὴ τοῦτο, καὶ ἐκεῖ διαπορεύεσθαι ὥσπερ καὶ ἐνθάδε, βρενθυόμενος καὶ τὠφθαλμὼ παραβάλλων, ἠρέμα παρασκοπῶν καὶ τοὺς φιλίους καὶ τοὺς πολεμίους, δῆλος ὢν παντὶ καὶ πάνυ πόρρωθεν ὅτι εἴ τις ἅψεται τούτου τοῦ ἀνδρός, μάλα ἐρρωμένως ἀμυνεῖται. διὸ καὶ ἀσφαλῶς ἀπῄει καὶ οὗτος καὶ ὁ ἑταῖρος· σχεδὸν γάρ τι τῶν οὕτω διακειμένων ἐν τῷ πολέμῳ οὐδὲ ἅπτονται, ἀλλὰ τοὺς προτροπάδην [221c] φεύγοντας διώκουσιν.

se ne stava così, immobile, continuando a riflettere. Era già mezzogiorno, gli uomini lo notavano e, pieni di meraviglia, dicevano l'uno all'altro: "Dalle prime ore del giorno Socrate è là in piedi, tutto intento in qualche sua meditazione". Alla fine, fattasi sera, alcuni Joni, avendo dopo cena [220d] trasportato all'aperto i loro giacigli – allora infatti era estate – univano al piacere di dormire al fresco la possibilità di sorvegliare Socrate per vedere se, tutta la notte, sarebbe rimasto così, in piedi. Ebbene, lui se ne stette fermo in questo modo fino all'alba e alla levata del sole. Poi si mosse e se ne andò, dopo aver fatto la sua preghiera al sole. Passiamo ora, se vi sta bene, al suo comportamento in battaglia, perché è giusto riconoscergli anche questo punto. Vi dirò allora che, quando avvenne la battaglia in seguito alla quale gli strateghi mi tributarono un riconoscimento, nessun altro [220e] uomo mi salvò se non lui: ero ferito e si rifiutò di abbandonarmi, riuscendo invece a salvare me stesso e le mie armi. Allora io, o Socrate, insistetti presso gli strateghi perché ti dessero il riconoscimento al merito, e almeno su questo non mi puoi rimproverare, né dire che in ciò io mento. Ma gli strateghi, per riguardo della mia posizione sociale, volevano assegnare a me il riconoscimento, e tu fosti ancora più zelante degli strateghi stessi nel fare in modo che lo ricevessi proprio io al tuo posto. E ancora, amici cari, valeva la pena di vedere Socrate in azione, quando [221a] l'esercito dovette ritirarsi in fuga da Delio.[37] Capitò infatti che gli fossi accanto, io a cavallo e lui a piedi, carico delle sue armi da oplita. Si era dunque in ritirata, tutti gli uomini già sbandati, e lui era assieme a Lachete.[38] Mi imbatto in loro per caso, e, non appena

[37] *l'esercito... Delio*: si riferisce alla sconfitta che gli Ateniesi subirono nel 424 a.C. a Delio, in Beozia, per opera dei Tebani.
[38] *Lachete*: personaggio deuteragonista dell'omonimo dialogo di Platone.

Πολλὰ μὲν οὖν ἄν τις καὶ ἄλλα ἔχοι Σωκράτη ἐπαινέσαι καὶ θαυμάσια· ἀλλὰ τῶν μὲν ἄλλων ἐπιτηδευμάτων τάχ᾽ ἄν τις καὶ περὶ ἄλλου τοιαῦτα εἴποι, τὸ δὲ μηδενὶ ἀνθρώπων ὅμοιον εἶναι, μήτε τῶν παλαιῶν μήτε τῶν νῦν ὄντων, τοῦτο ἄξιον παντὸς θαύματος. οἷος γὰρ Ἀχιλλεὺς ἐγένετο, ἀπεικάσειεν ἄν τις καὶ Βρασίδαν καὶ ἄλλους, καὶ οἷος αὖ Περικλῆς, καὶ Νέστορα καὶ Ἀντήνορα — εἰσὶ δὲ καὶ ἕτεροι — [221d] καὶ τοὺς ἄλλους κατὰ ταὔτ᾽ ἄν τις ἀπεικάζοι· οἷος δὲ οὑτοσὶ γέγονε τὴν ἀτοπίαν ἄνθρωπος, καὶ αὐτὸς καὶ οἱ λόγοι αὐτοῦ, οὐδ᾽ ἐγγὺς ἂν εὕροι τις ζητῶν, οὔτε τῶν νῦν οὔτε τῶν παλαιῶν, εἰ μὴ ἄρα εἰ οἷς ἐγὼ λέγω ἀπεικάζοι τις αὐτόν, ἀνθρώπων μὲν μηδενί, τοῖς δὲ σιληνοῖς καὶ σατύροις, αὐτὸν καὶ τοὺς λόγους.

li riconosco, subito grido loro di farsi coraggio, aggiungendo che non li avrei abbandonati. In quell'occasione, ancor meglio che a Potidea, potei osservare Socrate in azione, perché avevo meno da temere, essendo a cavallo: innanzi tutto superava di gran lunga [221b] Lachete per presenza di spirito; secondariamente avevo la netta impressione, Aristofane, per usare un'espressione tua, che egli camminasse in quel luogo proprio come suole circolare in città, "a testa alta e gettando occhiate oblique",[39] guardando tranquillamente i movimenti degli amici come quelli dei nemici e mostrandosi a tutti, anche da molto lontano, come un uomo che si sarebbe difeso con grande vigore se qualcuno avesse deciso di attaccarlo. Perciò era con assoluta sicurezza che si ritirava, assieme al suo compagno, perché coloro che in guerra si comportano in questo modo non vengono attaccati dai nemici, che preferiscono piuttosto [221c] inseguire quelli che fuggono in disordine.

Senza dubbio ci sarebbe ancora una gran quantità di cose per le quali lodare Socrate, ugualmente ammirevoli, ma per queste altre qualità si potrebbero forse dire le stesse cose anche di altri. Invece è il fatto che Socrate non assomiglia a nessun uomo, né fra quelli dell'antichità né fra i nostri contemporanei, a essere degno della più grande meraviglia. Di quello che fu Achille si potrebbe infatti trovare un parallelo in Brasida[40] e in altri; oppure, in un ambito diverso, di quello che fu Pericle in Nestore o in Antenore,[41] per non nominarne altri ancora... [221d] Insomma, paragoni di

---

[39] Aristofane, *Le Nuvole* 362, citato non alla lettera. È la commedia in cui Socrate veniva messo alla berlina.

[40] *Brasida*: famoso comandante spartano morto nel 422 a.C. combattendo contro gli Ateniesi.

[41] *in Nestore o in Antenore*: personaggi dell'*Iliade*, greco il primo, troiano il secondo, entrambi molto saggi e buoni oratori.

XXXVII

Καὶ γὰρ οὖν καὶ τοῦτο ἐν τοῖς πρώτοις παρέλιπον, ὅτι καὶ οἱ λόγοι αὐτοῦ ὁμοιότατοί εἰσι τοῖς σιληνοῖς τοῖς διοιγομένοις. [221e] εἰ γὰρ ἐθέλοι τις τῶν Σωκράτους ἀκούειν λόγων, φανεῖεν ἂν πάνυ γελοῖοι τὸ πρῶτον· τοιαῦτα καὶ ὀνόματα καὶ ῥήματα ἔξωθεν περιαμπέχονται, σατύρου δή τινα ὑβριστοῦ δοράν. ὄνους γὰρ κανθηλίους λέγει καὶ χαλκέας τινὰς καὶ σκυτοτόμους καὶ βυρσοδέψας, καὶ ἀεὶ διὰ τῶν αὐτῶν τὰ αὐτὰ φαίνεται λέγειν, ὥστε ἄπειρος καὶ ἀνόητος ἄνθρωπος [222a] πᾶς ἂν τῶν λόγων καταγελάσειεν. διοιγομένους δὲ ἰδὼν ἄν τις καὶ ἐντὸς αὐτῶν γιγνόμενος πρῶτον μὲν νοῦν ἔχοντας ἔνδον μόνους εὑρήσει τῶν λόγων, ἔπειτα θειοτάτους καὶ πλεῖστα ἀγάλματ᾽ ἀρετῆς ἐν αὐτοῖς ἔχοντας καὶ ἐπὶ πλεῖστον τείνοντας, μᾶλλον δὲ ἐπὶ πᾶν ὅσον προσήκει σκοπεῖν τῷ μέλλοντι καλῷ κἀγαθῷ ἔσεσθαι.

Ταῦτ᾽ ἐστίν, ὦ ἄνδρες, ἃ ἐγὼ Σωκράτη ἐπαινῶ· καὶ αὖ ἃ μέμφομαι συμμείξας ὑμῖν εἶπον ἅ με ὕβρισεν. καὶ μέντοι [222b] οὐκ ἐμὲ μόνον ταῦτα πεποίηκεν, ἀλλὰ καὶ Χαρμίδην τὸν Γλαύκωνος καὶ Εὐθύδημον τὸν Διοκλέους καὶ ἄλλους πάνυ πολλούς, οὓς οὗτος ἐξαπατῶν ὡς ἐραστὴς παιδικὰ μᾶλλον αὐτὸς καθίσταται ἀντ᾽ ἐραστοῦ. ἃ δὴ καὶ

questo genere si possono fare anche in molti altri casi. Ma, per quanto si cerchi, non si potrebbe trovare nessuno, né tra i contemporanei né tra gli antichi, che assomigli neppure da lontano a un uomo singolare come questo, sia per la sua natura sia per i suoi discorsi... a meno che non lo si voglia paragonare, lui e i suoi discorsi, non a uomini ma, come facevo io, a sileni e satiri.

XXXVII

«In effetti all'inizio questo l'ho tralasciato: anche i suoi discorsi sono quanto c'è di più simile ai sileni che si aprono. [221e] Se infatti qualcuno vorrà stare a sentire i discorsi di Socrate, li troverà sicuramente, alla prima impressione, ridicoli, tali sono i termini e le espressioni di cui si rivestono esternamente, proprio come la pelle di un satiro insolente: parla di asini da soma, di fabbri, di calzolai, di conciatori di pelli... e dà l'impressione di dire sempre le stesse cose con le stesse parole, al punto che ogni persona ignorante o sciocca [222a] è portata a prendersi gioco dei suoi discorsi. Ma se uno li vede aperti e vi si addentra, scoprirà innanzi tutto che essi sono i soli a contenere un pensiero al loro interno, poi che sono quanto c'è di più divino e racchiudono in sé il più gran numero di immagini di virtù, e che tendono a quanto vi è di più alto, o meglio a tutto ciò cui deve mirare chi vuole diventare nobile ed eccellente.

Ecco, signori, in che cosa io lodo Socrate; d'altra parte vi ho mescolato ciò in cui lo biasimo, avendovi raccontato l'oltraggio che mi ha fatto. A dire il vero, [222b] non l'ha fatto solo a me, ma anche a Carmide, figlio di Glaucone, a Eutidemo, figlio di Diocle, e a moltissimi altri che costui

σοὶ λέγω, ὦ Ἀγάθων, μὴ ἐξαπατᾶσθαι ὑπὸ τούτου, ἀλλ' ἀπὸ τῶν ἡμετέρων παθημάτων γνόντα εὐλαβηθῆναι, καὶ μὴ κατὰ τὴν παροιμίαν ὥσπερ νήπιον παθόντα γνῶναι.

XXXVIII

[222c] Εἰπόντος δὴ ταῦτα τοῦ Ἀλκιβιάδου γέλωτα γενέσθαι ἐπὶ τῇ παρρησίᾳ αὐτοῦ, ὅτι ἐδόκει ἔτι ἐρωτικῶς ἔχειν τοῦ Σωκράτους. τὸν οὖν Σωκράτη, Νήφειν μοι δοκεῖς, φάναι, ὦ Ἀλκιβιάδη. οὐ γὰρ ἄν ποτε οὕτω κομψῶς κύκλῳ περιβαλλόμενος ἀφανίσαι ἐνεχείρεις οὗ ἕνεκα ταῦτα πάντα εἴρηκας, καὶ ὡς ἐν παρέργῳ δὴ λέγων ἐπὶ τελευτῆς αὐτὸ ἔθηκας, ὡς οὐ πάντα τούτου ἕνεκα εἰρηκώς, τοῦ ἐμὲ καὶ [222d] Ἀγάθωνα διαβάλλειν, οἰόμενος δεῖν ἐμὲ μὲν σοῦ ἐρᾶν καὶ μηδενὸς ἄλλου, Ἀγάθωνα δὲ ὑπὸ σοῦ ἐρᾶσθαι καὶ μηδ' ὑφ' ἑνὸς ἄλλου. ἀλλ' οὐκ ἔλαθες, ἀλλὰ τὸ σατυρικόν σου δρᾶμα τοῦτο καὶ σιληνικὸν κατάδηλον ἐγένετο. ἀλλ', ὦ φίλε Ἀγάθων, μηδὲν πλέον αὐτῷ γένηται, ἀλλὰ παρασκευάζου ὅπως ἐμὲ καὶ σὲ μηδεὶς διαβαλεῖ.

Τὸν οὖν Ἀγάθωνα εἰπεῖν, Καὶ μήν, ὦ Σώκρατες, κινδυνεύεις [222e] ἀληθῆ λέγειν. τεκμαίρομαι δὲ καὶ ὡς κατεκλίνη ἐν μέσῳ ἐμοῦ τε καὶ σοῦ, ἵνα χωρὶς ἡμᾶς διαλάβῃ. οὐδὲν οὖν πλέον αὐτῷ ἔσται, ἀλλ' ἐγὼ παρὰ σὲ ἐλθὼν κατακλινήσομαι.

Πάνυ γε, φάναι τὸν Σωκράτη, δεῦρο ὑποκάτω ἐμοῦ κατακλίνου.

Ὦ Ζεῦ, εἰπεῖν τὸν Ἀλκιβιάδην, οἷα αὖ πάσχω ὑπὸ τοῦ

ha ingannato presentandosi loro come amante, mentre il ruolo che poi ha assunto è finito per diventare, invece che quello dell'amante, quello dell'amato. Perciò queste cose le dico anche a te, Agatone, affinché non ti faccia ingannare da costui, ma, istruito dalle nostre disgrazie, tu prenda le tue precauzioni e non ti succeda, come dice il proverbio, di assomigliare allo "sciocco che impara a sue spese".»

XXXVIII

[222c] Appena Alcibiade ebbe finito il suo discorso, scoppiò l'ilarità generale per la franchezza di cui aveva dato prova e anche perché mostrava chiaramente di essere ancora innamorato di Socrate. «Alcibiade,» disse allora Socrate «tu mi sembri del tutto sobrio, altrimenti non avresti impiegato tanta astuzia per nascondere con ingegnose perifrasi il motivo vero dei tuoi discorsi, visto che è solo alla fine, e incidentalmente, che tu l'hai tirato fuori: come se tutto il tuo parlare non avesse avuto per fine di mettere zizzania [222d] tra Agatone e me, perché, nella tua testa, io devo amare te e nessun altro, mentre Agatone deve essere amato da te e da nessun altro. Invece non l'hai fatta franca, e ai personaggi di questo tuo dramma satiresco e silenico è stata tolta la maschera. Non si deve dunque permettere, caro Agatone, che Alcibiade ci ricavi qualche vantaggio; fa' piuttosto in modo che nessuno metta zizzania fra me e te.»

«Parola mia» fu ciò che Agatone disse a questo punto «c'è il forte sospetto [222e] che quello che tu dici sia vero, e quello che me lo fa ancor più credere è il fatto che costui è venuto a mettersi su questo letto, tra te e me, per separarci

ἀνθρώπου. οἴεταί μου δεῖν πανταχῇ περιεῖναι. ἀλλ᾽ εἰ μή τι ἄλλο, ὦ θαυμάσιε, ἐν μέσῳ ἡμῶν ἔα Ἀγάθωνα κατακεῖσθαι.

Ἀλλ᾽ ἀδύνατον, φάναι τὸν Σωκράτη. σὺ μὲν γὰρ ἐμὲ ἐπῄνεσας, δεῖ δὲ ἐμὲ αὖ τὸν ἐπὶ δεξί᾽ ἐπαινεῖν. ἐὰν οὖν ὑπὸ σοὶ κατακλινῇ Ἀγάθων, οὐ δήπου ἐμὲ πάλιν ἐπαινέσεται, πρὶν ὑπ᾽ ἐμοῦ μᾶλλον ἐπαινεθῆναι; ἀλλ᾽ ἔασον, [223a] ὦ δαιμόνιε, καὶ μὴ φθονήσῃς τῷ μειρακίῳ ὑπ᾽ ἐμοῦ ἐπαινεθῆναι· καὶ γὰρ πάνυ ἐπιθυμῶ αὐτὸν ἐγκωμιάσαι.

Ἰοὺ ἰού, φάναι τὸν Ἀγάθωνα, Ἀλκιβιάδη, οὐκ ἔσθ᾽ ὅπως ἂν ἐνθάδε μείναιμι, ἀλλὰ παντὸς μᾶλλον μεταναστήσομαι, ἵνα ὑπὸ Σωκράτους ἐπαινεθῶ.

Ταῦτα ἐκεῖνα, φάναι τὸν Ἀλκιβιάδην, τὰ εἰωθότα· Σωκράτους παρόντος τῶν καλῶν μεταλαβεῖν ἀδύνατον ἄλλῳ. καὶ νῦν ὡς εὐπόρως καὶ πιθανὸν λόγον ηὗρεν, ὥστε παρ᾽ ἑαυτῷ τουτονὶ κατακεῖσθαι.

XXXIX

[223b] Τὸν μὲν οὖν Ἀγάθωνα ὡς κατακεισόμενον παρὰ τῷ Σωκράτει ἀνίστασθαι· ἐξαίφνης δὲ κωμαστὰς ἥκειν παμπόλλους ἐπὶ τὰς θύρας, καὶ ἐπιτυχόντας ἀνεῳγμέναις ἐξιόντος τινὸς εἰς τὸ ἄντικρυς πορεύεσθαι παρὰ σφᾶς καὶ κατακλίνεσθαι, καὶ θορύβου μεστὰ πάντα εἶναι, καὶ

l'uno dall'altro. Però non avrà questo vantaggio, perché io verrò a stendermi vicino a te.»

«Benissimo» approvò Socrate «mettiti qui, alla mia destra.»

«O Zeus» proruppe Alcibiade «che cosa debbo sopportare, una volta di più, da quest'uomo! Si ritiene in obbligo, in tutte le occasioni, di avere la meglio su di me. Almeno, o uomo terribile, lascia che Agatone si metta fra noi due.»

«È impossibile» replicò Socrate. «Tu infatti hai lodato me e io, da parte mia, devo fare l'elogio di chi viene alla mia destra: se però Agatone prendesse posto alla tua destra, non dovrebbe allora fare una seconda volta il mio elogio, anziché essere prima piuttosto lodato da me? Lascia dunque correre, [223a] divino amico, e non essere geloso di questo giovane per il fatto che riceve le mie lodi; perché, davvero, ho una gran voglia di tesserne l'elogio.»

«Ohi, ohi, Alcibiade!» esclamò Agatone. «È impossibile che io resti a questo posto, bisogna per forza che lo cambi, per essere lodato da Socrate.»

«Ecco, siamo alle solite» disse Alcibiade. «Quando c'è di mezzo Socrate, per un altro non c'è verso di combinare qualcosa con i bei ragazzi. Anche adesso, con che facilità ha trovato un argomento plausibile per far stendere costui vicino a sé!»

XXXIX

[223b] A questo punto Agatone si alzò per andare a sdraiarsi a fianco di Socrate, ma improvvisamente si sentì alla porta una folta brigata di festaioli, che, trovatala aperta perché qualcuno stava uscendo, si spinsero fino alla nostra presenza e si sdraiarono sui letti. Si levò allora in tutta la

οὐκέτι ἐν κόσμῳ οὐδενὶ ἀναγκάζεσθαι πίνειν πάμπολυν οἶνον. τὸν μὲν οὖν Ἐρυξίμαχον καὶ τὸν Φαῖδρον καὶ ἄλλους τινὰς ἔφη ὁ Ἀριστόδημος οἴχεσθαι ἀπιόντας, ἓ δὲ ὕπνον λαβεῖν, [223c] καὶ καταδαρθεῖν πάνυ πολύ, ἅτε μακρῶν τῶν νυκτῶν οὐσῶν, ἐξεγρέσθαι δὲ πρὸς ἡμέραν ἤδη ἀλεκτρυόνων ᾀδόντων, ἐξεγρόμενος δὲ ἰδεῖν τοὺς μὲν ἄλλους καθεύδοντας καὶ οἰχομένους, Ἀγάθωνα δὲ καὶ Ἀριστοφάνη καὶ Σωκράτη ἔτι μόνους ἐγρηγορέναι καὶ πίνειν ἐκ φιάλης μεγάλης ἐπὶ δεξιά. τὸν οὖν Σωκράτη αὐτοῖς διαλέγεσθαι· καὶ τὰ μὲν ἄλλα ὁ [223d] Ἀριστόδημος οὐκ ἔφη μεμνῆσθαι τῶν λόγων — οὔτε γὰρ ἐξ ἀρχῆς παραγενέσθαι ὑπονυστάζειν τε — τὸ μέντοι κεφάλαιον, ἔφη, προσαναγκάζειν τὸν Σωκράτη ὁμολογεῖν αὐτοὺς τοῦ αὐτοῦ ἀνδρὸς εἶναι κωμῳδίαν καὶ τραγῳδίαν ἐπίστασθαι ποιεῖν, καὶ τὸν τέχνῃ τραγῳδοποιὸν ὄντα ‹καὶ› κωμῳδοποιὸν εἶναι. ταῦτα δὴ ἀναγκαζομένους αὐτοὺς καὶ οὐ σφόδρα ἑπομένους νυστάζειν, καὶ πρότερον μὲν καταδαρθεῖν τὸν Ἀριστοφάνη, ἤδη δὲ ἡμέρας γιγνομένης τὸν Ἀγάθωνα. τὸν οὖν Σωκράτη, κατακοιμίσαντ᾽ ἐκείνους, ἀναστάντα ἀπιέναι, καὶ ‹ἓ› ὥσπερ εἰώθει ἕπεσθαι, καὶ ἐλθόντα εἰς Λύκειον, ἀπονιψάμενον, ὥσπερ ἄλλοτε τὴν ἄλλην ἡμέραν διατρίβειν, καὶ οὕτω διατρίψαντα εἰς ἑσπέραν οἴκοι ἀναπαύεσθαι.

sala un baccano generale e, venuta meno ogni misura, tutti finirono per bere vino a profusione. A quel punto, secondo il racconto di Aristodemo, se ne andarono Erissimaco, Fedro e qualche altro. Quanto ad Aristodemo, preso dal sonno, [223c] dormì per un bel tratto, visto che le notti erano lunghe, e non si svegliò che sul far del giorno, quando già cantavano i galli. Quando si fu svegliato, vide che gli altri dormivano o se ne erano andati, mentre Agatone, Aristofane e Socrate erano i soli a essere ancora svegli, e bevevano da una grande coppa che si passavano da sinistra a destra. Era Socrate che parlava loro. Di questi discorsi, tuttavia, [223d] Aristodemo diceva di non ricordarsi, perché non li aveva seguiti fin dall'inizio e, per di più, ciondolava dal sonno. L'essenziale comunque era che Socrate li forzava ad ammettere che compete allo stesso uomo di saper comporre commedie e tragedie, e che chi possiede l'arte di essere un poeta tragico è anche un poeta comico. Quanto a loro, erano costretti ad ammetterlo senza seguire tanto bene il filo del ragionamento, cascando dal sonno. Aristofane fu il primo ad addormentarsi, poi fu la volta di Agatone, quando ormai faceva giorno. Socrate allora, dopo averli fatti dolcemente addormentare, si levò per andarsene e Aristodemo, come al solito, gli andò dietro. Si diresse verso il Liceo[42] e, dopo essersi rinfrescato, passò il resto della giornata come una giornata qualsiasi; e, quando l'ebbe così passata, verso sera, andò a casa a riposare.

---

[42] *Liceo*: il Liceo era una palestra così chiamata perché sorgeva accanto al tempio di Apollo Licio.

Platone e il suo tempo

	LA VITA E LE OPERE	STORIA, ARTE, SCIENZA E LETTERATURA
428-427 a.C.	Nasce ad Atene da genitori aristocratici. Apollodoro di Atene, nella sua *Cronologia*, fissa la data di nascita all'ottantottesima Olimpiade (428-425), nel settimo giorno del mese di Targelione (maggio-giugno). Il vero nome è Aristocle, il soprannome "Platone" gli viene dato più tardi con scherzosa allusione al suo esser "largo" di spalle.	428: Euripide vince il primo premio alle Grandi Dionisie di Atene con la tragedia *Ippolito*. Muore il filosofo Anassagora, amico e maestro di Pericle. 427: nella Seconda guerra del Peloponneso (iniziata nel 431) Atene conquista Mitilene, sull'isola di Lesbo. Scoppia di nuovo la peste ad Atene, che nel 429 aveva già ucciso Pericle.
409-406 a.C.	Stando ad Aristosseno, avrebbe partecipato a tre spedizioni militari, durante la Seconda guerra del Peloponneso, a Tanagra, a Corinto e a Delio. 407: conosce Socrate (n. 470/469) e diventa suo discepolo.	409: I Cartaginesi assediano e espugnano Selinunte e Himera, città greche della Sicilia occidentale. 406: muore il drammaturgo Sofocle. La sua tragedia *Edipo a Colono* viene rappresentata postuma nel 401.
404 a.C.	Suo zio Crizia lo invita a partecipare al governo dei cosiddetti Trenta tiranni, da cui, peraltro, Platone presto si ritrae deluso.	Si conclude la Seconda guerra del Peloponneso e si impone la supremazia di Sparta su Atene, dove inizia il governo oligarchico dei Trenta tiranni.
399-388 a.C.	399: dopo la morte di Socrate, viaggia da Megara (con alcuni Socratici) all'Egitto e all'Italia del Sud, spinto dal desiderio di conoscere le comunità dei Pitagorici. 395 ca: comincia a scrivere i primi dialoghi, nei quali affronta il problema della figura di Socrate e la funzione dei Sofisti: *Apologia di Socrate*, *Protagora* e *Gorgia*. 388: si reca a Siracusa, governata dal tiranno Dionigi il Vecchio, dove stringe una forte amicizia con Dione, cognato del tiranno, nel quale crede di trovare un discepolo capace di diventare re-filosofo.	399: Socrate viene condannato a morte per empietà e corruzione della gioventù: muore ingerendo la cicuta. 396: l'esercito romano conquista e saccheggia la città etrusca di Veio dopo un assedio decennale. 395: a Atene muore lo storico Tucidide, autore de *La Guerra del Peloponneso* in otto libri (incompleta). 390: una tribù di Galli Senoni saccheggia e incendia Roma. 388: la commedia di Aristofane *Pluto* va in scena per la prima volta ad Atene, durante le feste Lenee, dedicate a Dioniso.

	LA VITA E LE OPERE	STORIA, ARTE, SCIENZA E LETTERATURA
387 a.C.	Torna ad Atene e fonda una scuola che chiama Accademia e consacra ad Apollo e alle Muse. La scuola di Platone ha le sue radici nella scienza e nel metodo da essa derivato, la dialettica. Tra i dialoghi successivi alla fondazione dell'Accademia ricordiamo il *Cratilo*, il *Simposio*, il *Fedone* e la *Repubblica*.	Sparta, le altre città greche e l'Impero persiano firmano la pace di Antalcida, un trattato con il quale sono riconosciuti i diritti persiani sull'Asia Minore e su Cipro e la libertà delle città greche.
367 a.C.	Poco prima dell'arrivo di Aristotele (384-322 a.C.) nell'Accademia, è a Siracusa come consigliere di Dionigi il Giovane, nuovo tiranno della città.	A Roma sono approvate le Leggi Licinie Sestie: il consolato non è più riservato ai patrizi. Atene toglie l'esilio allo storico Senofonte, che torna nella capitale attica.
365 a.C.	Siracusa è in guerra e Platone ritorna ad Atene, dove scrive *Parmenide, Teeteto* e *Sofista.*	Perdicca III uccide Tolomeo di Aloro e gli succede come re sul trono di Macedonia. Muore di peste Marco Furio Camillo, "secondo fondatore di Roma".
361 a.C.	Compie il terzo e ultimo viaggio in Sicilia, dove viene imprigionato da Dionigi il Giovane.	Duello sulle rive del fiume Aniene fra Galli e Romani, vinto "in singolar tenzone" da Tito Manlio Torquato.
360 a.C.	Liberato grazie all'intervento di Archita, tiranno di Taranto, riparte per Atene. Qui si dedica all'insegnamento e scrive le ultime opere, tra cui *Timeo* e *Crizia*.	360: con l'aiuto di Agesilao II di Sparta, Nectanebo II depone lo zio Teos d'Egitto e diventa re al suo posto. 356: in Macedonia nasce Alessandro Magno. Il tempio di Artemide ad Efeso, una delle Sette meraviglie del mondo, viene distrutto da un incendio doloso.
348-347 a.C.	Muore ad Atene all'età di circa ottant'anni. Il nipote Pseusippo eredita l'Accademia, che durerà fino al 529 d.C., quando Giustiniano la chiuderà.	343-342 ca: su richiesta di Filippo II di Macedonia, Aristotele si occupa dell'educazione di Alessandro Magno.

Indice

PASSEPARTOUT

1. Francis Scott Fitzgerald
Il grande Gatsby
Introduzione di Roberto Mussapi
Traduzione di Alessandro Ceni

2. Luigi Pirandello
Uno, nessuno e centomila
Introduzione di Alberto Bertoni

3. Oscar Wilde
Il ritratto di Dorian Gray
Introduzione di Luca Scarlini
Traduzione e note di Luciana Pirè

4. Apuleio
La favola di Amore e Psiche
Introduzione di Vincenzo Guarracino
Testo latino a fronte

5. Erasmo da Rotterdam
Elogio della Follia
Introduzione di Riccardo Donati

6. Platone
Apologia di Socrate
Simposio
Introduzione di Martino Menghi
Testo greco a fronte

7. Federico De Roberto
I Viceré
Introduzione di Giovanni Capecchi

8. Alessandro Manzoni
I promessi sposi
Introduzione di Massimo Onofri

9. Oscar Wilde
Il fantasma di Canterville
e altri racconti
Introduzione di Roberto Mussapi
Traduzione e note di Luciana Pirè

10. Vangeli apocrifi
Introduzione di
Cristina Simonelli

11. Luigi Pirandello
Il fu Mattia Pascal
Introduzione e note di
Matteo Marchesini

12. Friedrich Nietzsche
Al di là del bene e del male
Introduzione di Massimo Baldi

13. Gibran Khalil Gibran
Il Profeta - Sabbia e schiuma
Introduzione di Chiara Lutzoni

14. Emily Brontë
Cime tempestose
Introduzione di Margherita Ghilardi

15. Arthur Rimbaud
Una stagione all'inferno
Poesie - Illuminazioni
Introduzione e traduzione di
Alessandro Quattrone

16. Imitazione di Cristo
Introduzione di Stella Morra
Traduzione di Alessandro Quattrone